U0923394

划过夜空的红色彗星

洪灵菲文学评传

许再佳——著

SPM 南方传媒 | 花城出版社
中国·广州

图书在版编目（CIP）数据

划过夜空的红色彗星 ：洪灵菲文学评传 / 许再佳著
. -- 广州 ：花城出版社，2022.6
ISBN 978-7-5360-9696-7

Ⅰ. ①划… Ⅱ. ①许… Ⅲ. ①洪灵菲（1902-1934）
—评传 Ⅳ. ①K825.6

中国版本图书馆CIP数据核字(2022)第074596号

出版人：张　懿
责任编辑：黎　萍　夏显夫　蔡　宇
技术编辑：凌春梅
封面设计：姚　敏

书　　名	划过夜空的红色彗星：洪灵菲文学评传 HUAGUO YEKONG DE HONGSE HUIXING：HONG LINGFEI WENXUE PINGZHUAN
出版发行	花城出版社 （广州市环市东路水荫路 11 号）
经　　销	全国新华书店
印　　刷	佛山市浩文彩色印刷有限公司 （广东省佛山市南海区狮山科技工业园 A 区）
开　　本	787 毫米×1092 毫米　16 开
印　　张	13.25　1 插页
字　　数	180,000 字
版　　次	2022 年 6 月第 1 版　2022 年 6 月第 1 次印刷
定　　价	56.00 元

如发现印装质量问题，请直接与印刷厂联系调换。
购书热线：020—37604658　37602954
花城出版社网站：http://www.fcph.com.cn

目录 CONTENTS

题　记

清朝末年，“蛮夷戎狄”的坚船利炮轰开闭关锁国的大门，“华夏中心论”也随之轰然坍塌。先进知识分子怀着济世和幻灭的焦灼心态，开始重新审视世界、考量东瀛，崇拜欧美的心理日渐高涨。屡战屡败的现实更是严重挫伤了华夏民族的自信心和自尊心，各个阶层的士大夫积极从“开眼看世界”的思潮中汲取自己所需的文化养分，不断调适着与历史记忆并不相符的心理结构，编织着“除旧弊、革新政”的理想。经过戊戌变法、义和团运动和八国联军侵华，积重难返的清政府为维持内外交困的政权，开始积极实行新政措施，其中一个重要举措就是仿效日本明治维新，提倡青年学生赴日本留学，并颁布奖励章程。1905年，清政府决定废除科举考试后，知识分子更是将留学作为步入仕途的最后一根稻草，竞相东渡。

20世纪初期由此掀起了中国留学史上盛极一时的留日热潮，地处省尾国角的潮汕也在文化心理上与京师重镇遥相呼应，涌现出一群具有代际传承关系的留日知识分子。吴贯因、杜国庠、李春涛、彭湃、王鼎新和陈卓凡、彭泽等为代表的潮汕近代留日知识群体，其先后留日的时间基本上涵盖了近现代中国留学日本的肇始、发展、风潮、鼎盛及式微的各个时期，而由其所带来的早期马克思主义思想更是在潮汕地区得到了星火燎原式的传播，一大批潮汕有志青年正是在进步思潮的浸润和启蒙中逐渐产生并坚定起自身的革命理想信念，成为20世纪30年代中国文坛及革命场上独树一帜的潮汕劲旅。

洪灵菲，正是一颗划过20世纪30年代中国文学史、革命史夜空的红色彗星，疾驰而过，却留下了璀璨耀眼的光芒，深情凝眸着潮汕乃至中国大地上发生的一切，过去的、现在的和未来将至的……

第一章　宗法制“父子”认同的罅隙与断裂

潮汕县级建制，最早始于汉代。其时，汉武帝设揭阳县，而潮汕为揭阳所辖。潮汕地区偏处粤东一隅，远离省府广州，其东北部与福建相邻，西北处与江西接壤；东南部沿海，绵长的海岸线拖曳出一片广阔的海域，成为潮汕与东南亚地区交流的重要海上纽带。从自然地貌上看，整个潮汕地区是由两条山脉和三条河流构成的三角洲：西北部的莲花山脉经由揭阳、普宁、潮阳、惠来、陆丰、海丰地区延伸开来，将潮州地区与以粤语为主的珠江三角洲分割开来，东北部的凤凰山脉沿大埔、饶平、潮安和丰顺等县蜿蜒而立，从而在潮州与客家语地区之间竖起了天然屏障；韩江、榕江和练江三条水系则在三江下游地区形成了地势低平、土壤肥沃的冲积平原，同时，这三大水系也将潮州地区分成了韩江、榕江和练江三个地带。从文化版图上看，潮汕地区是远离中原文化命脉的“蛮夷”之地。“一封朝奏九重天，夕贬潮州路八千”，唐代韩愈因《谏迎佛骨表》一事而贬谪东南的历史片断，足以管窥中原文化对潮汕一带历来所持的偏见。

远离京师重镇，偏安粤东一隅，自然山脉在潮汕与客家间形成的地理屏障，终年受亚热带海洋性气候的浸润，拥有最接近古汉语的方言和连通东南亚的“海上丝绸之路”。加上韩愈莅潮后的思想教化，使得潮汕地区在与中原正统保持一致的同时，又逐步衍生成一个令帝都天子鞭长莫及的“独立王国”——世世代代的潮人生于斯、长于斯，渐渐形成了敦儒、重教、纯良、隐忍、精明、机巧，以及略带排外、以自我为中心的“府城意识”。

君君、臣臣、父父、子子的纲常伦理在潮汕大地日复一日、年复一年地沿袭着，传承着，成为乡土中国一个极具代表性的缩影。子与父之间的从属及依附关系不仅仅是封建家长制得以巩固和维系的基础，更是成为民族文化心理上的超稳定结构，坚不可摧。偶有鲜活的生命个体试图呼喊出独立的声音，试图迈开自由的步子，都被强大的父系宗法制所吞噬，被无情地钉在背亲逆子的耻辱柱上。随着岁月尘埃渐渐弥散，那些曾经被视为异质和另类的生命，才真正浮出历史地表，向世人浅道其睿见与真知……

一

1902年的农历正月，一个夹杂着彻骨寒气和节日暖意的时节，洪灵菲降生在中国南方小城的边陲之地——旧时称为海阳县江东洪砂乡（即今广东省潮州市湘桥区江东镇红砂村）。这是一个具有乡土中国普遍性特征的村落，村民们世世代代日出而作、日落而息，淳朴蒙昧中不乏宁静祥和。只是，这种表面的宁静祥和是以村民们的自我奉献和牺牲为代价的，其内在的矛盾冲突正与清王朝一样处在积重难返、随时爆发的情势里，岌岌可危。朝堂社稷日薄西山的情势尚未彻底撼动华夏的根基，处江湖之远的边陲乡野依然循着生、老、病、死的自然规律繁衍生息，三餐四季，一派自足的遗风。

洪灵菲的降生，对于家族添丁、未来多了个劳力壮力而言，无疑是喜事一桩，邻里乡亲也都簇拥着赶来庆贺这弄璋之喜。洪灵菲在家中排行第三，乳名洪树森，学名洪伦修，洪灵菲是他后来写小说时起的笔名。在洪灵菲之前还有两个哥哥、一个姐姐。大哥洪映堂，比他大10岁；二哥洪紫南，比他大6岁；姐姐洪伦珍，比他大2岁。在他下面，还有一个四弟洪伦钧，比他小4岁。然而，面对前来道贺的乡里乡亲，父亲洪舜臣却笑不出来，小洪灵菲的出生就仿佛混世魔王哪吒的降临一样，对家族而言是隐疾、是忧患，是煞星、是符咒。

洪家世世代代都是面朝黄土背朝天的农民，尝尽农耕艰辛，受尽地主盘剥之苦的祖辈们虽说不出“学而优则仕”的辞藻，却也深知读书改变命运的重要性。洪舜臣自小便被寄予了厚望，希望通过读书之业扭转整个家族劳力者治于人的厄运。可惜天不遂人愿，洪舜臣科考接连失利，连个秀才也没考上。或许，这只是旧时代古老中国里诸多《儒林外史》的一个个例而已，但这个个例中却恰恰囊括了落第秀才性格里的诸多普遍性。虽然连秀才的边都够不着，但是洪舜臣骨子里却有着旧式读书人常有的清高，因粗通文墨而不愿与白丁者同流，始终觉得命里不凡，坚定地认为只是时运不济，终有一天自己的儿子们将在读书的道路上走得深且远，一洗家族世世代代的泥土味。科考既已无门，生活又活生生地教会人必须为五斗米折腰，洪舜臣便以私塾先生为业，积攒了一定的储蓄后转行当起了悬壶济世的郎中。潮州府城里有名的药铺荣春堂便是洪舜臣所开设的。

虽然洪舜臣的医术谈不上妙手回春、再世华佗，他却也是怀着一颗医者仁心，对待患者不论贵贱，倾囊相助。比起行走江湖的赤脚医生们“挂羊头卖狗肉”的忽悠，患者的普通病症在洪舜臣这里都能药到病除，荣春堂和洪舜臣的美名也在潮州城里渐渐传开。然而，洪舜臣身为医者的仁心仁术，却没有惠泽自己的亲生儿子，他对洪灵菲总是显得那么淡漠隔阂，极为严苛甚至是刻薄。

洪灵菲后来在自传性文学创作中提到：“他的父亲是永远不会同情他的，他对他好像对待一个异教徒一样。他憎恶他是本能的，性质生成的，他永不容许他的哭诉。他平时糟蹋他的地方，譬如骂他生得太瘦削，没福气，短命相；写字入邪道，做文章入邪道，说话入邪道，叹口气也入邪道。他觉得他身上没有一片骨，一滴血，不是他父亲憎恶的材料。”这种厌恶的情感和心绪仿佛是先验性的，不证自明的，就好像哪吒身上所携带着的原罪一样，事实胜于雄辩般地不允许人质疑。

其实，这里渗透着父亲洪舜臣极深的迷信和偏见。洪灵菲出生的农历时间点恰好是虎年虎月虎时，一虎为凶，三虎必成患，洪舜臣几近偏执地认为洪灵菲的命里带凶、带煞，而且这种从娘胎里带来的阴鸷将会严重妨碍洪家家业的振兴，这一痼疾和隐患不知何时就会爆发，给家族带来殃灾和不幸。除了生辰八字，洪灵菲的长相也没能获得父亲的爱怜。清瘦，骨削，颧骨高而凸出，嘴唇薄且无血色，耳垂薄，下颏尖，手指纤细如女子，这些和面相学里描述富贵人家、达官贵人所具有的“天庭饱满，地阁方圆”，和“男儿嘴阔吃四方”“手掌肉厚皮实象征着手握权力富贵”

的说法都是南辕北辙、大相径庭的。洪舜臣带着二元论的视角，古板机械地理解“相由心生”，原罪似的给小洪灵菲定性判刑：断定是个“短命仔”“讨债鬼”，“活不过30岁”。洪舜臣时时刻刻惶恐不安，怕自己预言的“忤逆”“背弃”等命里定数终将灵验，却没有真正从科学的角度看待“命”与“运”之间的辩证关系。古老中国有着丰富的传统文化，却也良莠不齐地夹杂着诸多封建思想的残余，这套看似自圆其说的封建理论有着极为强大的精神控制力，被洪舜臣奉为圭臬，是指导其看待世界万物、影响其为人处世的生活哲学，尽管其中甚少有亲情的温暖，洪舜臣也像一台废旧机器上生锈的铁链一样，盲目地、固执地、按部就班地跟着轨迹转动着……

洪灵菲喜读苏曼殊的诗词，独自一人闲坐读书时，会陶醉于苏曼殊诗词中缠绵悱恻却又豁达超脱的艺术境界里，不自觉地会跟着吟诵起来。父亲每每从药铺回来，听到小洪灵菲摇头晃脑地读这些诗句时，就会怒火中烧，一改读书人式的清高破口大骂：“胸无大志不成器的东西，净读这些蛊惑人心的靡靡之音！世风日下，世风日下……”而当小洪灵菲怀着孩童般崇尚自由、向往英雄梦的心情津津有味地阅读《水浒传讲古》时，父亲也会生气：“少不读《水浒》老不读《三国》，这不孝的东西莫不是背亲弃义的逆子?！迟早要出事，迟早要出事的……”

洪灵菲的字迹棱角分明，父亲也会嫌弃其笔力不够遒劲，“净是骨头，没有肉”，字也和说话的声音一样虚弱无力，缺乏旺盛的生命力和十足的中气……

父亲洪舜臣对洪灵菲的诸多不满和苛责、为难，给洪灵菲幼小的心灵留下了特别深的伤痕与阴影。而事实上，这种宗法制“父子”认同不仅体现在父子相处的日常细节中，也可从潮汕地区特有的民居建筑样式中可见一斑。无论是钟鸣鼎食之家的“四点金”“四马拖车”，抑或是潮汕乡村普遍的“下山虎”，其内在的功能布局都是“五脏俱全”，大同小异：为防屋内泄光，起藏拙作用的“反照”（照壁），长辈议事的正厅，供奉祖宗灵位、神龛的大厅，停放棺柩、处理治丧事宜的后库，为礼避长辈帷幄商议而专设进出的“子孙门”，集中居住着小辈和用人的火巷、后包……这种潮汕地区“三落二火巷一后包”的“四马拖车”式建筑，俨然象征着宗法家族制里“四世同堂”“长幼有序、男女有别”的森严等级。以“父严母慈”“子孝媳惠”为核心的家族建制统辖着每一个个体的家庭单位，凭借血缘亲疏维系的同宗同族同乡观念更是深深植根在潮人精神里，成为潮人文化心理结构中“超稳定”的一面。

洪家虽谈不上大户人家，可是宗法家长制的规约却也一点没少。洪灵菲的母亲是一位淳朴、勤劳的农女，和潮汕当地其他妇女一样，自觉地将三从四德、温良恭俭让的女性德行内化为自身的行为准则，相夫教子，维系着一个家庭的和睦与秩序。年幼的洪灵菲每每见到母亲忙碌的身影，总是感觉到母亲像自己田间垄上的母牛，吃下去的是草，挤出来的却是鲜奶。事事请示，样样报备，谨小慎微，做小伏低是母亲惯有的姿态，谦卑得如同尘埃，风一吹就消散得了无踪迹，风一停，又在阳光中缓缓地落下大地，永远那样静默地存在，永远那样无声无息。母亲见到父亲对洪灵菲的态度和做法，丝毫不敢反驳，只能忍气吞声地暗自抹眼泪，自己辛苦生下的孩子被丈夫视为异类和“怪仔”，一切都是自己的过错，怨不得丈夫，也苦了吃苦受罪的孩子。母亲只盼望着洪灵菲将来能成大器，也好帮着她出一口憋在心口的冤枉和委屈。小洪灵菲也在下意识地躲避着父亲，每当父亲从药铺回家，他总是悄悄地躲在“子孙门”后，如果父亲问起他，才蹑手蹑脚地从门后出现，规规矩矩地道一声“父亲您回来了，父亲您辛苦了”，那卑怯的样子真像是因为馋嘴偷吃了祭祖贡品怕被大人发现挨鞭子。幸运的时候会遇到父亲心情好，转手递给洪灵菲一盒牛皮纸包的点心，“拿去，和哥哥姐姐一起吃！”运气不好的时候，就会遇到父亲询问起自己功课，若是发现自己没有按照父亲的意愿读透那些所谓的经世之学，就得乖乖地到堂屋里取出戒尺，靠在“子孙门”边上等着父亲的“竹仔鱼”落在自己细细的掌心里，一条又一条，红通通……

二

1905年，清政府决定废除科举考试的消息从清廷庙堂上不胫而走，作为历史中间物的一大批不新不旧的知识分子更是将留学作为步入仕途的最后一根稻草，竞相东渡。面对这样的现实，洪舜臣曾一度感觉天地乾坤陷入混沌，世道不济，前途晦暗不明。另一方面，他又总是在朴素辩证法的思维里自我安慰，认为阴阳之道，物极必反，终究有一天科举还是会重现，拨开云雾见青天，朗朗乾坤还是会来临的。怀着这样的愿景，洪舜臣认为当务之急就是要学会韬光养晦，有备无患，因此对儿子们的教育更是时刻不敢松懈和怠慢。

1911年，9岁的洪灵菲进入乡村私塾读书。在教书先生乏味枯燥的“天地玄黄，宇宙洪荒”“之乎者也”的灌输中度过了四年。古板呆滞的教书先生丝毫没有引起洪灵菲的好感，天性敏感、喜好观察的洪灵菲发现，教书先生身上有很多言行不一、错讹歧出的地方。他一方面谆谆告诫学生要尊敬师长、长幼有序，不能乱了尊卑辈分，一方面又在暗地里咒骂清廷科举之艰，让自己断了封官晋爵的路；一方面对“天行健，君子以自强不息”念念载道，一方面又痴迷于《太上感应篇》。

先生烟瘾犯时浑身直打哆嗦、颤抖不止的样子，和课堂上拿着戒尺时不时抽一下正在打瞌睡的学生的掌心时正气凛然的样子是多么知行歧出。每每看到道貌岸然的先生做贼似的躲到后厢房里抽大烟，在一片烟雾缭绕的虚幻里怡然自得，仿佛羽化登仙的表情，洪灵菲总是不自觉地升腾起一种嫌恶的感觉和心绪。他很想问父亲，念念不忘要恢复的世道和朗朗乾坤里充斥着这样外强中干的尸骨袋，又有多大的意义呢？当然，因为惧怕父亲莫名的憎恶和权威，洪灵菲是断然不敢开这个口的，但是他的潜意识里却在逐渐明晰一件事情：想要的未来尽管模糊不清，却不是父亲口中所描述和期盼的那个旧时代。

四年后，13岁的洪灵菲转到潮州府城城南小学四年级插班。在城南小学读书的近两年时间里，洪灵菲真正受到了德行教化和知识启蒙，这是和古板呆滞、僵化迂腐的私塾先生所教授的有着天壤之别的。城南小学是潮州城最早开办的新式小学，教室宽广、明亮，讲台、桌椅、文具一应俱全，操场平整开阔，娱乐运动器械也齐全，这些都是私塾所不可比拟的。同时，城南小学有着现代新式教育改革的实践经历，开设了许多新的课程，有国文、算术、历史、地理、音乐、体操等，德智体美劳全方面培养学生的各项知识和技能。除此之外，作为一所新式学堂，城南小学集聚着潮州城的名士和知识分子，在其存续的历史中，培养出许许多多的进步知识青年，也不乏代代流传的佳话。城南小学对于洪灵菲而言，首先是遇到了启蒙恩师戴贞素；其次是结识了戴贞素的儿子戴均，即戴平万，二人在此后的人生中多有交集，成为可以互诉衷肠、勉励共进的至交好友。

戴贞素（戴仙寿）是潮州府城的名士，15岁即中秀才，饱读诗书、学问渊博。同时，他还写得一手好字，是潮州有名的书法家。对古典诗词也颇有研究，尤其善工绝句。他写的律诗和绝句，很有唐诗的风韵，得到时人的好评。戴贞素性格随和，风流倜傥，颇有魏晋名士风度。他不落旧派知识分子清高自矜、故步自封的窠臼，而是积极地接受新文化、新思潮的浸染，为人处世低调谦逊中处处渗透着一股民主思想和民主作风，让与其相处的人时刻感受到如沐春风般的自在和舒服。戴贞素的家庭也是一个新式的家庭，妻庄氏，粗通文墨，是一位贤妻良母型的家庭妇女。其妻生一男二女，儿子戴均，与洪灵菲同班；大女戴若荀，比洪灵菲小两岁，也在城南小学读书；二女戴若萱，年纪尚幼。辛亥革命后，接受了资产阶级民主主义思想的熏陶，戴贞素给三个孩子分别另取名为均（平均）、民（民主）、权（权利）。戴均即后来的左翼作家戴平万，他从小聆听庭训，随父博览群书，熟读中外著名诗人的诗作，与洪灵菲一起被誉为“现代文坛的雪莱和拜伦”。

一日课间，戴贞素闲来无事便开始和洪灵菲、戴平万讲古，这次关于魏晋名士阮籍和嵇康的小故事给洪、戴二人留下了深刻的印象。魏正始年间，以嵇康为首的“竹林七贤”经常聚集在当时的山阳县竹林下，饮酒狂欢，抨击官场制度的黑暗，向世间倾吐自己的抱负，抒发自己怀才不遇的志向。这七人中，嵇康和阮籍的文学造诣最高，而他们坚如磐石的友谊更是远远比二人在文学上的成就更加闻名。戴贞素用谦谦君子般的古风语气缓缓说道：“嵇康和阮籍，都是文人墨客，也是竹林七贤的代表，他们都不慕权贵，不在乎礼法约束，他们的生活充满着古朴和纯真。阮籍年龄比嵇康大，咱们先从阮籍说起。《滕王阁序》中写阮籍猖狂，把他当成了反面教材。其实不是，阮籍面临的穷途末路不是一般的逆境，他在绝境中号啕大哭，不是在向困难低头，相反，他是在向不公的命运和时代抗议。这种无奈是很多人不曾体会的，但是嵇康却能从阮籍绝望的哭声中听出他的反抗、他的不甘心。

“阮籍的母亲去世后，嵇康的哥哥前去吊唁。阮籍并没有得到安慰，嵇康听说后就拿琴和酒到阮籍母亲面前，在当时看来，这是对死者的大不敬，但是阮籍却惺惺相惜般地看出了嵇康是想要用动听的音乐和美酒来送别自己的母亲。二人均不被传统礼教束缚，追求更高的生活意境。也正是因为二人有这样一种‘高山流水’‘伯牙子期’的情谊，中国的文学史经常把二人相提并论。而他们的名字也总是连在一起，被后人铭记……”

洪灵菲托着腮帮子听得津津有味，一对大眼睛眨巴眨巴地望向一旁同样入神的戴平万，天真稚气地说道：“那将来戴均兄和我也要学习阮籍和嵇康，做永远的好朋友！”戴平万报之以灿烂的微笑，腼腆的脸庞在和煦的光照下显得特别俊秀温润。戴贞素和蔼地端详着眼前这对充满朝气和活力的少年，不禁诵读起梁启超先生的《少年中国说》……

洪灵菲和戴平万因为是同班同学，有着诸多机会接触，又因为两个“臭皮匠”的兴趣爱好相同，经常一起讨论古典诗词等文学作品，两个人的友谊日益增进，到小学六年级的时候，洪灵菲便成了潮州城岳伯亭总兵巷内双柑书屋（戴平万在潮州城的住处，也是潮汕有名的书屋）的常客。

岳伯亭总兵巷与荣春堂相距不远，是一座“四点金”式的院落，有四房一厅，十分幽静整洁。双柑书屋对洪灵菲而言就是个知识的聚宝盆，老师戴贞素的书斋里有许多新式书籍，既有女侠秋瑾的传记，又有政治流亡客梁启超的《饮冰室诗话》《论小说与群治之关系》。这些书有些“难懂”，却都在他心灵深处慢慢扎了根。临近升学考的最后一学期，洪灵菲每晚都到戴家复习功课，戴贞素夫妇待他很好，简直把他看成是家庭的一员了。在戴平万的家里，洪灵菲能够畅快地呼吸着久违的自由空气，平和、舒缓、闲暇、静谧，没有和父亲相处时的谨小慎微、压抑拘束。饭桌上，父子兄妹之间有说有笑，不必拘泥于“食不言，寝不语”的老规矩，各人都表露活泼、欢乐的神情。这种空气、这种神情，常常使洪灵菲在放松之余触景生情，由羡慕而升腾出些许伤感来。

每当洪灵菲眼神里流露出一点点落寞时，戴若荀总是能敏感地捕捉到，并且用一双忽闪忽闪的大眼睛看着洪灵菲，拿出学校里的各种趣事来打哈哈，转移洪灵菲的注意力。戴若荀这一招总是能够灵验，因为那双黑色的眸子是那样干净明媚。在那纯净如水的眸子里，洪灵菲能够看到自己痴痴傻笑的呆样，能够看到世界上除了骨肉亲情之外的温暖。“金风玉露一相逢，便胜却人间无数”的词句洪灵菲自然还不懂，但是这种两小无猜、青梅竹马似的情愫却逐渐在两个孩童的心间滋长开来，懵懵懂懂，好奇而令人心驰神往。

弹指一挥间，洪灵菲和戴平万就到了毕业升学的时候了。经过了一个暑假的挑灯夜战，洪灵菲和戴平万两个人信心满满地等着升学考试的来临。

8月的一天早晨，洪灵菲穿着一套从旧衣店买来的白仁布学生装，高高兴兴地来找戴平万，两个人一起说说笑笑地到金山中学参加升学考试。天气晴朗、闷热，街上像平时一样熙熙攘攘，车水马龙，素来喜欢幽静独处的洪灵菲，今天也不觉这喧闹的市井之声讨厌了。他心里充满着愉快的感觉，走路的脚步也比平时更加轻快。“我们快要成为中学生了！”他这样说着，嘴角禁不住露出微笑，几乎想和街上的每一个行人握手。“听说金山中学的风景特别美，咱们得去好好瞧瞧！”戴平万欢呼雀跃地应和着。

三

俗话说“穷人的孩子早当家”，这情景在旧中国广大农村社会里周而复始地上演着。和大多数出身贫寒的农村孩子一样，洪灵菲从5岁开始就参加劳动了。不论晴雨寒暑，每天天未亮都会雷打不动地被母亲叫醒。就着萝卜干草草喝点稀粥后，瘦小的洪灵菲便听话地背起粪筐，拿着“猪屎耙”，走半条村去捡猪粪。早晚两造水稻收割后，稻田里会遗留很多谷粒，大哥便把鸡笼挑到田里去。洪灵菲坐在田埂上，看着自己家里的十几只鸡啄取谷粒。柿子和石榴成熟了，他便去看守果园，在田间垄上扎些稻草人，闲来无事看看被风吹得摇头晃脑的稻草人把停驻其上的鸟儿吓得扑腾翅膀飞走的样子，甚是有趣。每年柿子摘下来晒成柿子饼，母亲总是会笑盈盈地掰开一半柿饼，把红彤彤的厚实果肉递给小灵菲，这是他辛勤劳作后最幸福的时刻了。人是铁，饭是钢。饥肠辘辘是没有办法干活的，自然万物也是一样。母亲说不出天人合一的大道理，却总是能循循善诱地教育洪灵菲，摘柿子后别忘了在树枝头上留一些柿子给南来北往的小鸟们充饥。洪灵菲每每抬头仰望着零零散散挂在树梢头上的火红火红的柿子时，心里头总是莫名地涌起一股暖流。一年四季春夏秋冬，当由深秋转入严冬时，洪灵菲又去砍甘蔗、捡蔗壳，小小的身躯拖着一大堆蔗壳和麦秆拿回家当柴火烧……这许多的工作，对于像他这样小的年纪和单薄的身板来说，是太繁重了，但是大量的劳力耕作却在潜移默化中锻炼了洪灵菲心灵和体魄。当他二十年后到处流亡漂泊时，能有坚毅的意志和强盛的体力，去承受各种颠沛流离和艰难困苦的人生际遇，其实都得归功于小时候的磨炼。

日出而作，日入而息的农村生活并不都像陶渊明笔下所描绘的那样“采菊东篱下，悠然见南山”，而是始终伴随着地主老财的盘剥、欺凌和压迫。压迫与反抗，是一组深深扎根在洪灵菲心灵深处的词汇，不仅在宗法制家庭里是这样，在整个农村社会形态中也是如此。村里人的贫富等级从其居住的房屋和吃穿用度中便可一目了然。富人家庭里的纨绔子弟们时常仗势欺人，随意拿碎石扔向正在劳动的洪灵菲，要不就是抢夺他辛苦找来的甘蔗壳用来当木马骑；有的甚至霸凌和侮辱洪灵菲，要他给自己当人偶木马……士可杀不可辱的道理，小洪灵菲自幼便懂得，虽然自己身量单薄，但每次被胡搅蛮缠和侮辱取笑时，洪灵菲总是铆足了全身的力气，拧紧拳头狠狠地朝对方脸上砸去……结果是可想而知的，母亲的竭力维护并不能免除父亲的责难，很多时候小洪灵菲看到母亲战战兢兢、谨小慎微地提着一篮鸡蛋到富人家里去赔罪认错的样子，都会气得牙关紧咬，眼睛瞪得大大的，布满着仇恨的红血丝。“那是全家好几个月的鸡蛋！长这么大，自己还从来没有单独吃过一个完整的白煮蛋，凭什么要因为别人的过错而浪费家里的粮食呢？”年幼的洪灵菲陷入了沉思中，心情久久不能平复……十几年后，长大成人的洪灵菲对童年时代的经历、所见所闻有了更为深刻理性的认识，不再是带着一时的冲动和情绪化，感性地来评论。洪灵菲将发生在家乡潮汕的故事写成了一篇篇真实感人的小说，用自己手中的笔真实地记录一个时代的缩影……

四

20世纪20年代伊始，新文化运动为闭锁的潮汕送来了象征西方现代性的“民主”“科学”观念；紧随其后的大革命洪流，猛烈地冲击着南海之滨的潮汕平原；彭湃领导的农民运动在东江、海陆丰一带蓬勃发展；大批流民、劳工为谋生路而远渡南洋，形成潮汕一带独特的“过番”热……喧嚣与骚动、传统与现代、因循与革命相对峙的因子，如同酵母般在潮汕土地上不断地发酵、膨胀。传统潮人所具有的生存形态、观念意识及地域性格也开始发生解体、流变：宗法脐带下的“父子”认同始现罅隙，终至断裂；流亡知识青年所表露的“革命薄海民”特质；大革命历史背景下民众渐趋萌芽的阶级意识；劳工“过番”热背后的淘金梦及“原乡情结”……所有这些心理渐变的过程，都被青年作家洪灵菲写进了自己的作品里，生动而真实地呈现出近现代潮人在社会大动荡时期里寻求文化归属与自我认同的跋涉之旅。在这些社会文化心理中，第一项便是宗法脐带下的“父子”认同。

洪灵菲的《流亡》《家信》《里巷》《柿园》等一系列自传式小说中都包含着鲜明的“父子冲突”主题：既是身体发肤的血缘之“父”，同时又是宗法道统捍卫者的文化之“父”，与渴望挣脱封建桎梏，向往现代文明、个性自由和革命解放的“儿子”，在新时代脱胎于旧母体的阵痛里相互依存、扭结、排斥、对峙。这种畸形、扭曲的“父子”关系“与其说是一种真实的存在，不如说是一种象征的存在，是作为两种文化相交锋的象征载体而存在的，这两种文化交锋的过程及结果，呈现了地域性格”。

在这种宗族血缘的家庭建制下，“父亲与儿子只有一种天生的血肉相连的相依为命感。儿子是父亲的接班人，父亲是儿子人生的向导者。他们都是家族传宗接代的中间环节，大可以遵循祖辈的模式，以其父分、子分相安无事地生活，共同完成繁衍后代、光宗耀祖的历史使命”。[①]然而，“儿子”精神的觉醒却打破了这一原本既定的轨迹。作为“儿子”的“我”上了新式学堂，在依靠父亲的月供读完大学后却不满沦为一个延续香火的生殖器，开始主动寻求自我个性解放，甚至投身革命以求千千万万人的解放。“儿子”突如其来的倒戈一击改写了“上阵不离父子兵”的叙事，使得“父亲”在恨铁不成钢之余，还面临自身权威受到挑战的窘境。这种对宗法父权制的颠覆是“父亲”无论如何无法接受的：

> 他的父亲是永远不会同情他的，他对他好像对待一个异教徒一样。他憎恶他是本能的，性质生成的，他永不容许他的哭诉。他平时糟蹋他的地方，譬如骂他生得太瘦削，没福气，短命相；写字入邪道，做文章入邪道，说话入邪道，叹口气也入邪道。他觉得他身上没有一片骨，一滴血，不是他父亲憎恶的材料。

洪灵菲经常在自己的文章里发出这样的喟叹，尤其是参加革命后，对父亲的情感更是复杂纠结：“他想起这一次的失败，这一次误入邪党的大失败，他父亲给他的同情将是冷嘲，热讽，痛骂，不屑！他震恐，凄惶，

---

① 姚玳玫：《挣扎与回归：洪灵菲小说地域文化特征初探》，《中国现代文学研究丛刊》1991年第2期。

满身的血都冷了。他悔恨他这次的回家。”[①]面对死里逃生、流亡归家的儿子，父亲非但没有半点怜悯，反而大声呵斥：“哼！装成这个狐狸样，闯下滔天大祸来！”“他现在是在逃的囚犯呀！时时刻刻都有人要来拿他，我恐怕他是已经死无葬身之地了！哼！我高兴他回来？我稀罕他回来吗？”“第一怨我们的祖宗没有好风水，其次怨我们两老命运不好，才生出这种儿子来！”[②]……绝望之余，素来遵从礼教风化的父亲暴露了“狮子性”的一面：“我一向劝你学着孔孟之道，谁知你书读越多越坏了……索隐行怪，坠入邪道！……现在的世界多么坏，渐渐地变成无父无君起来了！刘伯温先生推算真是不错，这时正是‘魔王遍地，殃星满天’的时候啊！孔夫子之道不行，天下无统一之望。从来君子不党，惟小人有党……”[③]

面对“父亲”的决绝，“儿子”对旧礼教强大的文化惯性则呈现出一种极度矛盾的胶着之态。一方面，受着大革命思潮的影响，洪灵菲以极度狂热的姿态投身社会革命，誓与一切束缚人性的旧礼教旧观念决裂，与“坟墓”般的家庭、“枯骨”似的父亲相对抗，向往个性解放、恋爱自由，鼓励守寡的嫂嫂打破封建的贞节牌坊、改嫁他人，鼓励妻子与自己解除无爱的婚姻、另觅归宿……然而，另一方面，他又极其清醒地明白“他恐怕这枯骨，他爱这枯骨，他是这枯骨里孵生的一部分。他即变成磷光，对于这些枯骨终有些恩爱的情谊。他贪恋光明，但他不忍过分拂逆黑暗里的枯骨的意旨”，在反抗与遵从双重矛盾的碾压下，作为“儿子”的“我”始终饱受着煎熬，这种“父子”关系出现的罅隙或许仍未达到彻底断裂的地步，却也不乏一种向往自由、追求新生的热望：“惟有不断地前进，才得到生命的真诠！前进！前进！清明地前进也罢，盲目地前进也罢，冲动地前进也罢，本能地前进也罢，意志的被侵害，实在比死的刑罚更重！我的行为便算是错误也罢；我愿这样干便这样干下去，值不得踌躇

① 洪灵菲：《洪灵菲选集》，人民文学出版社，1981，第79页。

② 同上书，第81页。

③ 同上书，第82页。

啊！值不得踌躇啊！”[①]

如果说《流亡》中沈之菲与父亲间的“父子”冲突还裹挟着些许暧昧的话，《大海》里锦成叔与儿子阿九间的断裂则显得更为彻底与决然。当锦成叔从南洋流亡回来时，“他相信整个的工农兵的力量，他相信没有清闲爷，没有地主，这对于农民是有利益的。但他不相信他的儿子。他不相信儿子能够管理全村，乃至管理他，儿子的老子！”锦成叔因袭的仍旧是“父父、子子”的传统，他看不管儿子神气的样子，“稚鸟哩！他晓得什么？几年前还是任我随意鞭打，在地上乱滚的小子，现在便做了常委委员了，岂有此理！”尽管锦成叔不愿拿着好气对待阿九，但是有时他似乎又有点害怕阿九，“他不敢再鞭打他了，他晓得他有了群众的力量，群众都拥护他。他不简单地是他自己的儿子，他是这村里的一个指导者了。”每当锦成叔对阿九的革命做派表露不屑时，阿九却像父亲似的语重心长地“教诲”着：“可以的，儿子是可以干涉老子的。但我现在用同志的资格来纠正你的错误！”“当我们已经晓得用集体的力量，鼓励全体被压逼的民众起来推翻旧制度的时候，你还在迷恋着旧的斗争方式，这不能不算是你落后。你要明白，你那样匹马单刀的蛮干，是绝对不能推翻整个的旧制度的。那种斗争的方式，只是农民的意识的反映，只是一种自然生长的斗争方式。现在我们绝对不需要那样蛮干了！”阿九的一番肺腑之言让锦成叔虽有不平，却慢慢从心里服膺，承认“这是儿子时代”的斗争方式，而自己以前揭竿而起的行为“已经像古物馆里的东西一样不中用了”。

沈之菲与父亲、阿九与锦成叔之间关系的演变，展现的正是宗法制“父子”关系在新文化、新政权统辖下所产生的罅隙及裂变。这一切都是洪灵菲童年时代所见、所闻、所感经过加工后的艺术呈现。通过写作这种特殊方式，洪灵菲实现了对自己童年时代困惑迷茫、委屈不甘的一种和解和弥补，并在一条新的道路上朝着一个新的方向愈加坚定地走去……

① 洪灵菲：《洪灵菲选集》，人民文学出版社，1981，第83页。

第二章　金中岁月与本土革命导师的启蒙

一

功夫不负有心人，不久中考成绩放榜了，洪、戴二人联袂考入了广东省立金山中学。经过一个暑假的短暂休憩，兴奋不已的两个青年人迫不及待地奔赴金山中学，朝气蓬勃地迎接着新的求学历程的到来。

广东省立金山中学是当时潮汕地区著名的学府，背靠金山，面朝潮州西湖，依山傍水的地理位置和民国风格的建筑楼体相映成趣。沿着高高的台阶拾级而上，两旁翠绿的竹子挡住了烈日骄阳，偶尔有阳光透过竹林的间隙照进来，金灿灿的光圈打在石板台阶上，让人感觉心旷神怡。石阶的尽头，曲径通幽处便是整洁的校舍和宿舍楼。洪灵菲、戴平万热情、友好地和其他室友握手，互相自我介绍，共同允诺着在今后的学习生涯里互相帮助，一同进步。

在金山中学求学的时光里，洪、戴二人开始如饥似渴地阅读进步书刊，对充斥这个时代"新与旧"的文学文化问题进行了一番热烈的讨论。洪、戴二人素来喜欢诗歌，但两个人的个性气质却大不相同。洪灵菲生性浪漫，充满着艺术家的才情和诗人的天赋。对于晚清以来的"诗界革命"，洪灵菲极为推崇黄遵宪理论关于"口语化"的提倡，尤其是黄遵宪《人境庐诗草自序》中阐述的诗歌创作原则"诗外有事，诗中有人"。他对戴平万说："黄遵宪的诗歌理论非常好地概括了诗歌的两大创作要素，'诗外有事'强调诗歌要反映广泛的社会现实；'诗中有人'是指诗歌要表达作者自己的个性。这对当下新诗界是有很大影响的，诗人可以更加自由地在诗歌中直抒胸臆，尤其是到了梁启超、胡适先生，再到当下的郭沫若先生，那简直就是将古代诗歌带入了现代的艺术境界里，诗意和胸怀都开阔得多！”洪灵菲特别强调诗歌中个性的张扬和情感的宣泄，经常在寝室里高声朗诵郭沫若的《天狗》：

我是一条天狗呀！
我把月来吞了，
我把日来吞了，
我把一切的星球来吞了，
我把全宇宙来吞了。
我便是我了！
……

对于洪灵菲的诗歌观点，戴平万则保留了自己的看法。两个无所不谈、推心置腹的知己好友对现代诗歌选择了和而不同。戴平万是一个性格腼腆、长相白净，带着浓郁书生气息的青年人。由于家学渊源，戴平万自幼便受到古典诗歌的熏陶，对《诗经》“美刺说”“言志说”“观风观志”说极为推崇。和洪灵菲对自由奔放的诗歌形式和情感有着热烈的向往不同，戴平万对待诗歌创作显得更为古典和中规中矩。“诗言志，歌咏言，声依永，律和声”，他认为五言和七言绝句各有章法，推崇古典诗歌中的风骨，认为风骨是诗歌思想感情最为鲜明的表现。诗歌抒发志向，但也要避免纯粹个人化情感的流露。

从洪、戴二人对诗歌的不同评价和偏好中，可以看到不同成长环境对洪、戴性格上产生的不同影响。洪灵菲长期受到父亲的不公正待遇，周遭的世界也处处遍布着地主老财的盘剥、压迫，这使得洪灵菲自我的真性情长期地处于压抑当中，一旦他接触了新诗所提倡的新形势，并借以抒发自己满腔的情感和喟叹，便有一种久违了的自由和无拘无束的感觉。戴平万则不然，他从小家庭条件优渥，父亲庭训教诲也是平和包容。童年时代的戴平万的生活里充满着爱和温情，没有受到不公正的对待，也没有和洪灵菲一样遍尝劳动耕作之艰，其审美趣味是古典化的。古典文学的长期浸润使其对中国传统文化中的精华极为推崇，因而对现代新诗难免流于口语化和直白的特点持一种相对保留和谨慎的态度。

二

洪、戴二人入学后的第二年，恰逢五四运动爆发，反帝反封建的爱国主义思潮和各种新思想、新文化运动的浪潮一时间席卷神州大地。偏处粤东一隅的潮汕，亦在文化上与京师重镇遥相呼应。5月6日，汕头《公言报》刊出五四运动的号外，潮汕各校学生闻讯后纷纷走上街头示威游行，同时成立各县学生联合会、潮州学生救国联合会、岭东学生总会等，开展有组织的反帝爱国运动。广东省立第二师范学校（即现韩山师范学院）和洪灵菲、戴平万所就读的广东省立潮州金山中学是当时潮汕地区的两座最高等学府，也是宣扬反帝爱国思想的主阵地。在五四运动浪潮的浸润下，洪灵菲和戴平万积极参加各种爱国宣传活动，在群情激昂的民众呼声中感受着时代跃动的脉搏，感受着自己内心对新世界充满期待和渴望的澎湃热血。

广东省立第二师范学校的进步学生伍治之、黄中坚等，因不忍目睹“社会之黑暗，青年之麻木沉沦”，愤而发起青年八不社，希望通过砥砺青年学子奋发图强、读书救国，“以树青年之人格”。1919—1923年间，各种学生组织的文学团体如同雨后春笋般相继而生。由谢汉一、吴雄华主持的潮安青年图书社提出“宣传新文化、介绍新思想、建设新社会、改造新生活”的宗旨，积极向潮汕各县、市推荐《新青年》《新妇女》《少年中国》《独秀文存》和《共产党宣言》《社会主义宣言》等进步书刊；潮州金山中学的学生发起、组织晨光文学社和伏虎文学社出版《晨光》《谷风》两种文学刊物。除了潮州府城，潮汕周边地区的新文化运动同样开展得如火如荼，澄海青年组织“成築”“蓓蕾”“彩虹”等文学社出版文学刊物；惠来青年社（惠来青年组织）、同志学社（饶平青年组织）、河潮社（揭阳河婆旅穗学生组织）……这些都是宣扬五四精神，传播新文化、新思想的进步组织，潮汕地区文化热情之高涨也由此可见一斑。

洪灵菲的文学创作才能在这一时期开始受到时代和青年同学的感召与激发。“我手写我口”的文学实践使得洪灵菲愈发热爱文学、热爱写作，热爱这种通过文字和笔墨参与到社会实践当中的体验。他感觉到自己的生命在悄然发生着某种不可思议的改变：过去曾经使他十分醉心的剑侠小说和李白、苏曼殊的诗集，现在被新书刊所代替了。外国的各种新思潮，不管是马克思主义，还是无政府主义、实用主义、新村主义、工读主义，对他都有同样的吸引力。他说不清他到底信仰哪一种主义，或者打算实践哪一种主义。对他来说，这些主义只是给他提供了一些五颜六色的丝线，他用它们来编织一个绮丽的梦。他仍旧爱幻想。

三

洪灵菲、戴平万在金中求学时精神上发生的蜕变，离不开本土革命导师的影响，这也是地处省尾国角的潮汕地区在新文化运动、五四文化运动中迎头赶上、不甘人后的一个重要视角。

1918年前后，洪灵菲、戴平万求学金中的时间恰逢李春涛、彭湃、王鼎新、陈卓凡等潮汕青年留学日本早稻田大学。清朝废除科举制度后，在全国范围内掀起了留学热潮，日本由于和中国一衣带水的地缘关系，加之语言易学易懂、风俗相近以及文化上有着诸多渊源等原因，成为国内进步知识分子留学的首选地。

李春涛、彭湃、王鼎新、陈卓凡等是继吴贯因、杜国庠之后第二批留学日本的潮汕知识分子。1918年前后，早稻田大学浓厚的政治研究氛围和日渐高涨的社会主义学生运动深深影响了这批知识分子，他们虽然身处日本，却心系家国，时时关心着国内的时局形势。

1919年4月中旬，中国在巴黎和会上的失败使得留日知识分子备受挫折而愤慨。在获悉中国驻日公使、卖国贼章宗祥将要回国述职后，彭湃发动、组织部分留日中国学生前往东京火车站拦截，痛打章宗祥。5月4日，五四爱国运动爆发，远在日本的岭东留日群体也积极响应。5月7日，彭湃、李春涛等到达葵桥电车站，参加东京留日中国学生举行的国耻纪念会和示威游行，遭到日本帝国主义军警的镇压，被打伤。余汉存在《彭湃的革命精神》一文中回忆说："一九一九年'五四'运动爆发，全国各地掀起了反对日本帝国主义的爱国运动，当时彭湃在日本早稻田大学读书，他发动了中国留日学生三千多人，在东京日比谷公园举行集会和示威游行。在向各国驻日使馆投递'宣言'的时候，竟遭到日本的反动武装警察野蛮袭击，当场被捕二十多人……"悲愤之余，彭湃破指血书"毋忘国耻"四字，寄回海丰县学生联合会。他书写的"毋忘国耻"的血书，在海丰中学的同学中以至全县的学生中产生了很大的影响，由此掀起了抵制日货的惊涛骇浪。

彭湃破指血书"毋忘国耻"四字的义举不仅在海丰县城引起了强烈反响，消息也渐次传到潮州府城。洪灵菲和戴平万第一次听到有关彭湃、李春涛等留日知识分子的事迹，深受震动。抵制日货的行动也悄然在潮州城里蔓延。课后及午间休息时，洪灵菲、戴平万和其他进步学生一起走上街头去散发传单，鼓动普通民众们自觉抵制日货，通过对日货的抵制来表达对巴黎和会外交失败的愤慨。

1920年10月，彭湃和李春涛等在东京松叶馆的中国留日学生中倡议组织赤心社，表示他们"一心学俄国"的愿望。赤心社的成员包括彭湃、李春涛、陈卓凡、彭泽、林孔昭、林泉、洪达、杨嗣震、李孝则、王作新等。这个组织是属于研究性质的，从成立至次年5月，彭湃和赤心社的其他成员共同学习了《共产党宣言》及河上肇著的《社会主义研究》，如对阅读的社会主义书籍有疑问时相互提问，共同研究，并共同分析国际和国内形势，传达及研究日本社会主义的一般概况。同年，彭湃与李春涛等还加入堺利彦和韩国人权无为等在东京发起组织的"CoSmo-Club（可思母俱乐部）"。该组织是一个接近无产阶级国际主义的社交组织，彭湃、李春涛等通过这个组织结识了三宅正一、高津正道、近藤荣藏、堺利彦、山川均、大杉荣等日本左翼文化人，并曾一度被神田警署列为危险分子加以监视。寒暑假期间，彭湃、李春涛等经常利用回家探亲的时间在潮汕地区为学生普及进步思想，向潮汕地区介绍日本新刊的社会主义理论著作。关于这些事迹，洪灵菲、戴平万都从学长学姐口中有所听闻。虽然尚未和彭湃、李春涛等谋面，却在心里默默对其生起一股敬佩之情，尤其深感地处粤东一隅的潮汕并未甘于人后、故步自封，而是早有一批进步潮汕知识分子为新时代、新社会的诞生做出了尝试和努力，这为介于懵懂和成熟之间的洪灵菲、戴平万等知识青年起到了祛魅和引领的重要作用。

1921年2月的一天，洪灵菲、戴平万正在寝室里津津有味地阅读着《社会主义史略》，一边用黑色签字笔圈出自己似懂非懂的地方，一边畅想着未来新世界的样子。这时，被同学们戏称为“小灵通”的室友吴雄华连蹦带跳地跨了进来，差点被门槛绊倒。“哎呀，这外面刮的是什么风，把你这千斤顶都差点摔了个狗吃屎呀？”洪灵菲挠着前额开玩笑地说道。

“笑什么呢！我有一个好消息要告诉大家，这不就是因为太着急了嘛！”吴雄华一边仰着头，鼻孔朝上地哼着气，一边调皮地眨眨眼。

“啥事呀？是今天有新电影，还是食堂里加了菜？”另一个室友好奇地凑过脸来问。

吴雄华作势按了一下对方的脑门：“就你这德性，整天就知道吃和玩，咱们学校来新校长啦！”

“呀，真的吗？是谁啊？”洪灵菲、戴平万异口同声地问道。

“就是你们特别崇拜的人物，李春涛呢！”吴雄华得意扬扬地说着，洪灵菲、戴平万惊喜地瞪大了眼睛，相互看着对方，感觉有点梦幻和不真实……

这一消息被确证的时候可把洪灵菲、戴平万乐坏了，久仰大名的榜样式的人物居然成了自己的校长。一想到可以和李春涛见面，可以洗耳恭听其教诲，洪、戴二人都显得无比兴奋。

四

李春涛，1897年2月25日出生于潮安县城内刘察巷十五号。其父李秀升是清末秀才。辛亥革命前夕，父亲李秀升（别字云阶）、叔父李南笙和澄海县文化名人吴贯因、李秀才四人一起在厦门参加了同盟会，追随孙中山先生进行革命活动。李秀升在民国初年短暂地当过潮安县议员，此后终生以教书为职业，通过自己的言传身教积极宣传孙中山的革命学说。在父亲的教育和李南笙、吴贯因的影响下，李春涛逐渐认清形势，趋向革命。

1917年秋季，当洪灵菲、戴平万全神贯注准备着考取金山中学的时候，年仅18岁的李春涛已经从潮州金山中学毕业。李春涛素来赞成孙中山“天下为公、建立民主共和国”的主张。但辛亥革命后，他满心期待的民主没有真正实现，国家没有统一，“共和”也只是一层薄纱，轻而易举就被权势阶层揭去，代之以此起彼伏、喧嚣纷扰的军阀混战。争权夺利的虚伪现实使李春涛痛定思痛，从金中毕业后毅然决然地北上寻求真理。北上京师求学时，李春涛曾住在吴贯因家里。李春涛依照父亲的嘱咐，以门生之礼拜见了吴贯因。吴贯因欣赏李春涛对时事洞察的敏锐和深刻，欣然收他为门生。当时杜国庠也住在吴家，李、杜两人一见如故。

杜国庠不仅是吴贯因的得意门生，也是中国早期著名的马克思主义理论家，是20世纪三四十年代洪灵菲、戴平万、李春铧、冯铿、许美勋等潮汕知识青年、革命青年旅沪时的理论导师，被潮汕青年尊敬地称为“革命的老大哥”。1908年，在吴贯因大力举荐和澄海乡贤倡助下，杜国庠得到杜氏大宗祠及县邑同善祠的资助，得以如愿东渡日本。当时的日本留学生教育一般分为速成科和普通科。速成科学制通常一年或数月，普通科则是一年以上的正规教育。杜国庠入读的是早稻田大学留学生部普通科，而他之所以选读这所学校，也同样与其恩师吴贯因有关。两年前赴日的吴贯因，此时也正在早稻田大学修读历史科。早稻田大学的清国留学生部于1910年秋季正式停办。杜国庠经过努力，于1912年考上了东京第一高等学校预科。东京一高是日本一所名校，中国政府与日本文部省曾有约定，该校毕业的中国学生可以直接升入大学。而且，自费留学生只要考取该校，就可以享受官费生的待遇。对于杜国庠来说，入读一高的最大好处，就是再也不用为今后数年的学费发愁了。杜国庠在东京一高总共读了四年。在这四年当中，他担任过该校的中国留学生同窗会会长，结交了郭沫若、李大钊等一帮志同道合的朋友，并成为后来成立的丙辰学社的骨干成员，同时还参与了清末文学团体南社。1916年9月，杜国庠从东京一高毕业，然后入读京都帝国大学政治经济科。在这所学校，通过河上肇博士，杜国庠终于找到了影响其一生的政治信仰。

李春涛向老师吴贯因诉说自己的想法，真诚地道出自己北上求学的目的是要寻找革命真理。吴贯因见年轻的李春涛一脸赤诚，便结合自身的留学经验，循循善诱地指出："日本的中国留学生多数是爱国的，日本翻译新知识的书比较多，出版也快，可供学习选择。另外，你的学兄杜国庠也曾留学日本，可以给你传授一些实用的经验。"此时的杜国庠正就读于京都帝国大学政治经济科，他关切地补充道："此外，在日本留学费用不是很多，暑假回家也方便，可由东京乘船直达汕头；要取得最新的知识，到日本之后，可先阅读河上肇的《政治经济学》。"杜国庠结合自身求学经历和李春涛分享了东渡日本所习得的一些开化民智的新知，二人畅谈到深夜……

吴贯因建议李春涛和杜国庠一样留学日本，这个建议使迷茫的李春涛顿感柳暗花明，下定决心的他写信回家告诉父母，说依从吴先生的意见，要到日本去留学。其父李秀升十分高兴，他希望春涛成为有出息的人，给弟弟们做个好榜样。翌年9月，李春涛进入日本东京早稻田大学专门部政治经济科读书。这一年，后来被毛泽东誉为"农民运动大王"的彭湃也进入早稻田大学的政治经济科。由于彭湃、李春涛两人是广东同乡，又是同班同学、同住一个寝室，他们很快成为志同道合的好朋友，常被戏称为"春涛在澎湃""澎湃的春涛"。

留学日本期间，李春涛的思想发生了很大的转变，他由原先孙中山先生"三民主义"的坚定信奉者到接受马克思主义、社会主义理论影响，立志要躬身示范、践行马克思主义的唯物史观，要将自己的一腔热血奉献给社会主义的伟大理想。

由于实际工作的需要，李春涛听从了周恩来的建议选择留在国民党内，在特殊的岗位上发挥更大的作用。1921年2月，李春涛刚从早稻田大学毕业不久，怀着改革旧时代的愿望和立志教育救国的理想，接受了国民党当局的委派，任潮州金山中学第二十五任校长。终其一生，李春涛都是一名非党布尔什维克、共产党的忠实朋友、坚定的国民党左派，对促进国共合作的革命统一战线和大革命运动的发展做出了重要贡献。

五

经过五四运动的精神洗礼后，潮汕地区逐渐呈现出去旧革新的昂扬风貌，但整体上看封建旧礼教的思想还是很浓厚。金山中学是当时潮汕地区最高的学府之一，却也残留着旧的教学制度，思想保守落后。讲坛上依然是由一群穿旧式长袍大褂的先生所把持着，校园里没有女同学，“男女授受不亲”的传统观念使得学校不主张开放女禁，男女受教育权不平等的现象十分严重。李春涛早在日本读书时便曾写《读书录》一文，文中用了极大的笔墨提倡男女平等的自由观，积极倡导和呼吁男女均应该享有同等的受教育权。当李春涛看到金山中学晦暗不明的历史残留物时，内心充满遗憾和愤怒，他下定决心要推翻这些不平等的旧制度。

就职之后不久，李春涛在全体教师大会上首先提出要招收女学生，实行男女同校制。进步的教师马上鼓掌赞成，冬烘先生们却嗤之以鼻，立即反对。金山中学即将开放女禁的消息不胫而走，整个潮州满城风雨，议论纷纷。封建遗老遗少们又开始搬出祖传家训家规和“男女授受不亲”的教条来，有的老学究还捶胸顿足地指出：“中学为体，西学为用，万万不能忘了祖宗去学洋人，男女同校，自由恋爱。最近听说京师开放女禁的学校多了许多‘大肚罗汉’，岂不丢人现眼，败坏社会风气！”“大肚罗汉”是指那些因为自由恋爱风潮兴盛，却尚未形成成熟爱情观、两性观的女同学们未婚先孕的现象，这是对中国长期谈性色变的一种矫枉过正。“大肚罗汉”的现象对女性而言无疑是一种伤害，但如果不从根源上纠正两性观，这样的现象只会疯长不会消除。对此，李春涛依然坚持自己的主张，有信心击败冬烘先生的阻挠。

他把学生都聚集到学校的大礼堂，掷地有声地向学生们宣传新思想，讲明男女同校的好处和重要意义。最难能可贵的是，李春涛从性别平等的角度肯定了教育平等的重要性："中国自古以来就盛行男尊女卑，女子始终被温良谦恭顺的教条约束着，被三从四德绑架着，女子无才便是德的评价标准盛行于世。看看我们在座的同学们家里的女性长辈们，有多少是被历史和社会制度戕害，自幼便被强迫成了三寸金莲的？再看看当今的世界，西方的战斗英雄索菲亚就是女性，而我国的女性又能出几个秋瑾呢？莫说什么男尊女卑，首先须知，男儿身也是由母体孕育而成，母体本身就羸弱的话，又何谈男儿的精健和自强呢？"

李春涛在台上的讲话还没结束，台下的学生们早已听得热血澎湃，谁家没有姊妹？谁家的姊妹不是被规训起来？肚子里能有点文墨就是锦上添花，无才便是德，这是姊妹们一直被教育的话，可现实中深闺里一声声的叹息又有何人可倾诉？就在同学们交头接耳、窃窃私语的时候，人群中有两个学生站起来鼓掌表示赞成，并向李春涛鞠躬敬礼，这两个学生便是洪灵菲和戴平万。其他学生们愣了一会儿后，也热烈地鼓起掌来……

男女同校的决议终于力排众议获得通过。最后招生的结果是9月份金山中学一共录取了八名女生免费入学，其中有戴平万的两个妹妹和华侨张先生的一个女儿。虽然招生结果不尽如人意，但是万事开头难，对于传统风气盛重的潮汕地区而言，男女同校就是摸着石头过河，首开风气之先，这对以后几年里潮汕男女同校的普及起了一个极好的开端。但不久，问题又出现了。冬烘先生们如百足之虫死而不僵一样，又提出了"男女同校不同班"的主张。李春涛当场揭露冬烘先生们的阴谋，斩钉截铁地说道："不同班的主张，实质是不要男女同校。因为每班规定有一定的人数，女生人数太少就不能开班，势必令本届女生退学。男女同学的制度就不能实现。这是一个极其恶毒的阴谋。"学生得到这个消息，立即自发组织起来与冬烘先生的封建思想进行斗争。冬烘先生的主张没有市场，寡不敌众，这样无聊的独角戏也唱不下去了，只能凄凄惨惨戚戚地退出历史舞台。金中的男女同班制度从此建立起来，并在随后的几年时间里成为一种现代学校建设的潮流和趋势。

逐渐地，李春涛成为金中的核心人物，洪灵菲和戴平万都对其教诲洗耳恭听。李春涛将在早稻田大学看到的进步知识分子通过创办刊物进行文化宣传的方式引进到了金中，在金中创办并主编《金中月刊·进化》。所谓“言为心声”，从《金中月刊·进化》这一刊物的名字中“进化”二字便可管窥李春涛的意图：求殷殷学子知识之长进，求懵懂学子思想之教化。李春涛的付出终于润物细无声般地在学生中产生了作用。1921年11月，年仅19岁的洪灵菲署名“洪伦修”在金山中学《金中月刊》上发表《潮州风俗与舆论的弱点》一文，文中犀利的笔调和深刻的洞察力都可以看出洪灵菲思想观念正在发生改变：过去他想象中那个专打抱不平的剑侠，现在正为一个自由平等的朦胧的社会愿景所拼搏。

李春涛还定期公开向学生讲解社会主义学说。每天中午午饭后到下午一点上课之前的这段时间，李春涛雷打不动地在学校藏书楼或四角亭间向学生讲解进步思想理论和社会主义学说，通过与学生谈心的方式向学生播撒民主、革命等进步思想的种子。相比戴平万的安静和内敛，洪灵菲则显得活泼和好奇得多，他总是会在李春涛休憩的间隙问一些李春涛和彭湃等人留学日本的事情。这个时候，作为老师的李春涛也总是不会令他失望，从自己的经验当中选出可以寓教于乐的部分，满足学生旺盛的求知欲和好奇心。

从李春涛的讲述中，洪灵菲等人逐渐认识了一位仰望已久却从未谋面的人物，他就是后来被毛泽东同志称为“农民运动大王”的彭湃。

彭湃，1896年10月出生在广东省海丰县的一个地主家庭里。20世纪初，入侵中国的帝国主义和封建地主阶级加紧勾结，对中国人民实行了残酷的掠夺和剥削。生长在中国东南沿海小城镇的彭湃，自小就目睹广大农民遭受军阀、官僚、贵族、田主以及“新兴资产阶级”的盘剥和压迫，“终日在地主的斗盖、绅士的扇头和官府的锁链中呻吟过活”。他对农民生活里反复出现的鬻子、自杀、逃亡的悲惨命运和农村日趋衰落、荒废的景象有着切身的体验，对旧社会的黑暗、统治者的腐败和人民的痛苦有着直接的感受。因此，少年时代的彭湃十分热爱和同情劳动人民，憎恨剥削者。他崇拜南宋末年的英雄文天祥，内心深处藏着深厚的爱国主义和革命民主主义的思想。他从小富有正义感，不畏强暴，勇于反抗。中学时代，他和陈复等人组织群进会，反对土豪绅士为驻军统领林干材雕塑石像。他巧妙地敲掉了林干材石像的鼻子，使他们无法将其抬进表忠祠做文天祥的配祀。为了反抗封建礼教，解放人们的思想，他支持和帮助自己的妻子同封建礼教做斗争，从放足、识字一直到参加农运，形成一种反抗封建压迫、争求妇女解放的新空气……

洪灵菲像听大鼓书一样津津有味地听着李春涛的讲述，脑海里浮现的却是自己童年时代的经历，他在思考着："制度的腐败和堕落果然是冰冻三尺非一日之寒，不仅我自己家乡的农民受着这样的苦难，我心目中的偶像彭湃的家乡也是，那放眼全中国的农村，由此及彼，岂不都是一样？倾巢之下，焉有完卵？"他想起自己小时候对地主、有产阶级的憎恨竟然和彭湃、李春涛那么相似，可是其中又有不同。到底是哪里不同，他暂时还没有想清楚。

关于李春涛和彭湃等在日本留学时的经历，也是洪灵菲等人迫切想知道的。未曾离开过家乡的洪灵菲、戴平万急切地想知道外面的世界是怎样的。

"彭湃初到日本时，穿的是笔直的西装，吃得也很讲究。自从他钻研马列主义和参加国际无产阶级运动之后，他穿的衣服很随便，吃得也很简单。同到旅馆吃饭时，人家认为不好吃的东西，他却认为这是劳动人民辛勤劳动生产出来的，不可浪费，因而通通吃掉。

"他热爱劳动人民，他与我同出街时每遇工人推车上斜坡，他就一定热情地帮助工人推车。每年五一劳动节，他必参加日本劳动者的示威游行。

"彭湃逐渐从一个狭义的爱国主义者进而成为一个世界无产阶级运动者。当时他曾对我说：'狭义的爱国运动是不彻底的，因为我爱我的国，你爱你的国，就造成互相侵略。'又说：'人类之痛苦，是由于经济制度所造成。所谓富者良田万顷，贫者无立锥之地。这种阶级之悬殊，使少数人享福而绝大多数人不得温饱，因此要解放全人类，就必须起来推翻不合理的经济制度，建立社会主义的经济制度。’他还参加了朝鲜留日学生的爱国运动。”

……

留日期间，李春涛和彭湃一起加入了建设者联盟和劳动者同情会，认识了诸多日本进步的左翼知识分子。建设者联盟的大多数成员均来自农村，出于工作的需要，他们常常到农村去，因此，他们十分了解日本农民生活水平低下的情况。此外，他们的一些成员已经投身于一些破败矿区的劳工运动，有机会与贫苦农民接触。李春涛和彭湃每年暑假没有回家的时候，都是跟着建设者联盟的成员一起到日本农村去调研，并且发现，日本农村和中国情况相似：地主和佃农之间的关系是以孔氏伦理和封建说教为基础的，地主自然成了农民斗争的对象，而农民运动的目的都是为了实现减租、保证耕种权利、支持佃农在法庭上的斗争等。

李春涛的讲述对洪灵菲的思想启迪是意义重大的。原先他受到自己生活经验的限制，眼界视野都比较狭隘，心里只是装着个人的得失仇恨，现在他开始放眼看整个中国，甚至乎，他从李春涛的讲述中逐渐有了一种国际的视野和胸怀。以前洪灵菲和其他人一样，极其厌恶和憎恨欺负中国人、贬低中国人，将中国人羞辱为“东亚病夫”的日本人，现在他开始知道日本国内也有不平等，朝鲜国内也有，亚洲的大多数民族国家都是处在帝国主义的压迫当中，需要通过某种手段和方法团结起来。同时，洪灵菲对知识分子出身的阶级也有了不同程度的认识。在李春涛所讲述的岭东留日知识分子中，彭湃、彭泽是出身大地主阶级的，属于富有的有产者；李春涛、杜国庠、王鼎新等来自普通的知识分子家庭；而陈卓凡则是来自资本家家庭。但不管是何种家庭成分，留日的经历都使得这群知识青年选择了投身到农民运动中，通过解放农民、维护工人权利等手段进行有效的社会革命，这点是让青年洪灵菲极为佩服的。打破自身的阶级固化，去体认和感受下层民众的苦楚，并为其摇旗呐喊，这种勇气和果敢是洪灵菲极为倾慕并立志效仿的。

有一次午休的时候，李春涛又继续讲到了自己的同窗知己彭湃，他们同一年从早稻田大学毕业，毕业后各自回了自己的家乡，却经常保持着书信往来。这次，李春涛向洪灵菲和戴平万这群学生讲起了信里的内容。原来，毕业回国后的彭湃打算在家乡岭东地区重新创办赤心社，并且与东京赤心社保持联系，欲向东京留学生群体组稿。李春涛积极响应彭湃的主张，同时也将赤心社集体学习社会主义理论、集体讨论并进行演讲的形式移植到了金山中学进步学生群体中，培养和锻炼了洪灵菲等人的演讲能力。演讲，即“speak”，作为兴起于西方的现代交际和表达能力，对于普及、宣传及鼓动民众有着非同一般的意义。通过这段时间的学习，洪灵菲对于用语言进行理论宣传有了一定的认识，这也为几年后洪灵菲从事海外部宣传工作积累了一定的经验。

李春涛为了保护师生的眼睛健康，提高工作和学习效率，在金中办了一个发电所，装上百多盏电灯。全体师生员工都能在宽敞明亮的空间里办公、学习，大家都对他的行为赞不绝口。同时李春涛还倾囊相助，热心帮助勤学的贫苦学生继续求学。给洪灵菲留下深刻印象的还有李春涛勇敢与军阀做斗争，保护金中安全和校产的事迹。军阀陈炯明的师长洪兆麟当时正率领全师军队驻在潮安，师部设在城内李厝祠，他的士兵无恶不作，到处进行骚扰。有一次到金中闹事，连一棵多年的大樟树也被锯倒抬走了。李春涛不畏强暴，亲自去找洪兆麟理论，迫使洪兆麟赔礼道歉，退还樟树，并处罚闹事的士兵。从此之后，金中校园始得安宁，学生也能安心读书了。

六

说起金山中学首开的男女同校惯例，对洪灵菲而言不仅是文化上的新风尚，同时还夹杂着些许暧昧不明的个人情感。戴若荀进入金中学习后，就成了洪灵菲、戴平万两人的学妹了，洪灵菲和戴若荀之间的交往也比之前频繁了起来。

洪灵菲虽然长得瘦弱，身板却是挺拔，行动起来也是精干有力、灵活敏捷，这和他从小就喜欢踢足球、跑步等运动有关。欲强健人之精神，必先强壮人之体魄，这是洪灵菲熟知的道理。每逢课后休息的间隙，洪灵菲总是和同学们一起到操场上踢球，欢声笑语充斥着整个宁静祥和的校园。传球、接球、防守、进攻、射门！洪灵菲矫捷的身体像个快速移动的坐标点一样，让人眼花缭乱。伴随着同学们一阵阵的欢呼声，洪灵菲歇下了脚步，他机敏地发现不远处的林荫道上有一个熟悉的人影在晃动。那是心心念念的若荀！戴若荀知道洪灵菲每次课间都会利用时间到操场上踢球，她也总是心有灵犀似的和女友们约好一起到林荫道散步，为的就是能够远远地看一眼踢球的洪灵菲。那充满活力、阳光的少年，那炯炯有神的目光，总是在她脑海里久久挥之不去。

“若荀妹妹，今天课堂上先生教什么新内容呢？”洪灵菲笑容灿烂地望着若荀，仿佛她就是宇宙的中心，能散发出无限耀眼的光圈。

“今天先生正在教外文呢……”若荀咯咯咯地捂着嘴笑着说。

“来到这里还习惯吗？会寂寞、想家吗？”洪灵菲挠着头，挤牙膏似的又问了一句。其实他心里装着很多话想对戴若荀说，可是不知为何话到了嘴边就绕了个弯，又咽回去了。反倒是戴若荀天真得无知无畏的感觉，甚是可爱。她噘着嘴调皮地说：“有伦修哥……”洪灵菲听到这早已脸红脖子赤了，没承想若荀接着说道：“还有我哥呢，怎么会寂寞呢！”说着又是一串银铃般的笑声……

“丁零零……”

上课铃声总是显得那么不善解人意，短暂的相逢之后，洪灵菲、戴若荀两个年轻人便只能散开，往各自的班级走去了。

课业闲暇时，戴平万、洪灵菲几个小伙伴经常带着若荀和几个低年级的女同学一起到附近的西湖公园去郊游散心。有时就到学校附近的、潮州八景之一的“金山古松”——金山踏青，锻炼体质的同时还能增进彼此间的感情。洪灵菲和戴若荀两个两小无猜的年轻人正处于懵懵懂懂的青春期，相互之间没有猜疑地、不由自主地想靠近彼此，畅谈现实、畅谈未来，一切都是那么自由，就连空气都是清新自由的。泛舟西湖的时候，诗兴大发的洪灵菲吟诵“欲把西湖比西子，浓妆淡抹总相宜”，眼神却是不自觉地盯着若荀不施粉黛的脸颊看着，若荀也报之以腼腆而娇羞的笑容。也许，很多感情都是在日积月累的相处中慢慢生发出来的。当事人有时也是暧昧不明，只是任由自己沉浸在这特殊的氛围里，有点不知前途吉凶的担忧，也有此刻幸福的窃喜。说不清、道不明，但是感情的藤蔓却是真实地滋长蔓延着……

愉快的日子如白驹过隙，转瞬即逝。1922年7月，洪灵菲以优异的成绩从金山中学毕业。在全部毕业生中，他名列甲等第六名，各科成绩总平均80.41分。经过和恩师李春涛一番促膝长谈后，洪灵菲目标坚定地想奔赴省府广州求学，去寻找自己的前程。尽管光明和晦暗常常是相伴而生的，但是洪灵菲有信心和毅力去克服这些未知的障碍。

同年，彭湃在海丰任教育局长，聘请李春涛到海丰担任第一高等小学的国文教员。由于地位低、薪水少，金中有人劝李春涛不要去，但李春涛不计较名利地位，认为有机会与知心好友彭湃在一起工作，是人生最愉快的事情，因此欣然而往。在海丰，他又遇见了杨嗣震、彭汉垣和彭泽，心里更加高兴。他工作非常积极，讲课十分认真，很受学生欢迎。他教的都是新知识、新思想，还向学生宣传社会主义。当时海丰是军阀陈炯明独霸的天下，地主恶霸、土豪劣绅、贪官污吏成群，他们造谣污蔑、攻击毁谤这几位革命同志。陈炯明听信诬告，撤去彭湃的教育局长职务，李春涛和县内较进步的校长和教员，都被迫离校。

第三章　风雨西关求学路与不幸的婚姻

一

中学毕业后，父亲洪舜臣希望洪灵菲找一个小学教师的职位混饭吃，洪灵菲则希望到广州继续求学。经过反复请求，经过母亲劝说，父亲终于勉强同意了。离开潮州前夕，洪灵菲与戴平万兄妹约好，一同泛舟韩江，告别故乡山水。

对于故乡，对于生于斯、长于斯的这片土地，洪灵菲有着极为复杂且深沉的情感。平日里总是怀着恨铁不成钢的心情批判故乡的封建保守和落后，可是真的到了离开的时候，难免还是心生怀念。临行前，洪灵菲约了戴若荀一起到自己的老家洪砂乡走走，两个人漫步在故居前的树林里，十分惬意愉快。这里生长着火红火红的红棉树，到了每年二三月的时候，千树万树红棉花开，一派热闹喜庆的景象。现在是暑假，红棉花落尽，不免让人有些百感交集。洪灵菲很想牵起若荀的手，终究还是不敢，他怕自己前途未知，不能给若荀一个更好的未来，也不知若荀心里对自己的想法是怎样的。不知为何，洪灵菲居然特别不应景地吟诵起陆游的《钗头凤》：

红酥手，黄縢酒，满城春色宫墙柳。东风恶，欢情薄。一怀愁绪，几年离索。错、错、错。

春如旧，人空瘦，泪痕红浥鲛绡透。桃花落，闲池阁。山盟虽在，锦书难托。莫、莫、莫！

“呸呸呸，不吉利！伦修哥你怎么多愁善感起来了呢！”说着若荀调皮地踮起脚尖，亲吻了一下洪灵菲的额头。洪灵菲顿时觉得脸火辣辣的，深情地望着若荀，双手不由自主地牵起了若荀白皙的手……

1922年8月中旬，洪灵菲与戴平万整理好行装，准备到广州报考广东高等师范学校。临行前，若荀依然来为他们送行。沿着洪砂乡渡口往前走，洪灵菲与戴平万、余心一、李笠侬等人相约结伴，经过汕头，搭船前往广州。登上韩江渡口的电船后，洪灵菲依依不舍地挥手和若荀道别，背后是光秃秃的木棉树，可是在他眼里却是满树火红，那既是他对家乡的祝愿，也是对自己前程的寄语……

余心一、李笠侬两人已经是广东高师二年级学生，他们以前都从金山中学毕业，与洪灵菲、戴平万早就认识。这次他们是以向导兼保护人的身份自居，提前结束假期，陪同洪灵菲、戴平万到广州。余心一喜欢文学，会写旧体诗，也很有办事才能，五四时期曾被选为潮州学生救国联合会会长。他自称是社会主义者，但到底是哪种牌号的社会主义，连他自己也闹不清楚。李笠侬则宣称他信仰无政府共产主义，是克鲁泡特金的忠实信徒。趁着海航，洪灵菲和戴平万有很多机会听他们进行各自牌号的社会主义和无政府主义的说教。

洪、戴二人在金山中学读书时就多次在午后的大榕树下聆听李春涛的教诲，从李春涛那里初步了解了社会主义的学说，但是也初略懂得当时的知识界思想界有着很多理论和主张。对于余心一、李笠侬等人提及的无政府主义，洪灵菲、戴平万还是有点了解的，据李先生说，彭湃也曾信仰过无政府主义呢。“尽管无政府主义是同马克思主义背道而驰的，但由于社会历史以及各种条件的限制，彭湃在同各种社会主义的理论接触中，受到无政府主义思想的影响，这又是不能苛求于他的。总的来说，那时彭湃的思想正处于一个比较复杂、曲折的过程，因此良莠难分，泥沙俱下。然而，不管怎样，有一条是难能可贵的，那就是只要能够救国救民，他都认为是可取可行的。在他后来的革命实践中，一旦发现无政府主义思想行不通时，他便毅然加以摒弃，而转向马克思主义的立场、观点和方法……”

李春涛的话语总是会在适当的场合出现在洪灵菲的耳畔，尽管他还没有牢固坚定地建立起自己的信仰，但是他早已下定决心要成为像李春涛一样的人，为新时代新社会的出现和建设发光发热。

到广州后，洪灵菲和戴平万住进了离高师不远的一家旅馆。这是专门租给学生的廉价小旅馆，设备简陋，潮湿阴暗，墙壁斑驳，露出了里面的砖头。幸亏现在是夏天，假如是冬天来，夜里肯定会觉得寒气逼人。采光的地方只有位于墙壁上方的一个小小的八角窗，洪、戴二人向老板买了蜡烛，点燃后固定在烛台上。

一股回南天时特有的霉味冲鼻而来，但他们无暇计较条件的好坏，一放下行李，就忙着复习功课，到了饭点就让店小二送两份最简单的包饭到房间里来。两个人一边复习功课，一边狼吞虎咽地吃着饭团，就着从家里带来的菜脯。一直到参加完入学考试，两个人才松了口气，但是期待放榜的心却还是七上八下的，忐忑不安。两个星期后，考试的结果公布了，洪灵菲和戴平万都考上，被录取在高师英语部。他们办好入学手续后，立即搬进了高师宿舍。

关于高师环境，陈贤茂在《洪灵菲传》中曾有过详细的描写："高师校址原为清朝贡院，后来改作两广优级师范，再后来又改为广东高等师范学校。校内建筑物和两广优级师范时的遗迹一样，没有多少改变。中间是大钟楼，大钟楼两旁是东堂、西堂两个教室区，还有图书馆、军乐楼、宿舍等，这些都是古旧的洋式建筑物。除此之外，清朝时代大僚宴会的明远楼和大僚住居的至公堂，科举考试的几间湫隘矮小的场屋也都保留着，五光十色，似乎在炫耀两朝几代的历史的光荣。校园里树木苍郁。校道两旁是两列修剪齐整的灌木林，大钟楼旁边杂植着桃树、李树，教室与图书馆中间的圹地，有千百株绿叶繁阴的梅树。在图书馆对面有一条铺石的大道，大道两旁排列着枝干参天的木棉树。图书馆后面的宿舍，门前有两株棕榈树，还有几株高大的玉兰树。每逢玉兰开花的时候，清香扑鼻，给整个宿舍区增添了不少雅趣。"

洪灵菲、戴平万对高师的一切都充满着好奇，也很快地融入了新的学习生活中。面对来之不易的学习机会，洪、戴二人都备感珍惜，充分利用时间广泛涉猎新文学，从郭沫若的《女神》、蒋光慈的《少年漂泊者》到冰心、泰戈尔的诗集，无不涉猎。闲暇时间，洪灵菲还经常到青年书店翻看《洪水》《拓荒者》等进步刊物。除了中国新兴文学外，由于专业的原因，洪、戴二人还如痴如醉地迷上了世界文学。席勒、华兹华斯、果戈理、高尔基、波德莱尔、莎士比亚……五花八门，洪、戴二人都如饥似渴地阅读着。先读书后批判，再有机地借鉴和吸收，这是他们在金山中学时学习到的方法，也一直被他们带到了高师。在所有的外国作家作品中，洪灵菲、戴平万尤为推崇英国诗人拜伦、雪莱，他们还以拜伦、雪莱自比，洪灵菲在很多的书信里还曾署名“拜伦・修”，足见其对拜伦、雪莱的推崇和热爱。

闲暇时，洪灵菲和戴平万经常会将自己读书笔记中认为好的诗句拿出来和室友们分享。用一种轮流结对子的方式，将雪莱、拜伦的著名诗句串读，这种特别的、错落有致的文艺形式得到了同寝室朋友们的喜爱。

“疲倦的风啊，你漂流天空，像是被世界驱逐的客人。”戴平万首先吟诵起雪莱的诗句。

洪灵菲也应和着：“我的祭坛是山，是海，是大地，是星辰，是一切从大化中涌出之物，人的灵魂也从其中涌出，并将复归。”

两个人像行吟诗人一样，一人一句，沉浸在诗歌的海洋里……

“岁月沉重如铁链，压着的灵魂。原本同你一样，高傲，飘逸，不驯。”

“如果谣言是真的，那我不配住在英国；如果谣言是假的，那么英国不配让我居住。”洪灵菲模仿着拜伦，慷慨陈词。

“一个人如果不是真正有道德，就不可能真正有智慧。精明和智慧是非常不同的两件事。精明的人是精细考虑他自己利益的人；智慧的人是精细考虑他人利益的人。”戴平万又接着说。

“这句说得真好！”洪灵菲称赞着，接着又吟诵了一句，“伟大的名字不过是虚荣，荣誉也不过是虚荣的寄托。也许会有人想在埋葬着一切的罪恶中，找到自己的骨灰。”

关于爱情，洪灵菲和戴平万也能从诗歌中找到有趣的体验：

“噢，我最爱的人啊，为什么，我们的快乐如此短暂，如此缠绵？”戴平万用略带女性羞涩的表情和口吻说道。

“你的美，遗世而独立，你的声音，似流水之韵；我不语，不寻，吐露你的芳名。”洪灵菲仿佛沉浸在自己对爱情的想象中，那痴迷的表情引来了寝室室友的嬉笑。

“心灵企图高竖起自己的云梯，他眺望到遥远的地方，眺望着最醉心的美丽。”戴平万绞尽脑汁想着，又说了一句，“爱情就像灯光，同时照两个人，光辉并不会减弱。”

“爱我的，我报以叹息。恨我的，我付之一笑。任上天降下什么运气，这颗心全已准备好。”……洪灵菲开始不由自主地想念戴若荀了，那白衣黑裙的窈窕身影，总会在他读书或是沉思默想的时候突然飘入他的脑海中。有时候，他在一种朦胧的想象里，在一种不祥的直觉里，像已经知道他和戴若荀两人间的“Romance”（罗曼史）一定会变成一场悲剧，因而常常陷入一种莫名其妙的忧郁中。

“爱，如果使你痛苦，那我自当裹挟而去。我的爱，当使我爱的人展露欢颜，如果你不喜欢我给你的爱，我的离去会让你觉得生活会更美好，那我只有黯然离去。虽然我爱你美丽的容颜，但我更爱给予你幸福的感觉。”……

二

洪灵菲开始了忙碌的学习生活。来到广州之后，他经常和同学们一起利用课余时间到广州的革命纪念地去参观。黄花岗是辛亥革命时期七十二烈士的埋骨之所，距广州东门三四里。在墓道的第一道门口，竖着两根石柱，映着斜阳的金光。在石柱之旁放着许多尊大炮，那些大炮已经有一半埋没在野草和泥土之中。从这儿朝前走去，几十步远，便见在灿烂的黄花和蓊郁的林木上面，一位自由神高高地站在半空。那自由神的神态威严，目光锐利地俯视着苍生大地。

每次瞻仰黄花岗烈士墓的时候，洪灵菲的内心总是感觉受到了一次洗涤。对于革命之父孙中山，也有了比之前更为深刻的认识。在广州，几乎处处都有着孙中山先生留下的足迹，不管是物质的，还是精神文化层面的，都让人感受到一种不一样的氛围。他是广州这座红色之都的灵魂人物，也是中国革命进程的一座丰碑。

孙中山首举彻底反封建的旗帜、“起共和而终帝制”的故事洪灵菲在很小的时候就听说了。帝制的终结，也是父亲洪舜臣毕生信奉的君臣父子统治理念的终结。1905年，孙中山组织成立中国同盟会。1911年辛亥革命后，他被推举为中华民国临时大总统。孙中山与历代反抗封建王朝的农民起义英雄和同代资产阶级改良派代表人物的显著不同之处在于：一是通过其他方式独到的认真学习和深入思考，他将欧美资本主义制度之精华与中国落后封建专制制度之国情相结合，从“以民为本”的宗旨出发，不仅提出了“三民主义”基础学说，同时还就改造落后旧中国的伟大目标，从国体、政治、经济、文化、军事、外交诸方面做出了资产阶级民主革命的纲领、设想和规划，形成了系统化的革命理论；二是他自发动和组织革命伊始，终其一生，在领导整个资产阶级民主革命的历程中，始终不渝地坚持彻底的反封建立场和坚定的革命方向。面对朝廷的通缉、反动军阀的围攻、帝国列强的威逼、维新保皇派的论战、阵营内部的叛乱、同党战友的分歧，他在极其艰难、充满风险的环境中，几番组织和改造革命政党，多次发动武装起义，愈挫愈奋，再接再厉，不屈不挠，战斗不息；三是他始终坚守“一心为公”的崇高精神境界，从建立兴中会、同盟会，发动广州、惠州、黄花岗等十次武装起义，到领导辛亥革命、建立临时政府、举行二次革命，到组织和改造国民党、组建黄埔军校、实施国共合作，抛却个人名利，彰显大公无私的博大胸怀。

孙中山的理论学说、立场信念和品德情操，可说是独秀一枝、前无古人。也正是由于孙中山坚持不懈地努力，广大中国民众得以摆脱封建思想的束缚，走出对民主共和的“反动”政治思想认识误区，有力地促进了中国民主革命运动的发展，扩大了民主革命运动的影响，使得民主共和观深入人心。即便是后来的新民主主义革命运动，也是在孙中山工作的基础上才得以发展。

孙中山的年谱和大事记已经深深地印刻在洪灵菲等人的脑海里，这不仅仅是历史课上老师讲授的，更是洪灵菲等学生对孙中山先生深切的认同和尊敬。

从中国近代史发展历程的角度看，孙中山领导的辛亥革命是一个十分重要的时间节点。这一年之后，我国出版发行物中马克思、恩格斯经典著作译介的内容开始逐渐增多。1911年，书籍《唯新人物考》出版发行于天津，该书就简介了马格斯（即马克思）。1912年，中国社会党绍兴支部的期刊《新世界》第二期登载了由煮尘重治撰写、势伸（即朱执信）翻译和阐释的文章《社会主义大家马儿克（即马克思）之学说》，该文摘要阐述了《共产党宣言》，同时仔细介绍了书中的十条纲领（这十条纲领在《共产党宣言》第二章，即《无产者和共产党人》之末尾处），里边还有一节专门论及“资本论之概略”。这在当时对于宣讲马克思主义具有重要的意义。不过，南京临时政府仅仅存在了三个月，时间非常之短，众多深怀救国救民大志的翻译人士这时都只顾欣赏刚刚诞生的民国，同时还在观察、思考、比较和观望之中。因此，比较而言，这一历史时期马克思主义经典著作译介和研究的成果相对较少。直至洪灵菲、戴平万读书的年代，社会主义、马克思主义理论书籍才逐渐多起来，处于革命风暴中心的洪灵菲也经常偷偷地花精力苦读《社会主义史略》《共产主义浅说》等禁书。

1923年，即五四运动发生后的第四年，许美勋便在汕头《大岭东报》上发表《组织潮汕新文学团体的意见》一文，倡议发起组织全区性的文学团体，以进一步推动潮汕的新文化运动。该提议很快便得到广大文学青年的积极响应。不久，潮汕地区最早的全区性新文学团体——火焰社便应运而生。一日，洪灵菲从回老家探亲的同学处看到了许美勋在汕头《大岭东报》上发表的《组织潮汕新文学团体的意见》一文，当即拍着桌子附和着：“创办属于我们自己家乡人的社团，用自己的实际行动推进潮汕新文学的发展，这是一个多么伟大的壮举啊！”戴平万思忖了一会儿，也觉得许美勋倡议结社这个途径可行，一来可以增进潮汕地区的民智开化，二来广州和潮汕两地的青年人也可互相切磋交流，互通有无，增进情谊。洪、戴二人当即从广州去信以表响应，于是异地同好便以文会友，共同组成了火焰社。

伴随着许美勋等人的宣传和呼吁，火焰社社员逐渐增多，广州、北平、上海、武汉等地以至国外都有社员。体制日臻完备后的火焰社共有社员五十三人，分布于潮汕各地和京、津、沪、宁、穗，甚至南洋和印度等地。登记在册的火焰社主要成员有冯瘦菊、丘玉麟、戴平万、洪灵菲、许美勋、蔡心觉、曾万年等。《火焰周刊》为该社的主要出版物，以四开单页为形式附刊于汕头《大岭东报》，由许美勋、冯瘦菊负责具体的编辑工作。该刊共出版一百余期，发表的作品样式不拘，短篇小说、诗歌（以新诗为主）、散文、随笔、独幕剧、评介和翻译……其间还编过《俄国十九世纪作家评价》《苏俄新进作家高尔基》等专辑。

火焰社的进步思想倾向引起了社会主义青年团广东区委的重视。1924年5月25日至6月1日，社青团广东区委举行第二次代表大会。大会听取潮汕代表的报告后，做出了《潮汕报告的决议案》，指出：“汕头应打破普益社教会势力之团结。潮州二师之青年八不社及普中之集益社、汕头火焰社都应设法联系。”这样，作为倡导革命文学的火焰社便和宣传反帝反封建、高扬民主革命旗帜的潮汕青年组织进一步结合在一起。值得一提的是，火焰社还与国内各文学团体，如上海的创造社，天津的浅草社，北平的文学研究会、语丝、未名社等，均建立起了联系，并互赠刊物。1926年10月19日，创造社主将郁达夫南下广州。途经汕头时，他曾在许美勋处翻阅《火焰周刊》，并对周刊的质量给予极高的评价。郁达夫的到访给火焰社社员留下了极深的印象：“在旧公园凤记茶楼下，许美勋和冯瘦菊等代表火焰社宴请了郁达夫。席间，许、冯二人详细介绍了潮汕文学界的情况，表达‘火焰社’五十三名社员对郁先生的好感和敬意。是时，郁先生文思骤至，即席挥毫写了一首赠诗：‘五十余人皆我爱，三千里外独离群；谁知岭外烽烟里，驿路匆匆又遇君’。事后，许美勋也作《秋风里乍逢佳客》一文，表达对郁达夫的欢迎。”

这里还需要花点笔墨介绍两位洪灵菲的同乡，他们分别是许美勋、冯铿。这对革命眷侣曾于1929年元宵节时共赴上海，和杜国庠、洪灵菲、戴平万以及其他几位潮汕文学青年、革命青年一起驻守沪上，写下了中国现代文坛上潮汕文学浓墨重彩的一笔。

许美勋是《火焰周刊》的责任编辑兼主笔，其作品不时登载于《火焰周刊》，如《中间阶级》《春晚夜后的海滨》《梨园子弟》《春雨夜》等。其中，《梨园子弟》一文关注童伶制下潮州戏班里童年演员的悲剧命运，深刻地揭露了“戏老爹”对“戏仔”身心的摧残。国民革命军第二次东征抵达汕头时，周恩来以东征军总政治部主任、东江行政委员的名义，主政东江。为唤醒民众，周恩来领导创办了《岭东民国日报》，并推荐国民党左派李春涛任社长。李春涛是许美勋挚友，经其介绍，许美勋曾一度负责《岭东民国日报》副刊《文艺》的编辑工作。除担任编辑外，许美勋还撰写了大量文艺评论、小说、诗歌。现在还能查阅到许美勋当时发表于《文艺》上的文章有：《我所希冀与青年作者》《文学的宣传价值》《我们的劳动诗人在哪里》《生活艺术化和艺术生活化》《当汝在创作时》《文艺作品中的革命性》等。许美勋认为“文艺创作者的创作对象和任务”，是“揭露当时社会的黑暗，军阀的专制，礼教的吃人，和平民经济的日趋紧张”。因此，“文艺家要尽着责任，大声疾呼以唤起大多数人的注意”；文艺工作者要“亲自到无产阶级去观察”；要去掉与无产阶级之间的“彼此隔阂”，写出革命的文艺，成为“劳动诗人”“劳动作家”。从这些方面上看，许美勋在左联时期坚持的“革命文学”创作理念已初现端倪。

冯铿，是另外一位与火焰社有关并且后来成为旅沪左联潮汕作家群成员的作家。虽然冯铿没有正式加入火焰社，但其哥哥冯瘦菊是该社的一位发起者、组织者及《火焰周刊》的主要编辑。冯铿也因此与该社社员交情甚笃，不时参加他们的活动，并经常为《火焰周刊》撰稿。1920年，火焰社曾与汕头报界的《平报》笔战，冯铿也积极撰文对《平报》进行笔伐申讨。1925年，冯铿担任友联中学学生会执行委员，在学艺部负责编辑《友联周刊》。此外，冯铿还被选为岭东学生联合会代表，积极参与学联会、妇联会的工作。国民革命军第二次东征后，以周恩来为主任的东江各属行政公署接管了《平报》，将其更名为《岭东民国日报》，冯铿亦常有作品发表于该报《文艺》副刊。冯铿深受冰心早期小诗创作的影响，创作了总题为《深意》的抒情小诗一百首，并陆续刊登于《火焰》和《文艺》上。确切地说，冯铿是火焰社一名“没有入社的社员”，而其名字也因其清丽隽永的小诗创作为汕头文坛所瞩目。值得一提的是，革命军第二次东征期间，冯铿参加了汕头各界在永平楼召开的“庆祝十月革命节暨军民联欢大会”，并在会上见到了东征军总政治部主任周恩来和苏联军事顾问加伦；1926年，冯铿还以学联代表的身份，会见了潮汕地区革命运动的领导者彭湃等共产党人，以及被她一直亲密尊称为“老大哥”的杜国庠、李春涛等人。这些难得的革命经历潜移默化地影响着冯铿，使其逐渐加深了对反帝反封建的民主思想的认识。

参与火焰社的经历不仅让洪灵菲结识了许美勋、冯铿等人，同时也使其对文学审美及文学创作理念有了更深的理解。火焰社曾开设的外国专栏《俄国十九世纪作家评价》中，“苏俄新进作家高尔基”这一专辑对洪灵菲的触动非常大。以前他像一个向往自由灵魂的行吟诗人一样，热烈地爱着雪莱、拜伦，倾慕着莎士比亚的罗曼蒂克，现在他开始转向对高尔基的崇拜。这种转变不单单是一种文学趣味性的选择，而是对作家本身一种深切的体认和青睐：“高尔基于1868年3月28日诞生在伏尔加河畔下诺夫戈罗德镇的一个木匠家庭。4岁时父亲去世，他跟母亲一起在外祖父家度过童年。10岁那年，高尔基开始独立谋生。他先后当过学徒、搬运工、看门人、面包工人等，切身体验到下层人民的苦难。在此期间，他发愤读书，开始探求改造社会的真理……”当洪灵菲爬着格子梳理高尔基的生平时，那些在现实中仿佛远去消逝，然而又时常在脑海里浮现的童年回忆再次侵占了洪灵菲的心灵，尤其当他如痴如醉地读着高尔基的《童年》以及一年前（1922）刚发表的《我的大学》两部文学大部头时，激动的心情是难以抑制的，眼泪禁不止唰唰地往下掉。都说“男儿有泪不轻弹”，但是“无情未必真豪杰”，高尔基文学性的传记切切实实地触动了正在成长中的洪灵菲，那些疼痛的记忆再次涌现，这次不再是个人的一种体验了，而是和整个时代的脉搏、命运联系在了一起。洪灵菲暗暗想着，何时自己也能像高尔基一样，创作自己的文学传记呢？

三

洪灵菲在高师读书期间依然和家里保持着通信，一方面是接收父亲从家里寄来的生活费，一方面是可以知道二老在家乡的生活和身体情况，了却思乡之情。

虽然每次父亲来信依旧还是带着呵斥和命令式的口吻，但那熟悉的乡音还是让洪灵菲产生了一种亲切又复杂的感情。这复杂的情感体验里既有本能的害怕和排斥，又裹挟着一种融于骨血中的割舍不断的亲情。

洪灵菲曾在后来的《家信》里抒发过自己对家乡、对母亲的思念：

> 母亲，我对着家乡的“菜脯”，不知不觉地大动起乡思来了。母亲，我们故乡是世界最美丽的一个去处。或许我未免是说的太过。但我的感觉的确是这样的。我们的故乡有着辽阔的天空，有着空旷的大野，有着美丽的河流，澄澈的池塘。在秋天的时候，有着耀着日光的黄叶……
>
> “回到故乡去吧，去躺在大自然的怀抱里吧，去躺在母亲的怀抱里吧！”我几乎要这样喊出来。

或许，家乡对于每个出外游学的人而言，都是一抹难以忘怀的记忆。然而远方，对于远方的憧憬和向往又时不时地割裂着个体对于乡愁的体验。为了到达那些我们向往的远方，只能暂时放下惆怅的乡愁。然而，谁又能知道远方是不是另一个尚未到达的故乡呢？……

又到了邮递员挨个寝室分发家书的时候了。洪灵菲和往常一样，不疾不徐地拆开家里的来信，慰藉似的读着。不一会儿，他的脸色顿时变得十分苍白，嘴唇抖动着，像是在喃喃自语着什么。戴平万凑上前去关切地问道："伦修兄，你这是怎么了？家里没事吧？"洪灵菲此时的心像跌入了谷底，兀自发呆着，戴平万伸出手探了探他的额头，疑惑不解地看着他，和他手里飘落下来的信件……

"伦修兄，你的信掉落了……"

洪灵菲依然在发呆，似乎是遇到了天塌下来的大事了。戴平万俯身蹲下去帮忙捡起信，眼里的余光瞟见了一句："吾儿当速回，家里已为你定下一门亲事……"出于尊重和礼貌，戴平万没有继续往下面看，但是他知道洪灵菲此刻的心情，肯定不是滋味。

洪灵菲茶饭不思地呆坐着，上课也经常走神，和以前那个精气神十足的年轻人判若两人。"要不就去信和家里人说清楚，你已经有心上人了，再说了，我们受到了新式的教育，怎么还能去接受旧式婚姻呢？对方是什么样的女子，我们也不知道啊，怎么能够盲婚哑嫁，这岂不是害了彼此？"同寝室的室友们纷纷和洪灵菲出着主意，"就是啊，我们不做旧礼教的牺牲品！"

洪灵菲知道自己父亲的脾性，但是他也不想不做任何努力和尝试就举白旗投降。他思考再三后，拿起笔蘸了墨水，给老家写了信。此信一去仿佛是石沉大海，过了好久都没有收到回复，当然，也没有了其他经济上的接济。洪灵菲知道，这是父亲的做派，他想让自己知难而退，想让自己乖乖就范，回去和他低头道歉，承认自己的不识相和不规矩。作为父亲的尊严和权威是容不得半点挑衅和冒犯的，洪灵菲想过反抗，因为他无法忘记自己深深爱着的戴若荀，也无法想象自己失去爱情将会是什么样子。

时间匆匆，又过了一个月，洪灵菲的生活已经到了捉襟见肘的程度了，仅仅靠从家里带来的萝卜咸菜充饥的日子已经过了半个月了。其间，戴平万等好友出于同情和鼓励他继续抗争的立场，都出手接济过他。但毕竟都是穷学生，自己也不能总是给朋友增加压力。日前，他曾想靠文学写作来为自己挣点生活费，他以笔名“洪素佛”创作了一篇小说《一个小人物死前的哀鸣》，在《香港日报》上发表了，可是稿费却迟迟不见踪影。就在洪灵菲暗自思忖着接下来应该怎么办的时候，戴平万急匆匆地跨过寝室的门槛，阔步走了进来。

“伦修兄，你家里来信了！”戴平万刚从自习室回来，在寝室楼下遇到了正要上楼分发书信的邮递员，便顺手帮洪灵菲拿了上来。

“哎，谢谢戴均兄。”洪灵菲默默地拿过信件，一个人静静地读着……

父亲的意志依然不容置喙，这次的来信是弟弟写的，信里的言辞十分激烈，说是父母年事已高，如果因为这个婚事再气出个好歹来，家里的兄弟姐妹都不会放过洪灵菲的，让他不要知恩不报，做个一意孤行的逆子……

弟弟的话让洪灵菲如遭五雷轰顶，和同寝室的室友们诉说原委后，大家都有些泄气了。之前年少轻狂不知愁滋味的心态终于还是在现实面前低下了头。“人在屋檐下，不得不低头。如果家里继续断粮，那伦修兄你的学业也无法继续下去，我们关于未来的诸多设想，最终只能沦为空想啊……”

在同学好友们的竭力劝说下，洪灵菲决定在暑假时回家一趟。

四

1923年暑假，21岁的洪灵菲怀着忐忑不安的心情回到了阔别已久的洪砂乡。

一回到故乡，洪灵菲首先去的不是自己家，而是戴贞素先生位于府城中心的双柑书屋。戴贞素先生一家依然是那么热情好客，师母热情地请洪灵菲吃莲子羹，又嘘寒问暖地问他这两年在广州过得如何。戴老师则是关心着洪灵菲的学业进步。此情此景令内心孤苦无依的洪灵菲感到无比温暖，他徐徐地谈起了广州求学时的事情……

洪灵菲见戴贞素先生双目微闭，频频点头，兴致很好，便念了一首《秋感》：

感慨尚余瘦骨坚，
河山秋老带残蝉。
众芳摇落愁长在，
孤月婵娟夜自圆。
说剑不宜当壮岁，
吟诗无赖欲穷年。
荒城极目战烽足，
故国中原夕照边。

戴贞素先生对洪灵菲的诗赞不绝口，他点着头，慨叹地说："士别三日，真该刮目相看啊！这诗里颇有少陵野老吞声哭的意味，意境是雄厚的，可是就灵菲你当下的年龄来看，是不是有些许悲观呢？不妨多读读辛弃疾，学学他把栏杆拍遍的心气和肚量，可能会对你的精气神更有帮助……"

见洪灵菲惭愧地低着头，戴贞素先生关切地问道："是遇到什么难事了吗？"

洪灵菲脆弱的心灵已经再也经受不住了，他哭泣着在师父师母面前将事情的原委和盘托出。刚从集市上逛街回家的戴若荀听到洪灵菲的声音，三步并作两步走，急切地想见到日夜思念的伦修哥，没承想却在屏风后面听到自己最不愿意听到的话……

洪灵菲要结婚了，但是对象不是自己……是素未谋面的农女……甚至于自己的父母对此都显得无能为力，毕竟清官难断家务事，更何况洪舜臣的脾性，戴贞素并非不知……戴若荀感觉到从胸腔到嗓子眼都很不舒服，身子一软，撞向了屏风……

家里早就在为洪灵菲的婚事做准备了，仿佛这事已经是箭在弦上，不得不发。母亲养了一头猪，有一百多斤了，还养了许多鸡、鹅、鸭，都是结婚摆筵席用的。他从母亲口里知道父亲已选好日子，再过十天，就要把新娘娶进门来了。他又从二嫂口里，知道新娘名叫黄婵英，仙洲村人，是一个目不识丁的农村姑娘。

洪灵菲感觉洪砂乡和广州，和外面的世界相比，仿佛是被隔绝了的另一个时空。在这里，象征着现代性的时间仿佛是停止的，一切和他几年前外出求学时几乎没有变化。街头巷尾依然“飞短流长”，邻里乡亲之间彼此客套热络，而这种热络里也包含着诸多窥探的私欲。在这个古老的乡村里，似乎一切都是没有秘密的。好事不出门，坏事传千里，洪灵菲外出读了几年洋书就不愿意认祖归宗、不愿意接受父母之命媒妁之言的事就这样成了人们茶余饭后的谈资。父母无疑是有压力的，因为父权至上，是不允许被挑战和亵渎的，洪灵菲的不情不愿早已被父亲视为是忤逆、以下犯上的行为了。洪舜臣在心里默念着：“果然是乱臣逆子的命里，小时候给他批的卦果然没错……害人不浅的东西……”看着父亲铁青着的脸，洪灵菲的心里百般不是滋味，一想到自己终于还是辜负了若荀，就深深地觉得自己里外不是人，眼泪不禁流了出来……

新婚之夜，宾客都在外面宴席上觥筹交错，道贺的声音不绝于耳。闺房中一派喜气洋洋的红彤彤的大红色调，墙上、窗户上都贴着“囍”字，那是心灵手巧的母亲自己手工剪裁出来的。八仙桌上放着一对寓意“有子”的柚子，上面也贴着红彤彤的“囍”字；茶果盘里撒满瓜子、糖果和潮汕当地的“瓜册”（即冬瓜条）；红色的桌布上放置着两个鸡公碗，鸡公碗里盛着莲子羹；旁边还有一双小巧的银杯子，那是用来装交杯酒的器具……

新娘子刚刚在媒婆的陪同下到梳妆台前整理了下妆容。一个别致的漆盒子里摆放着唐木梳子、红色唇纸、发髻和梳头油，一股淡淡的茶籽油香气弥漫在屋子里。整理好妆容的新娘子又重新提着裙裾端坐到床上，与其说是床上，其实是小心翼翼地坐在了床沿，新郎还没进来，她怕自己把新铺好的床弄乱了。床上照潮汕的风土民情散满了红枣、干莲子和桂圆，一切都是寓意着和和美美、早（枣）生贵（桂）子。黄婵英心里像是小鹿乱撞一样忐忑不安，对于洪灵菲以及未知的生活，她是充满期待的。她早就听人家说洪灵菲是个白净的读书人，知书达礼，善良真诚，前途无量，是个值得托付终身的夫婿……黄婵英沉浸在缠绵思绪当中，眼前的红烛已经燃烧过了三分之一。红烛过半夫妻还不就寝合卺，是个不好的兆头，难道洪灵菲不知道吗？还是他被热情的宾客困住了呢？黄婵英焦急万分地等待着。

“咯吱……”洞房的门被轻轻地推开了，进来的正是洪灵菲，但是黄婵英披着凤冠霞帔，盖着红盖头，只能看到来人穿的鞋子，一双擦拭得光亮光亮的黑色漆皮鞋。洪灵菲疲劳地坐在了八仙桌旁边的椅子上，看着眼前垂泪的红烛，他只想到“春蚕到死丝方尽，蜡炬成灰泪始干”，脑海里浮现的依然是戴若苟幽怨娇嗔的表情，还有她常穿的一袭黑色学生旗袍，那么飘逸，那么婀娜，那么深情，然而这一切已经悄然离他远去。此去经年，何时才能再见呢？洪灵菲知道，若苟是再也不愿见到自己了……

黄婵英从红盖头里悄悄地抬起头，看到红烛马上就要燃烧过半了，终于她忍不住地说了句：“你，还不休息吗？”

这一问把灵菲从梦里惊醒了，理智告诉他要珍惜眼前人，可是对于素未谋面的妻子，他无论如何都喜爱不起来。可能是出于道义，他所理解的道义，夫妻之间的道义，他必须去揭开对方的盖头，不然女方将会处于十分尴尬的境地。这么思忖着的时候，洪灵菲颤抖着的手慢慢地伸向了黄婵英的盖头。红盖头被掀起来的瞬间，洪灵菲看到了一张清秀的脸庞。16岁的黄婵英脸上抹着淡淡的胭脂，可能是因为一个人待在房间里太久的缘故，也可能是心里对于自己这个夫婿有点担心害怕紧张的缘故，鼻翼两侧已经微微冒出绵密的汗珠。见洪灵菲久久不出声，黄婵英轻启红唇说道：“怎么了呢？”

洪灵菲缓过神来，说：“没什么。你累的话就先休息吧，今天一天也辛苦你了。”

“那，那你呢？”黄婵英羞涩地问道。

“我再坐一会儿。”洪灵菲有点失神地回答道。论样貌，黄婵英并不是不堪入目的女子，皮肤也是白皙，笑容也是让人亲切，可是如果要把眼前这个女子和自己下半辈子联系在一起，说实话，洪灵菲还没有做好足够的心理准备。

“那我陪你一起！”黄婵英语气胆怯却又坚定地说道。也许在她的意识和观念里，三从四德，在家从父、出嫁从夫是天经地义的。夫为妻纲，新婚之夜丈夫一人端坐着，自己先睡去，怎么说都是不好的。

“不用的，你先歇息吧……”洪灵菲还是推脱。

“可是我们是夫妻了。过几天回门，我……我应该怎么和家里人说呢？”黄婵英低着头，她实在不知道自己哪里做错了，为何丈夫洪灵菲对自己如此隔阂冷漠，他甚至都没有问起自己的名字，一想到这里，黄婵英不禁抽泣起来。

看着黄婵英抖动的肩膀，洪灵菲知道自己做得确实过分，自己是封建礼教的牺牲品，那黄婵英何尝不是呢？他想起李春涛在金山中学时强烈要求男女同校，呼吁着女性受教育权时的场景。李春涛老师是多么有先见之明啊，假如黄婵英读过书，受过新式教育，那她就会懂得反抗，而不是听从父母之命、媒妁之言了，万一自己就是个吃喝嫖赌一身陋习的人呢？听从一面之词就托付了自己终身，是不是太过于草率了呢？……然而，现在思考这些都没有任何意义了，封建社会的纲常伦理就是一台巨大且笨重的机器，它只是某些地方生锈了，可是并不妨碍巨大的惯性力迫使它按部就班、坚定不移地往前走着。洪灵菲起身坐到黄婵英的旁边，搂着她的肩膀说道：“对不起，是我没想周全……”黄婵英见到一颗晶莹的泪珠从洪灵菲的眼里流了出来，滴在了自己的手上。她抬起头，顺势把头埋在了洪灵菲的肩膀里，不管以前发生了什么，她只想以后能和洪灵菲一起经营好自己的小家庭，一屋两人三餐四季，安稳地度过余生。

红烛已经快要燃尽了，在他们对话的间隙，两个人都忘了在红烛燃过半盏之前把它吹灭，这是什么兆头呢？黄婵英不敢再往下想……

第二天一大早，黄婵英便起身收拾房间，到厨房里准备早饭，向公公婆婆们请早茶……黄婵英辛勤地忙碌着，似乎这样可以让丈夫洪灵菲知道自己的重要性，或者是通过忙碌可以化解两个人之间无话可说的尴尬。

洪灵菲和妻子谈不到一块，缺乏精神交流，时常感到空虚寂寞，便只有从古典词和外国诗歌中寻求安慰。有一次，他高声朗诵雪莱的诗句：“冬天已经来了，春天还会远吗？”

妻子惊讶地说：“现在不是夏天吗，怎么说冬天已经来了呢？”

洪灵菲哭笑不得，便不耐烦地说：“这是雪莱的诗句，你不懂！”

什么“雪来”“雨去”，她越弄越糊涂，但她也不再开口了，免得惹洪灵菲不高兴。黄婵英继续忙碌着，农活、家务活、药铺的活，忙碌，只有忙碌她才能找到自己在这个新环境里的位置和价值。

过了几日，洪灵菲便以学校课业繁重为由，离开了洪砂乡，离开了新婚不久的妻子。“悔教夫婿觅封侯”的诗句黄婵英不懂，可是离别的苦楚和洪灵菲对自己的冷漠与隔阂却是她真真切切感受到的，但是她只能认命，因为除此之外，她也不知道还能做些什么来留住丈夫的心。洪灵菲口中的新世界，她很想知道是什么样子的，但是也怕自己跟不上新世界的步伐，会被丈夫抛下……

鲁迅在自己的文章里称发妻朱安女士是母亲送给自己的礼物。在漫长的岁月里，鲁迅和朱安聚少离多，并没有夫妻之实，而朱安却替鲁迅尽了人伦孝道，与鲁迅的母亲相伴余生。鲁迅先生逝世后的几十年间，许广平先生和世人一直不停地整理和出版鲁迅先生的书籍，而作家乔丽华却替朱安女士道出了深藏在她内心深处多年的呐喊：“你们不是一直研究鲁迅吗？一直关注鲁迅的遗物吗？我，也是鲁迅的遗物……”《我也是鲁迅的遗物》此书是迟到了半个世纪的呐喊，也是二十世纪不平等的婚恋对众多女性伤害至深的一个明证。作为男子，诸如鲁迅先生和洪灵菲，还能够外出求学、参加革命、投身写作来缓解自身的悲伤和焦虑。而作为没有受过教育的众多旧式女性，默默承受就成了唯一的历史宿命。黄婵英又何尝不是洪灵菲父母送给自己的礼物？又何尝不是英雄和烈士的遗物呢？洪灵菲在自己的小说里曾提到过这段不幸的婚姻，说主人公“在形式上与她做了几年的夫妻”。其实，这并非事实，他们不是形式上的夫妻，黄婵英也曾为洪灵菲诞下一女。而和朱安等旧式女性一样，黄婵英也是恪守妇道，尽心尽力地服侍自己的公公婆婆，为一直出门在外的洪灵菲尽了人伦孝道。在封建社会不幸婚姻的规约下，黄婵英和洪灵菲一样都是受害者，而对于这对夫妻而言，洪灵菲也确实是亏欠着发妻黄婵英，这点他内心是十分清楚却无能为力的。我们可以看到，旧时代旧制度婚姻不自由对人性带来的戕害，那是一辈子都无法慰藉和抚平的伤痛……

五

洪灵菲又重新回到高师上课了。虽然他每次考试的成绩都不错，每学期的学分也能安稳地领到，然而他读书没有以前那么勤奋了。仿佛在一夜之间，以前朝气蓬勃的洪灵菲被抽掉了精神的主心骨，整个人看起来苍老了十岁，眼神不再是那样囧囧有神，时不时出现涣散的神情，同学们都不知如何安慰他才好。想来，旧式婚姻的悲剧，的的确确给他带来了无法平复的精神的创伤。

洪灵菲也能明显感觉到自己正在滑向一个无底的深渊，仿佛被一个自己憎恶的同时也是有着无穷力量的巨大的黑洞所吞噬。他没有能力靠一个人单枪匹马地去反抗、去战斗，甚至乎他只能眼睁睁看着自己单薄的身躯就这样无可奈何地一天天地沉沦下去，颓废下去，消弭于无形。什么儒家正统思想，在他看来就是鬼话连篇。他只想到鲁迅先生的《狂人日记》，反反复复读着鲁迅的《狂人日记》，尤其是在夜深人静的时候，书里的人物和细节总是不自觉地跳出来，映现在脑海里：

“我也不动，研究他们如何摆布我；知道他们一定不肯放松。果然！我大哥引了一个老头子，慢慢走来；他满眼凶光，怕我看出，只是低头向着地，从眼镜横边暗暗看我。大哥说，‘今天你仿佛很好’。我说‘是的’。大哥说，‘今天请何先生来，给你诊一诊’。我说‘可以！’。其实我岂不知道这老头子是刽子手扮的！无非借了看脉这名目，揣一揣肥瘠：因这功劳，也分一片肉吃。我也不怕；虽然不吃人，胆子却比他们还壮。伸出两个拳头，看他如何下手。老头子坐着，闭了眼睛，摸了好一会，呆了好一会；便张开他鬼眼睛说，‘不要乱想。静静的养几天，就好了。’

“不要乱想，静静的养！养肥了，他们是自然可以多吃；我有什么好处，怎么会‘好了’？他们这群人，又想吃人，又是鬼鬼祟祟，想法子遮掩，不敢直捷下手，真要令我笑死。我忍不住，便放声大笑起来，十分快活。自己晓得这笑声里面，有的是义勇和正气。老头子和大哥，都失了色，被我这勇气正气镇压住了。

“但是我有勇气，他们便越想吃我，沾光一点这勇气。老头子跨出门，走不多远，便低声对大哥说道，‘赶紧吃罢！’大哥点点头。原来也有你！这一件大发见，虽似意外，也在意中：合伙吃我的人，便是我的哥哥！

……

“四千年来时时吃人的地方，今天才明白，我也在其中混了多年；大哥正管着家务，妹子恰恰死了，他未必不和在饭菜里，暗暗给我们吃。

“我未必无意之中，不吃了我妹子的几片肉，现在也轮到我自己，……

“有了四千年吃人履历的我，当初虽然不知道，现在明白，难见真的人！”

《狂人日记》在中国现代文学史甚至是知识分子的人文精神思想史上都具有非常重要的地位，读懂《狂人日记》对于深刻理解这一时代知识分子的文化心理及其精神症候有着极为特殊的作用和意义。小说通过被迫害者“狂人”的形象以及“狂人”的自述式描写，揭示了封建礼教的“吃人”本质，表现了作者对以封建礼教为主体内涵的中国封建文化的反抗；也表现了作者深刻的忏悔意识。作者以彻底的“革命民主主义”的立场对中国的文化进行了深刻的反思，同时对中国甚至是人类的前途表达了深广的忧愤。

《狂人日记》给了洪灵菲特别深的触动，他知道封建礼教里“吃人”

的本质，而这“吃人”的人就包括他的父亲母亲、他的亲弟弟，而他自己呢？莫非也是“吃人”的人的儿子？莫非也是“吃人的人”？妻子黄婵英不就是被旧礼教，被自己“吃了”的无辜的生灵吗？……每每想到这里，洪灵菲就辗转反侧，彻夜难眠，人间的一切礼法、道德、宗教，他已经完全弃如敝屣，他的心里充满着悔恨、愤怒和诅咒。他想着，自己应该成为打倒孔家店的旗手，应该发奋图强去把一切虚伪的、愚民的圣贤经传的说教从神龛上拉扯推倒下来，要把入土的旧礼教教条和那些贞节烈女式的石碑全部毁掉。这些禁锢人性的枷锁，通通都应该被摧毁，没有巨大的破坏，就没有巨大的崭新的建设！……

洪灵菲的精神开始和狂人一样陷入了清醒和混乱之中，理智告诉他应该振作起来，不能这样自暴自弃地沉沦下去。在这种泡沫化的世纪末情调里沦陷，最终只会使得自己的身体更加虚弱，精神更加困顿，成为寸草不生的荒原。然而，情感上的一再失败，却使得洪灵菲彻底失掉了自信力，他无法面对戴若荀充满怨怼的眼神，也无法面对一脸无奈无辜的黄婵英。他感觉自己就是世界上的大罪人，就是因为自己的无能，不仅断送了自己的幸福，也同时毁了两个妙龄女子的下半生。他不再相信那些所谓的忠言逆耳利于行，对于人间的毁誉，更是当作耳边风。他的心中堆积着那么多的悲哀和痛苦无从排解，因此他只好在酒精的麻醉中沉沦，在沉沦中毁灭自己。他觉得，横在他面前的，都是到坟墓去之路。他看到的是野蛮、荒岭，废墟、残垄、碎瓦、颓垣，衰病了的黄叶，枯萎了的花枝；他听到的是葬歌、哭泣，淅沥的雨声，嘶咽着的风声……人生的滋味，他已经尝过，他觉得没有多少留恋的必要。

理智让他熟读鲁迅的《狂人日记》，情感则让他偏好和沉迷于波德莱尔的《恶之花》。波德莱尔的诗集一度被认为是淫秽的读物，其中六首诗被当时政府禁了，并进行罚款。在《恶之花》诗集出版后不久，因“有碍公共道德及风化”等罪名，波德莱尔曾受到法庭轻罪的判罚。从题材上看，《恶之花》歌唱醇酒、美人，强调官能陶醉，诗人似乎愤世嫉俗，对现实生活采取厌倦和逃避的态度。他揭露生活的阴暗面，歌唱丑恶事物，甚至不厌其烦地描写一首《腐尸》，来表现其独特的爱情观：

那时，我的美人，请告诉它们，
那些吻吃你的蛆子，
旧爱虽已分解，可是，我已保存
爱的形姿和爱的神髓！

他的诗是对资产阶级传统美学观点的冲击，诗人拒绝把生活空虚地理想化，拒绝浮于表面的欢娱自足，他要返回存在的本质层次，因而把社会病态诉诸笔端。波德莱尔认为“丑恶经过艺术的表现化而为美，带有韵律和节奏的痛苦使精神充满了一种平静的快乐”。波德莱尔是个典型的苦吟诗人，讲究字酌句斟。他的诗意境幽深、形象生动、寓意深远，富有表现力和感染力。他既能为表现出精神的痛苦而写得低回婉转、一唱三叹，又能为抒发对理想和光明的向往而写得轻松、简洁、明快，像蝉翼在阳光下震颤；他像画家，把诗写得富有质感和立体感，还可以惟妙惟肖地表现出事物细节的真实。洪灵菲在波德莱尔诗歌的苦吟当中读到了作者对现实生活不满，体认到作者对客观世界采取的绝望的反抗态度，没有生的留恋，也没有追求、没有希望、没有幻想，洪灵菲也开始纵情享乐。在惨绿色的灯光之下，在雪茄的烟雾之中，在温暖的女人的气息之前，在浓烈的洋酒的波滟之间，他仿佛看到另一个世界，看到一个诗的、美的、自由的世界。在这个世界里，没有礼法，没有道德，没有宗教，没有一切……这一时期的洪灵菲用自己的实际行动对波德莱尔那句经典的呐喊表示出了认可和肯定：“他要深入人的最卑劣的情欲中去，大胆地采撷几朵‘恶之花’，呈现给世人。”

……

1924年，一度沉沦的洪灵菲也曾进行过创作，这一年他曾以本名“洪伦修”在《潮州留省学会年刊》和《国立广东高等师范学校潮州同学会年刊》上发表多篇作品。短篇小说《一个不合格的学生》，散文《旧游余影》《一封信》《几日的生活》里充满着这一时期洪灵菲本人生活的缩影，此外还有《夜渡过海》《野浴》《村居》《秋夜书感》等旧体诗。初夏，洪灵菲从戴平万口里得悉戴若荀订婚的消息。未婚夫名叫张可群，金山中学四年级学生。虽然这是意料之中的事，但当这个消息突然传来的时候，还是使洪灵菲的心灵受到了巨大的震动。同年6月，洪灵菲与黄婵英的女儿洪瑞娟出生。

过去的那段罗曼史现在是永远过去了，变成了一个梦，一个缥缈、遥远的梦。

第四章　沉沦与觉醒、革命与恋爱的变奏曲

历史和时代的车轮滚滚向前，它是最为冷漠无情，也是最为公正无私的，并不会因为任何个人的得失挂碍、小情小爱、自怨自艾而停下脚步。就当洪灵菲沉浸在个人的痛苦中不能自拔的时候，在潮汕，在广东，在整个中国，在全世界接连发生了许多震撼中外的大事件。山雨欲来风满楼，一场关乎革命的大风暴正在酝酿，正在迫近。沉沉闷闷的雷声，已经隐约可闻，仿佛是在悄然击打着的战鼓……

近代中日文化交流史上，“东洋马克思主义”曾于清末革命运动和五四文化运动时期两次传入中国。从留日时间纵轴上看，吴贯因、杜国庠、彭湃、李春涛、陈卓凡、王鼎新、彭泽等知识分子，恰好完整地经历了从受幸德秋水影响的清末社会主义宣传，到由河上肇、堺利彦、山川均等擎旗的马克思主义研究热潮。回国后，彭湃、李春涛、杜国庠等本土革命导师们将求学所得用以推动潮汕地区早期新思想的传播，轰轰烈烈地投身到新时代新世界的建设洪流中。

彭湃将其在日本留学时参与建设者同盟发起的农民调查、农民运动的经验全面“移植”到潮汕地区。1922年，彭湃组成全国第一个农民协会——六人农会，开始正式从事农民运动；1923年，彭湃到陆丰推动农民运动，成立“陆丰县农会筹备会”；1926年，彭湃撰写《海丰农民运动报告》；1927年11月，彭湃领导建立了中国第一个红色政权——海陆丰苏维埃政府。

1925年，为让不了解海丰农民运动真实情况的读者不被极端言论所蒙蔽，李春涛亲自到海丰进行实地调查。李春涛说：“海丰农会真是建筑在农民阶级的意识上，这是我所敢保证的。至于那些坏话，必是反动派的谣言，切不可误听误信。”为了用事实驳斥反动派的谣言，7月7日李春涛便

到达海丰，全场参与了海丰全县农民代表大会。7月9日，彭湃介绍李春涛和一百二十六位代表见面，并开始了实地调查。就农民对土地所有权的观念，用举手法进行调查。李春涛和彭湃看了农民代表的表决情况，十分高兴。李春涛将调查结果写成文章《田地究竟是谁的呢——海丰农民对于土地底观念之正确》，说明海丰农会是农民的组织，有着深厚的群众基础，有强大的生命力。

1927年2月23日，彭湃在汕头主持召开潮梅海陆丰农民和劳动童子团第一次代表大会，检阅农会本身力量，扩大组织，以便更好地对抗土豪劣绅、国民党右派的破坏活动。当天，李春涛便在《岭东民国日报》上发表了《党的“决议”“政纲”和东江农代大会》。选择在彭湃主持的东江农代大会召开之日发表，表明了李春涛坚定的革命立场。这也是两位挚友在革命面临严重危急关头最忠诚、最默契的一次合作。

1924年，杜国庠、李春涛参与上海《孤军》杂志关于中国经济政策的讨论，并在《孤军》第二卷第二期合力发表《社会主义和中国经济现状分析》。该文继承河上肇著作《社会组织与社会革命》的观点，主张将社会主义革命分为政治革命和经济革命，政治革命先行于经济革命。

1925年，杜国庠从北京返回家乡澄海，任澄海县立中学校长，大举废除旧俗，开男女同校新风，聘任李春蕃（李春涛堂弟）等进步教师教授新思想新文化。东征军收复潮汕时，潮州金山中学发生“择师运动”，杜国庠受周恩来委托，担任金中校长，肩负改组国民党澄海党部工作。杜国庠、彭湃、李春涛等联合创办岭东地区《赤心周刊》，以鲜明的政治态度向学生群体宣传革命……

在潮汕地区以外，整个时代和社会的巨轮也同样容不得半刻停歇地大跨步向前滚动着。

1924年1月，国民党第一次全国代表大会在广州召开。大会决定了联俄、联共、扶助农工的三大革命政策，实现了国共合作。

1925年农历春节刚过，上海二十二家日商纱厂近四万工人为改善待遇、增加工资，举行了声势浩大的罢工斗争。

1925年4月，李春涛辞去北京中国大学等校的教职工作，动身返广东。路经上海时，应上海大学社会学系主任瞿秋白、施存统的邀请，到该校演讲《殖民政策》，全文四百三十字，并发表在上海《民国日报》副刊《觉悟》上。

1925年5月15日，日本资本家开枪杀害了工人代表、共产党员顾正红，并打伤十多名工人。5月16日和19日，中共中央发出通告，号召援助上海工人罢工斗争，并在全国范围发动一场反日大运动。

1925年5月30日，上海发生了“五卅惨案”。数以万计的工人、学生在南京路示威游行。为支持工人罢工，李春涛与上大进步学生走上街头声援和支持工人，遭受反动军警的镇压。李春涛目睹罢工工人和学生被枪打伤，遂怀着满腔的愤怒写下了《外国人在中国放枪的效果》，5月31日发表在《孤军》杂志第三卷第一期。李春涛以强烈的社会责任感和紧迫感及时、深刻地分析了这一震惊国内外的事件，并奋笔疾书“外国人能放枪，中国人岂不能放枪”。

1925年6月23日，广州发生了“沙基惨案”。紧接着，又爆发了省港大罢工，使香港变成了“臭港”。

同样是在1925年，广东革命军进行东征南讨，击溃军阀陈炯明的部队，统一了广东全省……

革命的潮流，以一种万江奔流终到海，横扫一切的气势向前澎湃奔腾，把所有的人都裹挟着，滚滚向前。同胞的鲜血，把许多人从迷梦中惊醒；革命的战鼓，更使人们振奋。广州的政治色彩，现在是越来越浓了，俨然成了革命的中心，是“红光烛照”的赤都。工人运动、学生运动闹得热火朝天。广州街头隔不几天便可见到工人罢工、学生罢课，大家都在积极声援革命。此情此景，不由得让沉沦已久的洪灵菲惊醒。他跑到大雨中将自己全身淋湿，他想敲打自己，让自己从沉沦的梦境中醒过来，看看当前的世界。是当个懦夫，继续沉迷在小资产阶级布尔乔亚式的情感泛滥、颓废的世纪末情调中，还是选择直面现实，当个西绪福斯一样向死而生的人呢？摆在每个年轻人面前的，无疑是两种不同的选择，要么继续蝼蚁一样卑微地蜗居生存，要么奋起反抗，积极投身到时代洪流中，在烈火中淬炼自己的皮囊和肉身，获得精神的升华与超越。

“狭义的爱国运动是不彻底的，因为我爱我的国，你爱你的国，就造成互相侵略的人类之痛苦，是由于经济制度所造成。所谓富者良田万顷，贫者无立锥之地。这种阶级之悬殊，使少数人享福而绝大多数人不得温饱。因此要解放全人类，就必须起来推翻不合理的经济制度，建立社会主义的经济制度……”

当年李春涛在金山中学的大榕树下对洪灵菲、戴平万的演讲画面，依然历历在目，那谆谆告诫也言犹在耳，是到了该睁眼看世界的时候了。自己所熟读的《浮士德》的精神，怎么这个时候都被抛诸脑后了呢？向前走，假如自己和旧时代的魔鬼握手言和，那就永远是个懦夫。一场倾盆大雨彻底浇醒了颓唐的洪灵菲，回到寝室后，他发高烧，昏迷了整整一周，把戴平万和室友们都吓坏了。梦里呓语时，大家都听到洪灵菲念着“若荀，若荀……不，打破，打破！……容不得踟蹰，容不得踟蹰！……走开！靡菲斯特！真正的浮士德不向魔鬼低头！走开！……啊！大山，滚滚天雷，不要放弃啊，西绪福斯！”……

就在大家都以为洪灵菲莫不是得了癔症的时候，洪灵菲重新振作起来了，过往的一切，怨怼、颓废、沉沦和纵情声色都随着那场滂沱大雨一去不复返了。

二

1924年11月，广东高师与广东公立法专、广东公立农专、广东公立医校等校合并，改组为国立广东大学。洪灵菲和戴平万由原来的广东高师转入广东大学就读英吉利语言文学系本科一年级。余心一和李笠侬已经毕业了，而且走上了升官发财的路，变成了他们在学生时代痛骂过的官僚政客。改组后的广东大学，成了广州学生运动的中心。学校内的大操场经常举行群众集会，孙中山先生和国民党的许多上层人物，都曾在群众大会上发表过演说。

随着革命的深入，学生运动中左派和右派的对立愈来愈严重。当时属于左派的学生组织有新学生社、妇女解放协会等，属于右派的学生组织主要有孙文主义学会和女权运动大同盟。孙文主义学会本来是黄埔军校中的一个右派组织，后来又扩展到广东大学等学校，在各校设立它的分会。参加孙文主义学会的，多是些反动透顶、专事打架的顽劣学生。每次开会，他们人人手拿“士的”（英文stick的音译），即手杖，准备打架。逢选举或是与新学生社发生争吵的时候，他们就挥舞“士的”，大打出手。孙文主义学会成员沈鸿慈还写过一篇文章，在国家主义派的机关报《醒狮》上发表，说要“高举‘士的’从广大打遍广州，打遍中国，把共产党打垮”。于是，学生们都把孙文主义学会分子叫作“士的党”，把女权运动大同盟分子叫作“士的婆”。

广州以外的岭东潮汕大地上，革命的进程也在马不停蹄地推进。1925年10月，国民革命军举行第二次东征，讨伐军阀陈炯明。革命军横扫陈军，不久即荡平东江。11月4日，周恩来率军政治部人员胜利抵达汕头；11月21日，被国民政府任命为东江各属行政委员，主政惠、潮、梅，翌年2月1日正式就职。在宣誓就职的当天晚上，周恩来以行政委员名义，宴请招待汕头各界代表七十人。爱国报人张似旭以上海《大陆报》特派记者的身份出席了会议。会上，周委员报告了革命军抵达汕头数月来的工作、总政治部改为行政公署后的任务以及以后的施政方针，并请代表对政府的工作加以批评。会后，张似旭在《大陆报》撰文，如实记载了国共合作期国民革命军的辉煌胜利和东江地区汹涌澎湃的革命形势，宣传周恩来主政东江的施政方针。文章发表后，引起了强烈反响，对反击当时上海报界对国共合作的污蔑起了一定的作用。同年，觉醒后的洪灵菲积极参加学生运动，加入了因广州“沙基惨案”而引发的反帝斗争，并多次参与省港大罢工示威游行运动。而最为重要的，是在广东大学改选学生会过程中，遇到了继李春涛之后对洪灵菲人生转向发生决定性作用的人物——共产党员许苏魂。

1925年10月，广东大学为改选学生会，在礼堂举行了一次学生集会。

这是一次暗流涌动、剑拔弩张的会议。右派学生组织“士的党”“士的婆”，以及“民社”等，为了夺取学生运动的领导权，早在开会前就进行了很多活动，到处拉选票。临到开会的时候，更是倾巢出动，人人手拿“士的”，杀气腾腾。“士的党”骨干分子何觉甫，本已毕业离校，这时也带着一班打手，在礼堂走廊巡逻，准备随时接应。会议主席是新学生社社员、文科学生毕磊，他简单讲了开会目的，宣布选举规则，便开始发选票。

洪灵菲和戴平万坐在后面，不时地用潮州话交谈。洪灵菲看着那些上蹿下跳的“士的党”分子，气愤地说：“这些家伙，都是一些流氓，我一个也不选！”

“我也不选他们。”戴平万说。在他们的旁边，坐着一个陌生人，二十七八岁，穿一身藏蓝色中山服。他个子不高，面色白净，戴一副近视眼镜，态度十分文雅。他听着洪、戴二人用潮州话交谈，忽然也用潮州话问道：“你们二位都是潮州人吧！请教尊姓大名？”

洪灵菲和戴平万礼貌地自我介绍着。从双方言谈中，他们得知此人名为许苏魂，也是潮汕老乡，目前是到广州来广大办点事，顺便过来看看这边开会的情况。

接着，他们便毫无拘束地攀谈起来。许苏魂问起广东校园这边的政治形势怎样，洪灵菲很严肃地叹道：“在潮汕，革命形势也是一言难尽。在广州的话，国共合作不仅在政治层面，处于岌岌可危的境地，在广东大学里更是危机四伏。看看眼前这些孙文主义学会分子和女权运动大同盟分子就知道了，激进狂热，随时找机会挑衅，在学生群体当中不断滋生矛盾。”戴平万频频点头认可，待洪灵菲说完，他又接着补充道：“校园内不同党派纷争，企图把平静的湖面搅浑，想要一石激起千层浪，让整个校园的学生运动处于混乱失序当中，这样他们的党派才能从中有机可乘。”许苏魂对两个潮汕老乡在这么小的年纪能有如此洞察世事的能力表示肯定，不时向洪、戴二人投来赞许的目光。

台上的计票工作仍在继续，许苏魂接着又详细询问各个学生组织的情况，当洪灵菲、戴平万叙述的时候，他不时加上一些评语。虽然他自称刚从国外回来，但对广州学生运动中左、右派对立的情形，却十分熟悉，有时候还插上一两句涉及当前时局的话，精警而有见地，使洪灵菲和戴平万都感到非常惊奇。

这时，台上计票的工作已接近尾声，新学生社候选人的票数遥遥领先。右派学生见他们的失败已成定局，恼羞成怒，便故意捣乱。只见"士的党"骨干分子李悦义跑上主席台，大喊大叫："这次选举受人操纵，无效！无效！"台下，"士的党""士的婆"成员都发狂般冲向主席台，吵吵嚷嚷，要求宣布无效。会场内秩序大乱。"士的婆"主帅沈芷芳（何觉甫的老婆）浑水摸鱼乘机窃取铃钟，摇铃宣布散会。新学生社女社员罗毓文冲上前去抢夺铃钟，二人扭作一团。一群"士的党"分子包围了毕磊，气势汹汹，新学生社社员为了保护他的安全，也涌向主席台。双方互相对骂，接着就大打出手。"士的党"分子挥舞"士的"，殴打新学生社社员，新学生社社员奋起反抗，现场十分混乱失序……

洪灵菲、戴平万也赶紧冲上去帮忙，保护好手无寸铁的女同学们，而他们自己的身体上则落满了"士的党"的棍棒。一片混乱中，洪灵菲掩护着几个弱小的女同学赶紧撤离，刚好撞到也同样处于混乱中不知如何是好的许苏魂。洪灵菲急切地说："许先生，这里你不熟，很危险，赶紧跟着我，咱们从侧门出去！……戴均，快！带着女同学们走……"

三

就在洪灵菲带着许苏魂安全撤离会场的第二天，许苏魂便独自带着水果到洪、戴二人的寝室前来道谢了。洪灵菲热情地接待着，戴平万闻声也走过来了。洪灵菲又介绍他同房间的同学与许苏魂认识："他叫刘煜榉，中山县人。"

许苏魂与刘煜榉握了握手，客气地说："很高兴认识你！"刘煜榉年龄与洪灵菲相仿，戴着近视眼镜，脸孔秀雅而苍白，态度沉默而谦虚，是个好脾气的人。他身体不太好，背有点驼，但头脑冷静，与洪灵菲比起来，更加理智一些。他不大说话，只是有兴趣地听着他们高谈阔论，偶尔也插一两句嘴。他们谈得很投机，比初次见面时更加毫无拘束。许苏魂睿智的谈吐、广博的知识，很令洪灵菲他们佩服。当洪灵菲问及他身世的时候，他也毫不隐瞒。他出身于城镇贫民家庭，父亲的去世使他不得不很早就挑起生活的担子。20岁的时候，他“过番”到新加坡，当过学徒，做过店员，办过华侨夜校，后来又担任新加坡《商民日报》的编辑，并积极参加当地的政治活动。孙中山先生改组国民党以后，他被派到缅甸，帮助改组国民党缅甸总支部，成为总支部负责人。这次他被选为出席国民党第二次全国代表大会的代表，到广州来参加会议。

他的三位听众，都向他投来崇敬的目光。许苏魂觉察到了，然而他淡淡一笑，又接着说下去：“国民党是一个很复杂的政党，各色各样的人都有。左派和右派的斗争，尤其尖锐。现在，右派极力反对孙中山先生的三大革命政策，妄图扭转革命的航向。暗杀廖仲恺先生，就是为实现这个反革命企图的一次预演。但是，目前他们的力量还不够大。他们在工人运动和农民运动中，几乎没有什么影响，而在学生运动中，却有不少追随者，这个你们自己也亲眼看到了。”

……

经过几次接触后，洪灵菲、戴平万、刘煜梓等人都非常敬佩许苏魂，洪灵菲甚至说许先生是他在潮州金山中学继李春涛先生之后见过的第二个有眼见、有气度、有魄力的进步知识分子，自己特别希望能跟着许先生做一番有意义的事业。当许苏魂建议要组织一个团体，团结进步学生一起对抗顽固势力时，洪、戴等人都积极响应。

“你们估计能够组织多少人？”许苏魂问道。

三人面面相觑，觉得这个问题很难回答。戴平万沉吟半晌，说：“余心一还没毕业的时候，曾经领头组织过广东高师潮州同学会，目的是联络感情，去年又改为广东大学潮州学生会。里面倒有不少人和我们思想是一致的。”

洪灵菲用手拍了一下大腿，兴奋地说：“对！我看先把潮州同学组织起来。除了广大以外，其他学校还有不少潮州籍学生。团体的名字，就叫作‘潮州旅穗学生革命同志会’。”

“这名字太长了！”戴平万说。“长一点也没关系。”许苏魂说，“我看就这样定了。你们分头去联络人，需要些经费，我可以帮忙筹措。”一直坐在一旁不吭声的刘煜桦，这时忽然说道：“我当你们的第一批会员，收不收？”洪灵菲和戴平万高兴得跳起来，拍着刘煜桦的肩膀连声说：“收！收！你虽然不是潮州人，但是已经潮州化了。”

许苏魂感到很满意。他又谈了一些注意事项，交代洪灵菲起草宣言和会章，便站起来说：“我该走了！”洪灵菲三人一直把他送到校门口，看着他的背影在转角处消失，才走回宿舍去。

就在这一年，洪灵菲还参加国立广东大学潮州学生会，以本名“洪伦修”在《国立广东大学潮州学生会年刊》第一期上发表旧体诗数首，包括《孤光》《夜黑》《素影》《海行》《天风》《堕世》等。

四

1926年1月1日至19日，国民党第二次全国代表大会在广州召开。在这次代表大会上，许苏魂被选为候补中央执行委员，不久，又被任命为国民党中央执行委员会海外部秘书。根据简章规定，秘书协助部长处理工作，地位仅次于部长。海外部的第一任部长是国民党右派林森。由于他参加西山会议派的分裂活动，在第二次代表大会上受到书面警告处分，并被撤销了海外部部长职务。另外任命了彭泽民为部长。彭泽民也是海外选出的国民党二大代表，是著名的国民党左派。不久，彭泽民与许苏魂接管了海外部。他们接管海外部后，首先在人事上进行改组，把海外部变成左派的营垒。接着，又在海外华侨中发展国民党员，发动华侨支援国民革命；在国内建立华侨协会，修建归国华侨招待所，使海外部名副其实地成为指导华侨运动的机关，也是保护华侨利益的机关。

海外部的许多工作实际都是许苏魂负责的。他很忙，但他仍与洪灵菲等人保持联系，指导学生运动。潮州旅穗学生革命同志会已经正式成立，会址设在东皋大道一座洋楼的楼下。在洪灵菲、戴平万等人的努力下，潮州旅穗学生革命同志会在广州的学生运动中已小有名气。当广州市学联改选的时候，洪灵菲被选为学联执委。

过了几天，洪灵菲与戴平万、刘煜榉几人组织了一个社会科学研究会。他们阅读马克思主义的书籍，又与现实革命斗争对照起来研究，并在许苏魂的介绍下阅读《共产党宣言》及中共广东区委的机关刊物《人民周刊》。许多过去不可理解的事，现在开始逐步理解了。尤其是对国民党加深了认识，也增加了很多怀疑。他们觉得国民党人员复杂，没有统一的目标和步调，许多深刻的矛盾无法消除。因此，这个党只能算是工商学各阶级的联合会，不能算是一个真正的革命党。他们愈是怀疑国民党，便愈是倾向共产党。在现实斗争中，他们都看清楚了，只有共产党才是真正的革命党。

由于许苏魂的介绍，不久，洪灵菲和戴平万、刘煜榉都相继加入了中国共产党。他们立誓要为共产主义奋斗终身。他们也随时准备着牺牲自己的生命，去把旧制度彻底推翻，把统治阶级彻底打倒。

五

封建时代的学习往往带着显著的功利性，“修身，齐家，治国平天下”“穷则独善其身，达则兼济天下”等古训都不容置喙地指明，学习的最终目的是“治国平天下”。社会文人阶层始终受到封建家长制严苛的钳制和规约，“学而优则仕”是他们不懈的理想追求，而家长制中的“长子”更是难逃科举中榜、为官晋爵、侍奉国家的历史使命，或者说是文化宿命。1905年，科举制度的废除极大程度上破坏了读书人“学而优则仕”的“忠”“孝”伦理，留学一时间似乎成了唯一可以替代的有效方式。值得指出的是，学科专业的选择是教育现代化进程中出现的产物，但受到特定社会历史条件的制约，并非所有留学的知识分子都拥有自主选择专业的权利。

经历过辛亥革命的知识分子，如郭沫若的大哥郭开文、郁达夫的大哥郁曼陀和成仿吾的大哥成劭吾等，目睹了剧烈的社会变革，深切地认识到自己的历史使命是在百废待兴的土地上建立起一个新的现代民族国家。受到这种使命的感召和驱动，他们无暇顾及自我和个人主义，而是炽烈且热切地把民族利益建立在一切价值之上。辛亥革命后不久，除科学之外，政治、法律、军事等专业因其关系到治国之道而广受社会和知识界追捧，这一时期留学的知识分子在学科专业方面几乎都选择了“实学”。从建立现代民族国家的期盼出发，成为管理现代国家不可缺少的政治家、法官、军人无疑更符合社会价值理念。这一时期知识分子对专业的选择与其说是自己的意愿，倒不如说是“正逢从封建社会向现代社会过渡的时期，顺应了那个时代的要求而已”。此种潮流趋势延续了十几年，直到这一代知识分子的弟辈们留学日本时都没有发生根本改变。

郭沫若学医学，郁达夫学经济，成仿吾学兵器，张资平学地理，各自的专业领域不同，但其本质依然是“实学”。郭沫若曾多次提到选择医学并不是自己的意愿，他坦言那时的“青少年差不多每一个人都可以说是国家主义者。那时的口号是‘富国强兵’。稍有志趣的人，都想学些实际的学问来使国家强盛起来，因而对于文学有一种普遍的厌弃”[①]。在这种时代潮流中，他们“虽说有文学的天赋，但是不得不注意去克服这些”[②]。郭沫若本身对法律、政治、经济等经世之学抱有厌恶感，不屑于这类专业的学习；文学和哲学在实践中又被普遍认为是没用的，因此他也不敢遵从自己内心选择文史哲专业；理工科显然是最符合“富国强兵”的，但因不擅长数学，也没有学习的欲望。于是他就选择了医科，接受了第三部的考试，并在1918年夏天，进入了九州帝国大学医学部。1919年10月，郁达夫从名古屋第八高等学校升到东京帝国大学经济学部经济科，张资平从熊本第五高等学校升到东京帝国大学理学部地质科，他们与两年前已经在东京帝国大学读兵器学科的成仿吾在同一所学校会合了。相同的文学志趣和

① 周海林：《创造社与日本文学：关于早期成员的研究》，周海屏、胡小波中译，上海社会科学院，2015，第20页。

② 同上。

被压抑的创作才能在团体同人的交流切磋中被激发出来。成立了创造社之后，郭沫若返回日本重新开始了医学的学习，并把《创造季刊》的发行等事务交给了郁达夫。

1921年9月29日，郁达夫在上海的《时事新报》刊登了《纯文学季刊〈创造〉出版预告》。经济学科的学生是不需要做实验的，天性浪漫的郁达夫在参加文学活动的同时顺利毕业了。在此后的职业生涯中，他仅于1923年在北京大学担任过短期的统计学讲师，便再也没有做过与经济学有关的工作。他们这些文学青年，在"富国强兵"理想的驱动下选择了留学的道路，结果却醉心于文学，不得不放弃专攻了多年的专业，放弃了可以为国为家做出贡献的初衷，这个舍弃并不是轻易地决定。郁达夫从医学部转到经济学部，最后选择了文学，其职业动机与郭沫若及成仿吾同出一辙，就是对富国强兵的理想感到幻灭。这不仅是创造社早期成员普遍共有的心理特征，鲁迅及其弟弟周作人也有同样的心路历程。1902年到1909年，鲁迅在日本学习，他的弟弟周作人从1906年至1911年一直住在日本。兄弟两人同样在祖国富国强兵的热潮中，认识到即使有富足的物质也不能将中华民族从危机中拯救出来，一个民族要想强大，必须有自身的精神健康和自信，于是他们放弃了科学救国的幻想，踏上了文学的道路。

李春涛、彭湃、王鼎新和陈卓凡等，是潮汕第二代留日的知识分子。作为新文化运动后成长起来的一代，这群社会文化精英本该更为注重个性彰显和自我价值实现，不必再遵循着父辈兄长的足迹亦步亦趋。然而，作为独立个体的李春涛、彭湃、王鼎新和陈卓凡等知识青年却都清一色地选择了政治经济学，并且无人中途易辙，或心生后悔。这是潮汕留日知识群体与同时代人专业选择上的一个极为不同的地方，他们是心甘情愿地承继着师长辈的理想和教诲，共同一致地将改变政治制度作为推进民族国家现代化进程的重要举措，并且随着学习的深入，慢慢地建立起马克思主义的政治信仰，逐步坚定以革命实践和农民运动建立新政权的理想信念。

花如此多的笔墨叙述与洪灵菲、戴平万等人同时代的文化人士的专业及志向选择，其实是为了将洪灵菲、戴平万等人此后坚定选择并始终坚守革命志业做一个参照系的比较和铺陈。早在潮州金山中学求学期间，洪灵菲、戴平万便已经受到过戴贞素、李春涛、彭湃及杜国庠等进步知识分子直接或间接的影响，到了广州求学后又遇到了另外一个精神导师许苏魂，这些都对洪灵菲、戴平万后期转向革命，并坚定以马克思主义为自己终身志业有着非常重要的方向性引导作用。但是，我们也应该看到，洪灵菲、戴平万等人身上和李春涛、杜国庠、彭湃及许苏魂等人还有着一个极大的不同，这便是对文学的热爱与坚持。这是洪灵菲、戴平万等人后来从事文学创作的一个基础，也是洪灵菲、戴平万在革命身份之外的另一层特殊的身份：文学家、作家。尤其应该指出的是，和同时代人及其前辈们相比，洪、戴等人的专业都是文学或者和文学相关的西语系。在广州求学期间，他们不仅受到过郭沫若、郁达夫、鲁迅等人的教育及影响，还广泛涉猎了外国文学，对世界范围内的进步作家及进步文学十分热衷。革命是洪灵菲、戴平万等人坚守的志业，文学同样也是。

郭沫若、成仿吾、郁达夫等早期创造社成员没有一个是文学专业出身，这并非偶然，而是带着明显的时代特征。相比鲁迅、周作人、郭沫若、成仿吾、郁达夫等同时代人纷纷由向外的“实学”向直击心灵内面的“文学”转向，潮汕留日知识分子的专业选择则始终带着鲜明的制度理想和工具理性的色彩，其专业选择是“自始而终”、未曾中途易辙的。这种行为选择更确切客观地说，是一种站在飘摇时代的潮头潜心探索民族之舟何去何从的无私心量，他们和那些利用历史潮流竭力弄潮，本质上却与社会旧官僚几乎别无二致的新官僚是不可等量齐观的。而以洪灵菲、戴平万等为代表的第三代人，则是由“文学”再转向“革命”，并最终在“文学”和“革命”之间做了折中和调和，让“文学”与“革命”同时发挥着它们对于这个时代的作用。分析好这一点，对于读者理解洪灵菲在广东大学轰轰烈烈参加革命的同时仍然不忘从文学中汲取精神食粮，甚至不断练笔，不断在脑海里构思自己文学作品的做法和意图，是有所裨益的。在“文学”与“革命”双重标签诠释下的洪灵菲，才是一个相对完整、立体的洪灵菲。

六

1926年6月，24岁的洪灵菲从广东大学顺利毕业。7月中旬，由于许苏魂的推荐，洪灵菲、戴平万和刘煜榉三人都进了海外部当职员，月薪一百元。洪灵菲担任组织科、文书科、编辑科、外际科的干事，刘煜榉也任干事，戴平万则当特派员，准备到国民党暹罗总支部工作。8月，戴平万以教师身份为掩护由海外部派往暹罗（泰国）陶公工作；随后，又由海外部派驻中国国民党暹罗总支部任职。戴平万在出发去暹罗之前，先请假回家探亲。他已在1925年暑假结婚，妻子名叫张惠君，是金山中学的毕业生，与戴若荀同班。戴若荀也在同年与张可群结婚，但夫妇感情不好，婚后生活并不幸福。

洪灵菲虽然进了海外部工作，却仍在广东大学当一个挂名学生。他白天在海外部办公，晚上回广东大学的学生宿舍睡觉，午饭和晚饭则在许苏魂家搭伙。许苏魂的家距离海外部不远，在一幢小洋楼的二层楼。他于3月份把家眷迁来广州。其妻子是一个旧式的农村妇女，年龄与他差不多。他有一子一女，女儿良坚，已经5岁；儿子良徒，3岁。还有他的弟弟许志英，十五六岁，也与他们住在一起。

海外部的工作并不轻松，筹建华侨协会、出版《海外周刊》、发动华侨捐款支持省港大罢工，以及向海外各总支部派遣党务专员、党务特派员，等等，任务特别繁重。洪灵菲担任组织科、文书科、编辑科、外际科的干事，也要综合协调好上述这些事物，他尽全力向许苏魂学习各种工作经验，希望能不辜负他的期望，成为许苏魂的得力干将。

有一天晚上，洪灵菲照例从海外部加班后回许苏魂家吃饭，却见饭桌前比平时多了一位陌生的年轻姑娘。许苏魂介绍道："这位叫秦孟芳，刚从韩山师范毕业，来广州考大学的。"他又指着洪灵菲对秦孟芳说："他叫洪伦修，广东大学学生，现在是海外部干事。"

洪灵菲大方地和秦孟芳点头，微笑着说："欢迎你来广州读书，希望一切能顺利呢！"

秦孟芳害羞地回答道："很高兴认识你，伦修兄。我的资质一般，最近会继续抓紧时间好好温习功课的。"

"对了，伦修，还有一件事要拜托你呢！孟芳的英文基础比较弱，你有空的时候多给她补习补习呢！"许苏魂的太太一边端着菜，一边笑着嘱咐洪灵菲。

"行，这都是小事呢！教不好，我可不敢再来家里吃饭啦！"洪灵菲爽朗地开着玩笑。

秦孟芳和调皮灵动的戴若荀不同，她显得更加内敛矜持，说话做事守规矩、有方寸。有时只是静静地和她一起待着，两个人彼此都不说话，那静默的空气里也给人一种安全、舒适、放松的感觉，有一种此时无声胜有声的氛围。洪灵菲也可以更加专注地做着自己的工作，整理着各式各样的文件和材料。

一日，洪灵菲利用工作间隙帮秦孟芳补习外文语法。洪灵菲讲解英文作文写作的方法特别实用，秦孟芳原本悟性就好，在他点拨之下进步得很快。有时候，秦孟芳会忍不住非常真诚地对洪灵菲说："谢谢你，伦修哥，这个方法真的很实用，你的外文功底真好呢！得空的时候也推荐几本外国文学看看吧？"

"好呀，等你顺利通过了考试，以后有的是机会呢。"洪灵菲礼貌地回应着。

"伦修哥，你之前来广州考试时也是和我一样心情忐忑吗？还是你一直都是这么沉稳，胸有成竹呢？"秦孟芳好奇地问着。秦孟芳在韩山师范学院读书的时候，就经常关注许美勋等人发起组织的火焰社。洪灵菲在《大岭东报》上的一些文章以及他本人的一些事情，她都有所耳闻。在她看来，现在的洪灵菲特别地周到、绅士，但是这种过分的沉稳中总是夹杂着些许不符合他本人个性气质的东西。

"沉稳？我吗？"洪灵菲依然保持着沉稳的微笑。

是的，沉稳，这一点似乎很不像是那个沉迷于雪莱、拜伦的吟游诗人了，就连莎士比亚他也许久没读了。洪灵菲的性格，在第一次无果的恋爱和失败的婚姻之后就慢慢地发生了变化。沉稳，是一种自我保护，因为觉得自己没有资格去爱了，他辜负了曾经对他倾心相许的戴若荀，又对虽然不爱，但是负有不可推卸的责任和义务的黄婵英不够体贴。作为一个恋人和丈夫，他都是不称职的。不仅仅如此，女儿的出生，他至今都没有尽过作为人父的责任。这些来自道德层面的审判和人性深处的反省都使得洪灵菲感到窒息，为此他只能更加努力、拼命，甚至是忘我地工作。只有在工作中，他才能体现自己的价值，才能和那个懦弱的自己达成一种微妙的和解。

见洪灵菲陷入深思，秦孟芳托着腮帮子也不说话了，她觉得这样静静地观察他，是一件很有趣的事情。但是很快，她就意识到这样很失礼，马上又低下了头，继续做着英文练习题……

不知过了多久，洪灵菲晃过神来，发现乖巧的秦孟芳已经在认真地做题了，她总是那样得体礼貌，从来不让人出丑，或者处于有半点尴尬的境地里。周围特别安静，只有屋子外面的大树上几只小鸟儿在叽叽喳喳地叫着。洪灵菲不由得把注意力放在了这个他从来没有也不敢端详的女孩身上。

秦孟芳是标准的潮汕女性长相，眼睛像家乡的桂圆一样乌黑金亮，鼻子比较扁平，没有北方人那样立体，但是鼻翼收缩的时候更显得小巧玲珑，特别可爱。脸庞圆润，是南方人特有的瓜子脸，不施粉黛的时候也像是成熟了的苹果，红扑扑的，不，应该是秋天里挂在树梢上的红柿子，火红火红的。洪灵菲为自己竟然不自觉地观察着秦孟芳的长相而感到一阵尴尬，因为像这样端详一个异性的做法，在他身上已经是一种久违了的体验了。上一次的时候，是和戴若荀。

一想到戴若荀，洪灵菲内心顿时升腾起一股羞愧的悔恨，他不敢再提起若荀，也真切地体会到什么是“十年生死两茫茫，不思量，自难忘”。他们之间固然没有隔着生死，但是那远去的记忆和隔绝了的时空，其实也宛若隔世了……

“伦修兄，我的题目都做好了，请你帮忙看看好吗？”秦孟芳把笔搁在书桌上，长舒一口气，仿佛完成了一件意义重大的事情似的。

洪灵菲嘴角不禁上扬了，他觉得秦孟芳这样子特别单纯可爱。“当然，我来检查下……”

七

秦孟芳跟随洪灵菲复习功课已有一个多月，但她自己觉得没有把握，因此听从许苏魂的劝告，放弃报考广东大学，转而报考何香凝主办的妇女运动讲习所。讲习所第一期招生一百名，报名的有二三百人。考试结果，秦孟芳以第二十三名被录取，大家都很高兴。9月初，妇女运动讲习所正式开学，她便搬进讲习所住。

妇女运动讲习所就设在国民党中央党部里面。这里原是省议会旧址，外面有一列栏杆式的矮墙，进门最先看见的是左右两旁葱郁的杂树，再进二三十步，便是中共党部里面的头门，在檐际挂着一块大横牌，写着“中国国民党中央执行委员会”。头门两旁，一边是卫兵室，一边是通报处。从这头门向前走去，又是四五十步的样子，才到了第二座大屋。这座大屋，是一排横列的大厅房。庶务处、被压迫民族联合会、工人部、农民部，都在这里面办公。由这儿再向前，是一列走廊，走廊两边是两片莲塘，这时莲花正在盛开，清香扑鼻。

在莲塘尽头处再走十几步，便有一个圆顶的大礼堂。礼堂两旁有很多柳树，掩映两列旧式的洋楼，右边是海外部的办公楼，左边便是妇女运动讲习所的教室和宿舍。

由于距离很近，洪灵菲和秦孟芳几乎每天都有机会见面，这已成为习惯。如果有一天不见面，两个人都像丢失了什么东西似的，心里有说不出的惆怅。他把她当妹妹一样爱护，她把他像哥哥一样敬重，不是兄妹，却胜似兄妹。有时候，她也到他在广东大学的宿舍去。洪灵菲介绍她与刘煜梓认识，三人常常在一起逛马路、逛公园。尽管洪灵菲对秦孟芳十分地喜爱和珍惜，却始终不敢往其他方面去想。在他内心深处，自己的情感早已入土，自己去爱和接受被人爱的权利也一同在旧时代、旧制度里被葬送了，现在的他是断然不敢再主动去爱像秦孟芳这样美好的女性的。洪灵菲这种感情观其实不是个例，而是有时代症候的。

作为左翼文学旗手的鲁迅就曾经多次对友人说："她（朱安女士）是我母亲的太太，不是我的太太。这是母亲送给我的一件礼物，我只负有一种赡养的义务，爱情是我所不知道的。"鲁迅的不幸婚姻是那个时代普遍存在的不幸婚姻的一个缩影。后来，众所周知的《两地书》的主角鲁迅与许广平，正是冲破旧式婚姻家庭牢笼的典型例子。1923年，许广平考入北京女子高等师范学校国文系。同年10月，鲁迅开始在女师大兼课。1925年3月，许广平开始和鲁迅通信，向老师请教。从此，两人频繁通信，义深思远，但里面并没有什么风花雪月、相思爱恋。那时的鲁迅，正处于苦闷、彷徨、探索时期，与周作人决裂、女师大风潮、"三·一八惨案"……大事一桩接着一桩。鲁迅心情抑郁愤懑，他觉得自己活不长的，而且也有纵酒、拼命干等不顾惜身体与生命的做法。正是在这个时间段里，许广平以一个学生和女性的敬意和深情，帮鲁迅抄稿件，劝鲁迅戒烟酒，劝他注意休息，爱惜身体和生命。许广平使鲁迅收获了爱情，并给了鲁迅温暖鼓舞和力量。从不敢爱到可以爱，鲁迅的人生再也无缺憾。

鲁迅与许广平能走到一起，在许广平方面，是敬仰加爱慕。而对鲁迅来说，一开始并没有想到爱情。按鲁迅的说法是："我先前偶一想到爱，总立刻自己惭愧。怕不配，因而也不敢爱某一个人，但看清了他们的言行的内幕，便使我自信我绝不是必须自己贬抑到那样的人了，我可以爱。"

鲁迅"我可以爱"的思想转变，在洪灵菲的身上同样存在着。掌上珊瑚留不住，却教移做向阳花。繁忙的工作之余，洪灵菲总是在思考，既然自己不能够给秦孟芳平等的、自由的爱情，那也不能自私地拖着她，耽误她的前程。

一日晚饭后，秦孟芳送洪灵菲回广东大学的寝室。两个人漫步在林荫小径上，玉兰花香气扑鼻，让人顿时心旷神怡。走着走着，秦孟芳不由自主地靠近洪灵菲，因为那树林深处有窸窸窣窣的声音，疏影摇动，颇有点

《山海经》里魑魅魍魉的感觉，秦孟芳感到挺害怕的。她当然知道这世界上是没有鬼的，但是害怕的感觉还是很难消除。被晚风吹落的花瓣落在了秦孟芳头发上，颇有点罗曼蒂克的感觉。洪灵菲伸手拂去落在她头发上的花瓣，手指滑落的时候刚好触碰到了秦孟芳的耳钩。洪灵菲怕扯到她的头发，停下了脚步，轻轻地抽出手。这个时候秦孟芳的心跳得很快，她想这大概就是小鹿乱撞的感觉吧。为了克制住自己即将产生的不恰当的想法，洪灵菲非常郑重地说出了长久以来压抑在自己心里的话："孟芳，你觉得刘煜榉这个人怎样？"洪灵菲的语气出奇地沉稳和坚定，似乎没有一丝波澜，其实没有人知道他内心此刻早已经翻江倒海。矛盾的情绪颠来倒去地折磨着自己，他觉得还是要一吐为快的，至少，至少明确知道一个结果，也算是判刑的一种方式。他不想再在理智与情感的反复纠缠中折磨自己脆弱的神经了。历经了不幸婚姻和爱情的他，早已经承受不住另外的情感打击了。

"怎样？是说性格方面吗？每个人都有自己的性格特点呢，这是萝卜青菜各有所爱，各花入各眼呀。至于为人处世嘛，那是极好的，是一个很好的朋友，值得珍惜呢！"秦孟芳天真地脱口而出。

"那，那如果……我是说如果……"洪灵菲反倒开始吞吞吐吐了。

"如果什么呢？伦修哥，你今天有点反常呢？"一阵晚风从树林的方向吹来，吹乱了秦孟芳的头发，她很自然地用白皙纤细的手指往耳朵后面撩着头发。

秦孟芳撩头发的样子无意间触动到了洪灵菲心里的软肋，那是一种久违的记忆、一种熟悉的气息。但是，他不能做那个自私的人。终于，他还是说出了那句话，用一种常人无法辨别出是深思熟虑后还是竭力伪装出来的坚定的语气："如果让他和你交往呢，当爱人的那种？我问过他的意思了，他是特别中意和倾慕于你的，就看看你的想法是怎样的。"

"这……你说的是真心话？你觉得我和他般配吗？"秦孟芳怔住了，开始顾左右而言他。

"当然，男才女貌！哦不，你也是特别有才华的，我不是厚此薄彼哈，我的意思是你们很是般配！”洪灵菲语气坚定，但是躲闪的眼神却出卖了他的内心。

“为什么要撮合我和他呢？难道你很讨厌我吗？”秦孟芳从嗓子眼里挤出这句话，眼里已经噙满了珍珠般的泪水。

“不，不，芳妹，我怎么会讨厌你呢？我……我只是为了你能够幸福啊！”

“我的幸福不需要你乱点鸳鸯谱！我喜欢的人是你，不是他！”秦孟芳已经捂住脸颊呜咽起来了，娇小的身躯在暗夜里不停抖动着，看着特别惹人怜爱。洪灵菲突然不知道如何是好，这事是自己挑起来的，这下该怎样收场呢？秦孟芳说喜欢的是自己，他听了之后百感交集，他又何尝不喜欢她？怎么会有人不喜欢如此善良、美好的异性呢？哎……

“芳妹，对不起，真的对不起！没有人逼迫你的，你不愿意就算了，没有人勉强你的，你可别哭了，我……我……我的心真的难受极了！”洪灵菲礼节性地搂着秦孟芳的肩膀，希望能安抚她的情绪。倔强的秦孟芳挣脱开，泪眼蒙眬地看着他：“你喜欢我吗？不是同情，不是怜悯，是喜欢？”

面对着秦孟芳咄咄逼人却真诚无比的追问，洪灵菲点了点头，嘴里喃喃自语着，重复着她的话：“你喜欢我吗？不是同情，不是怜悯，是喜欢？”秦孟芳擦了擦泪水，双手抚着洪灵菲的脸颊：“我喜欢你，不是同情，不是怜悯，是喜欢！”随后，一头倒在了洪灵菲的怀里……

这回轮到洪灵菲肩膀颤抖了，他轻轻地推开她：“可是我不配，我有妻子，尽管我们没有爱情……我怕是不配再有爱的权利了……”“你可以爱，你可以爱的！你不是说要打破旧世界旧秩序吗？冲出感情的牢笼有何不对呢？我们可以成为革命伴侣，不需要旧式的老规矩，成为同志，好吗？”

洪灵菲不知道怎么反驳秦孟芳，他知道她的话在理论上是对的，但是从道义上来说，总还是觉得自己是《狂人日记》里“吃人”的一分子……

八

20世纪初期，伴随着新文化运动的发生，中国思想文化领域兴起了一股强大的“人道主义”与“个性解放”思潮。“自由恋爱”是“个性解放”的题中之意，它作为反封建专制最直接的思想武器被广泛地接受和传播。一时间，包括《申报》《民国日报》《东方杂志》和《妇女杂志》在内的诸多纸质媒体都对此积极地报道。五四前后因反对包办婚姻而出走的娜拉几乎流布五湖，比比皆是。茅盾更是一针见血地指出：“女子解放的意义，在中国，就是发现恋爱！”

近代中国，首先接触到自由恋爱观，并且有机会通过社交公开与男子交往的，基本上都是知识女性。事实上，恰恰是这些受过现代教育的知识女性更容易受到自由恋爱观带来的伤害。女作家苏雪林曾这样描述过五四前后的恋爱现象：“五四后，男学生都想结交一个女朋友，那（哪）怕那个男生家中已有妻儿，也非交一个女朋友不可。初说彼此通信，用以切磋学问、调剂感情，乃是极纯洁的友谊，不过久而久之，友谊便不免变为恋爱了。……贞操既属封建，应该打倒，男女同学随意乱来，班上女同学，多大肚罗汉现身，也无人以为耻。”

民国初期，社会正处于新旧思想转型期，知识女性既渴望通过公开社交、自由恋爱来解放自身，但同时又难以完全摆脱封建“贞操”观的束缚，以至于出现许多女性因自由恋爱失败后悔于“贞操尽毁”，羞愧自杀的悲剧。这是恋爱自由、婚姻自由在中国社会长期缺席和被禁锢之后的一种反扑。五四初期所倡导的爱情、婚姻自由被一些别有心机的人所利用，相当一批历史转型期中出现的现代知识女性，皮囊是独立自主的，但是骨子里却逃脱不了女性附庸于男性的价值观，以至于出现了如此之多的悲剧。能够像鲁迅和许广平一样，因为有着共同的理想信念、有着共同的价值观而走到一起的爱人、伴侣，是另外一个群体的代表。尤其是洪灵菲和秦孟芳、瞿秋白和杨之华等，更是革命与恋爱的典范，是爱情更好服务于革命工作的典型。当洪灵菲将自己的困惑以及对秦孟芳的情感诉诸许苏魂时，许苏魂正是用着“革命加恋爱”的说辞来劝说他的。

人同此心、心同此理，洪灵菲又一次坠入爱河了，他将秦孟芳的名字改为“秦曼芳”，理由是他不喜欢“孔孟之道”的“孟”字。园内古树蓊郁、藤蔓阴森，一种槐花的肉香味塞入鼻孔，令人觉得有些闷醉。那些孤高傲世的棕榈树、雄姿英发的木棉树、枝叶繁茂的大榕树，在昏黄的电灯光下，更显得幽沉雄壮，有点历万劫而不磨的神气。黑漆沉闷的天宇，闪着万朵星影，它们都在调皮地眨着眼睛，星光璀璨地像是庆祝着什么喜事似的。

洪灵菲又恢复了行吟诗人的样子，以前那些朝气与活力又重新回到了他身上。闲暇时，和他的曼妹一起时，洪灵菲又开始朗诵起雪莱的诗句：

有一个字经常被人亵渎
我不会再来亵渎
有一种感情被人假意鄙薄
你也不会再来鄙薄。
有一种希望太似绝望；
何须再加提防！
你的怜悯之情无人能比，
温暖着我的心。
我不能给你人们所称的爱情，
但不知你能否接受
这颗心对你的仰慕之情，
连上天也不会拒绝。
犹如飞蛾扑向星星，
又如黑夜追求黎明。
这种思慕之情，
早已跳出了人间的苦境！

秦曼芳看着痴傻的洪灵菲，感觉到这才是他的本性本真，是他最为纯粹的灵魂，当然，也是自己最为珍惜和深爱的、一个纯粹的灵魂……

美好的爱情与忙碌的革命工作同时交叉进行着。8月中旬，在海外部的职员中秘密成立了中共党支部，由许苏魂担任支部书记，洪灵菲是组织委员，许超循（许苏魂的堂叔）是宣传委员。党支部成立后，党的组织又有了进一步的发展。戴平万从潮州探亲回来后，就被派到暹罗去了。8月底，洪灵菲也将奉派到菲律宾去。因为国民党菲律宾总支部发生了一个大纠纷，总支部执行委员互相攻讦，都来海外部控告对方，因此海外部拟派洪灵菲为党务专员，到菲律宾排难解纷。洪灵菲已经收拾好行李，准备启行，但是美国领事馆拒绝给予入境签证，交涉几次无效，最后只好作罢。

这段时间，洪灵菲还带着秦曼芳去见自己最崇敬的老师郁达夫。郁达夫于1926年3月到广东大学当文科教授，洪灵菲经常去听他的课，课余又常去向他请教，两人谈得很投机，成了忘年之交。郁达夫的浪漫主义情调和诗人的气质，与洪灵菲也有相似之处，这就使他对洪灵菲更具吸引力。郁达夫也很赏识洪灵菲的才华，对他的旧诗尤其赞赏。郁达夫十分欢迎洪灵菲、秦曼芳的来访。他们一起谈文学、谈诗，有时也谈当时的革命形势。洪灵菲对前途非常乐观，郁达夫则不时流露出失望的情绪。从这点上看，洪灵菲和老师郁达夫是和而不同的，郁达夫是前文所说的在富国强兵梦想幻灭后由“实学”毅然转向“文学”的文人知识分子，而洪灵菲不仅是作家，是文人知识分子，同时还是一个积极投身社会实践的行动者和革命者。这是洪灵菲身上兼具文学性和革命性的又一个体现，他这一时期的美学趣味和文学风格是师从郁达夫的，可是他的革命意志却受惠于李春涛、许苏魂等人。文学与革命、革命与恋爱在他身上完美地融合着，革命的实践性和行动力使得洪灵菲逐渐摆脱了世纪末颓废感伤情调。

洪灵菲还通过秦曼芳认识了许多其他的朋友，其中一位叫谭澹如，广州人，共产党员，以前曾在集美女师与秦曼芳同学一年，这次又一同考进妇女运动讲习所。她年龄与秦曼芳相仿，剪短头发，面貌姣好，高高的鼻子、小小的嘴，眼睛略小，笑的时候眯成一条缝。秦曼芳考进妇女运动讲习所不久，就带着她到海外部办公室找洪灵菲。第一次见面，洪灵菲就发现谭澹如很喜欢谈政治问题，满口政治术语，词锋也很尖刻，这在女性中倒是不多见的。

“等我在讲习所毕业以后，我就要到女工里面去，做实际的革命工作。”谭澹如滔滔不绝，“洪先生，我是什么都不挂虑的，因为我早就是一个无父无母的孤儿了。别的女学生，想寻找爱情，想得到一个好丈夫，我却只是一心一意地想把我的生命贡献给被压迫的大众。我愿意始终为他们奉献一切！”

关于爱情，谭澹如直言不讳地说道：“爱情，算是个什么东西呢？什么东西也不是！虚无缥缈却让人白白地耗费精力，投入成本非常高，严重妨碍到个人前途和革命事业的发展！革命，最好要连同虚假的爱情也一并革了才干净！留着这种风月宝镜就是来害人的，把人的精力都掏空了，还怎么革命！个个都温饱思淫欲，外强中干的家伙！”谭澹如说这话的架势仿佛一个手握权柄的审判者，权威得很，不容得反驳。私下里的交往又让洪灵菲觉得她身上处处有着一种可爱与天真，尽管这种可爱与天真的本性被她强悍的外表和盛气凌人的语气腔调给掩盖住了，却也时不时地会不经意地流露出来。

洪灵菲看着眼前的谭澹如，总是觉得她很像自己的一位潮汕老乡，许美勋的爱人——冯铿。冯铿也是这样一枝不畏强暴的铿锵玫瑰，巾帼不让须眉，甚至要更胜一筹，而且也都积极投身于妇女运动，呼吁女性自主独立，不甘“沦为一团肉”。冯铿曾经写过文章《一团肉》《妇女运动之我见》，其思想观念和谭澹如虽非如出一辙，却也称得上异曲同工。对于爱情，冯铿是竭力支持的，这点和谭澹如不同，但冯铿在文中提倡投身到社会革命洪流里的女性要“不事生产”（即做好避孕措施，不要怀孕），因为孩子将是女性参与工作的累赘，女性不应该带着孕肚去投身社会实践。谭澹如的爱情危害论和冯铿的不事生产说都反映了进步知识女性在追寻妇女解放、投身妇女运动等初期阶段所经历的较为偏激、极端的一面，但从其言论和行动中，我们也不难看到谭澹如、冯铿等知识女性和革命女性身上对祖国的拳拳赤子之心，对封建保守的旧时代女性“哀其不幸，怒其不争”的深厚的姐妹情谊。

九

1926年11月底，随着北伐战争的顺利发展，国民党中央和国民政府决定迁都武汉。彭泽民、许苏魂率领海外部的大部分职员也一起北迁武汉。洪灵菲等少数人仍留在广州。此后不久，海外部后方留守处成立，许超循担任主任，洪灵菲任秘书，负责日常运转和具体工作事务。刘煜桦也是北迁人员之一，随同彭泽民、许苏魂等前往武汉。

许超循是个西式的中国人，身躯高大，胸膛厚实，五官长相特别有欧美范，眼睛深邃，眉骨凸出，鼻子高耸，从侧面看特别像鹰钩鼻。他在南洋当过十年的报馆主笔，这次回国，被许苏魂留在海外部工作。

洪灵菲除了负责留守处工作外，还担任海外工作人员训练班的工作。这个训练班从青年学生中招生，经短期培训，便派到海外部做华侨工作。20世纪前半叶，中国与南洋有着共同的命运和利益，共同的敌人和奋斗目标，也正为这些，中国与南洋成为一个互相声援、互相影响的整体。作为社会文化使者，南洋华侨对当地经济有着重大的决定作用，华侨不仅在南洋承担联络、介绍的任务，也是开发南洋经济实体的原动力。早期南洋华侨忍辱负重、勤勉劳作以谋生，与异域文化交流不多。随着华人经济地位的提高，他们开始重视文化教育。华侨的社会地位普遍高于当地土著。相对于较为落后的南洋，来自中原的华人可视为礼仪之邦、文明之地的产物，这影响了近现代知识分子面对近邻南洋时的文化心理。随着国内革命的形势日薄西山，海外华侨为国内革命提供的经济、人力和物力支持等成为扭转形势的关键。

因此，做好海外华侨工作显得非常重要，而海外工作人员训练班的培训工作也是一个非常关键的纽带。洪灵菲一直以来隶于许苏魂的领导，同时兼任《海外周刊》的编辑。他以《海外周刊》为舆论阵地，与反动的国民党右派展开对垒，并动员海外华侨支援国内革命战争。海外工作人员训练班原先是由许苏魂负责的，许苏魂走后，洪灵菲便成了训练班的代主任。跟洪灵菲一道负责训练班工作的，还有训练班的教务长张杭生。张杭生年龄比洪灵菲稍大，二十五六岁。他十多岁时即随叔父到印尼谋生，后来因为参加当地的革命活动，被荷兰政府驱逐出境，回到广州已有半年多了。他的性格暴如烈火，但有时却柔如羔羊。每天天刚蒙蒙亮，他便跑到学生宿舍前面摇铃叫喊，把学生们赶起来做早操。稍微起得迟了，便挨他一顿臭骂，因此学生们都很怕他。他喜欢弹琴唱歌，常常用他破锣一般的嗓子唱着国民革命歌，或是印尼民歌。

他信仰过克鲁泡特金的无政府主义，后来转而信仰马克思主义，不久前还加入了共产党。入党后，他逢人便拍着胸口说："大丈夫行不更名、坐不改姓，我老张便是共产党党员！"许苏魂批评了他几次，才把这个脾气稍微改了一些。张杭生还特别渴望恋爱，可惜他所钦慕的谭澹如立志当秋瑾、索菲亚式的女性，并没有把爱情当成必需，甚至觉得爱情对于革命者而言是负重，是累赘。

一次，张杭生壮着胆子反驳："那为何伦修兄和曼芳妹妹可以谈恋爱呢？"

这一问，气得谭澹如火冒三丈，跳起来敲打、鞭策张杭生"错误"的、不合时宜的情感："他们那是在你我认识之前就已经在一起啦，属于历史遗留问题……你想过没有，你这种表现，还像一个革命者吗？完全是一种小布尔乔亚的情调，没落的情调！你要知道，个人主义的时代已经过去了，永远过去了。现在的时代，是暴风雨的时代，是大革命的时代，是政治斗争最剧烈的时代！在这样的时代，不是革命，便是反革命！我们如果不愿意做个反革命派，便须努力去革命！而要做个革命者，便须彻底站在普罗列塔利亚的立场上，我们的人生观便绝对须要革命化，生活便绝对须要团体化，意识便绝对须要政治化，行动便绝对须要斗争化……"谭澹如杏眼圆睁，一边说着一边用手戳着张杭生的脸，张杭生吓得再也不敢提想谈恋爱的事了。在一旁的洪灵菲和秦曼芳也只能面面相觑，不知说什么好。

革命年代的爱情婚姻观，在当时的青年群体中有着不同的体现。部分从事妇女运动，标榜自身为女性主义、妇女运动先驱的女性，所持的是偏向于冯铿和谭澹如式的偏激、极端的想法；另外一群富有家庭里的纨绔子弟则是假借婚姻自由恋爱自由的名义，随意对待感情，导致滥交现象严重，性泛滥的现象也是极为普遍；还有一种类型就是洪灵菲等革命青年所持有的，将革命与恋爱有机结合起来，用恋爱的能量来推动革命工作深入进展。

20世纪的二三十年代，“爱情”还成为当时革命文学的热门话题，洪灵菲当然也未能免俗。在其作品中，有不少恋爱情节是虚构的，但对革命与恋爱的看法，却是洪灵菲的真实观点，这就是洪灵菲题在相片后面的格言：“为革命而恋爱，不以恋爱牺牲革命！”“革命的意义在求人类的解放；恋爱的意义在求两性的谐和，两者都一样有不死的真价！”

封建的、不自由的婚姻，使洪灵菲抱憾终身，因此他在小说中以极大的热情致力于追求恋爱自由。在他看来，革命的目的，除了求得人民的解放外，也要争得恋爱婚姻的自由。

1927年1月，秦曼芳从妇女运动讲习所毕业，被分配到海外部后方留守处当文书。不久，由洪灵菲介绍，加入了中国共产党。谭澹如按照自己的志愿，在广州的工厂区从事女工运动，工作非常忙碌。广州的政治形势日渐险恶，群众运动受到严格限制，每次的群众大会都有军队监视着，一排排冷光刺人的刀枪，像在向着革命的群众狞笑着。国民党中央执行委员会北迁后，省党部由右派占据着统治地位。在他们看来，海外部后方留守处所占据的三间房子，颇有“红光烛天”的样子，海外部工作人员训练班更被称为“共产党的大本营”。广州的报纸，开始出现一些攻击共产党的言论，留守处与前方的来往函电，都受到了检查。洪灵菲发现寝室里的书籍、文件等物，也被人暗地里搜查过。恐怖之云笼罩在广州市多个革命机关、革命团体的屋顶上，成了革命群众心头的重压。

根据上级的指示，洪灵菲决定搬出中山大学宿舍。这时，秦曼芳已同意与洪灵菲结婚，于是，洪灵菲在郊区竹丝岗租了三个房间，以便组织新家庭。由于洪灵菲连日忙着开秘密会议，应付危局，因此由秦曼芳和谭澹如帮他搬家。除了她们，中山大学里没有人知道他搬到哪里去了。

1927年3月2日，洪灵菲和秦曼芳在竹丝岗举行婚礼。婚礼很简单朴素，参加的人有海外部后方留守处的许超循、张杭生，有潮州旅穗学生革命同志会的几位同乡，还有秦曼芳的女朋友谭澹如和许珉仇。许珉仇是秦曼芳在妇女运动讲习所新认识的，是一位矮胖的广州姑娘。

正当北伐战争取得节节胜利的时候，蒋介石、汪精卫集团相继叛变革命，白色恐怖笼罩着中华大地。

1927年4月12日，蒋介石在上海发动了“四一二”反革命政变，紧接着，又把黑手伸向广州，指挥反动派进行大屠杀。4月15日凌晨，反动派出动大批军警。按预定计划，首先解除了黄埔军校和省港罢工委员会的武装，接着搜查和封闭了中华全国总工会广州办事处、广州工人代表会、铁路工会、海员工会，以及其他革命群众团体，大肆搜捕和屠杀。许多共产党员和革命群众惨死在国民党反动派的屠刀之下。优秀的共产党员萧楚女因病住在东山医院，就在这一天也不幸地被反动派杀害了。中山大学有三百多名学生被捕，关在南关戏院。轰轰烈烈的大革命成果被公然篡夺。对此，爱国报人张似旭多次在报章上发表“安定国是，清除内战”的主张。张似旭的此番言论，代表了当时绝大部分爱国知识分子的观点和愿望。虽然与中国共产党的革命主张还有很大距离，但在国民党反动派对报刊出版事业进行文化“围剿”之时，却不失为一种挺身而出、仗义执言的努力。

大屠杀的前三天，洪灵菲因感冒发烧没有上班，住在家里养病。这天，他觉得精神已经恢复了，一早起来，就听到从市区方向传来断续的枪声。正在惊疑不定间，外面忽然响起了急促的敲门声。洪灵菲刚把门打开，一位高瘦的青年立即从外面闯进来，差点把洪灵菲撞倒。他一进门就急忙把门掩上，喘着气说："老洪，不，不好……"

来人是"星洲惨案"归国代表团团长蔡博真。1927年3月12日，新加坡国民党总支部（实际上大多数是共产党人）为纪念孙中山先生逝世两周年，发动几千人游行示威。当游行队伍到达大坡牛车水（地名）时，与英警发生冲突。英警开枪镇压，死伤数十人。惨案发生后，总支部组成4人的"星洲惨案归国代表团"，由共产党员蔡博真任团长，回国争取政府和人民的支持。代表团到广州后，就住在海外部后方留守处。洪灵菲在东校场组织了一个万人群众大会，由蔡博真报告"星洲惨案"的经过。会上通过了谴责英国帝国主义的宣言和通电。

虽然洪灵菲与蔡博真相处不到一个月，但两人却很合得来。从蔡博真口中，洪灵菲了解到新加坡等地的革命形势，而蔡博真为人真诚热心，经常和洪灵菲探讨海外工作的方法得失，这对洪灵菲从事海外工作起到很好的指点和经验总结的作用。

目下，洪灵菲见蔡博真衣衫不整、头发凌乱、神色慌张，心知形势不妙，但他仍平静地说："什么事？慢慢说吧。"

蔡博真惊魂稍定，将国民党捕杀进步人士和革命党人的事情告诉了洪灵菲和秦曼芳。

"很多的军警，荷枪实弹，直接就往学校寝室里冲，到处抓人，不分青红皂白，见到人就抓，为了防止有漏网之鱼，警察还出动了高压水枪，对于翻墙逃跑的人就用水枪冲，很多的学生被冲到内脏都爆裂了……"蔡博真还没有讲完，外面又响起敲门声。洪灵菲把门打开，就见慌慌张张地跑进来两个浑身湿透的人，是一男一女。两人都是潮州旅穗学生革命同志会的成员，女的叫张华君，是戴平万妻子的堂妹。他们刚刚从高压水枪的冲击波中逃离出来，现在两个人都特别疲惫，五脏六腑里的血液有一种喷薄而出的感觉，疼痛得直捂住肚子，蹲在地上。秦曼芳赶紧扶着羸弱的张华君到里屋换衣服，又把热腾腾的米粥端出来，轻轻地吹着气，一口一口喂着受伤的张华君。男同学则瘫倒在地板上，大口地喘气。洪灵菲等人也不敢大动干戈地挪动他，怕伤到了内脏。

后来，洪灵菲才知道，1927年4月12日和15日，上海、广州等地相继发生了反革命政变，而洪灵菲自己也成为国民党通缉的要犯，《中央日报》、广州《民国日报》上均刊登了通缉令。洪灵菲等人商议后决定暂避竹丝岗，然后再寻找合适的时机联系组织。他们计划兵分两路，原先的住处先给蔡博真等人，洪灵菲和秦曼芳暂时搬到竹丝岗附近尼姑庵的古屋。尼姑庵古屋的环境特别阴暗偏僻，隐蔽性也好，能够更好地藏匿洪灵菲和秦曼芳。尤其是洪灵菲，他现在是被国民党当局明确列入搜捕名单的要犯，一有风吹草动，马上就会招来杀身之祸。

夜渐渐深了。原本就山雨欲来的夜幕里天象突变，莫名地刮起了飓风。天幕上一半乌云密布，一半布满朵朵红云，像睁着眼、浴着血的战士，像拂着尾、吐着火的猛兽。镶在云隙的，是一种像震怒的印度巡捕一样的黑脸，像寻仇待发的一阵铁甲兵。满天都是郁气的表现、暴力的表现、不平的表现，对于人类有一种不能调解的怨恨的表现，对于大地有一种吞噬的决心的表现。不久之后，电闪雷鸣，整个天幕像是被撕开了的伤口，一半裸露着，接着下起了滂沱大雨，和雷鸣一同裹挟着，发出一种呜咽般的声音，那是被杀害的无辜的生灵在啼哭，在控诉，在愤怒……

狂风大作中，竹丝岗尼姑庵古屋的破门板也被吹得哐当哐当响。秦曼芳吓得浑身颤抖，直打哆嗦，她很害怕自己心爱的菲哥会被反动派带走，害怕从此以后再也见不到他了。洪灵菲蹑手蹑脚地走到门边，搬来古屋里一张厚重的木板凳，用它堵住呼呼作响的风口。回过身来，洪灵菲拥抱着秦曼芳，热烈地吻着她，曼芳很害怕，但是当两人的唇紧贴在一起的时候，心里又感到一种莫名的兴奋。当他湿热的气息压迫到自己鼻翼周围的时候，她也不自觉地仰着脸颊，用红润的唇瓣娇羞地迎合着他。在这样恶劣的天气里，在这样阴森的环境中，两人都是又战栗、又高兴的样子。这种复杂的心情里既有着担心被逮捕的隐忧，又有着尚且存活着的窃喜，相互交织着，伴随两个人身体的深入缠绵，通过对方起伏的胸脯和急促的心跳声感受到彼此的律动……

这古屋原先是租给人家安放棺材之用，整个屋里充斥着鬼气阴森的气氛，墙壁斑驳不堪，墙体里的红色砖头裸露着，寒气瘆人。四周看不见的角落里时不时发出阵阵奇臭，这臭味实在令人难耐，腐败、发霉、生锈、溃烂等气味混合着，让人头晕目眩。屋里的老鼠实在是太多了，在这恶劣环境里野蛮生长的老鼠们竟然都身躯硕大如幼猫，行动敏捷，拖着长而肥的尾巴四处扫荡。它们这样不顾一切地噪闹着，屋子里但凡可以啃食的东西都被吃光了，铺在地上的蒲草团和藤席早已溃烂得不成样，手一碰就散了，风一吹就化成粉末状飘在空气里。本就陈迹斑驳的墙角到处都是老鼠洞，屋子外的一点月光透着这洞穴流泻了进来。看着到处寻觅食物的硕鼠，真有点要把人抬到洞穴里撕食的意思。洪灵菲不禁想到了《诗经·硕鼠》：

硕鼠硕鼠，无食我黍！三岁贯女，莫我肯顾。
逝将去女，适彼乐土。乐土乐土，爰得我所。
硕鼠硕鼠，无食我麦！三岁贯女，莫我肯德。
逝将去女，适彼乐国。乐国乐国，爰得我直。
硕鼠硕鼠，无食我苗！三岁贯女，莫我肯劳。
逝将去女，适彼乐郊。乐郊乐郊，谁之永号？

洪灵菲慨然地说道：“硕鼠硕鼠，无食我黍！硕鼠硕鼠，无食我麦！硕鼠硕鼠，无食我苗！”他顿了顿，看着怀里的爱人，逗笑地说：“硕鼠硕鼠，无食我爱！”秦曼芳扑哧一声笑了出来，责怪地说：“都到这田地了，你还有心思开玩笑呢！”一边用白皙的手轻轻地捶着爱人的胸膛。

“为何不行？不要害怕这些畜生，硕鼠都是贪而畏人，重敛者蚕食于民，若大鼠也！我逗你笑，这是属于革命的乐观主义精神；我咒骂硕鼠，那是文学的现实主义，两相结合，多么完美呢！”秦曼芳笑了，痴痴地看着洪灵菲，她内心明白，自己深爱的正是洪灵菲身上的这种特质，才气和傻气的融合。

供他们今晚睡觉的，是一张占据这古屋面积四分之一的大榻。它是这样大，而且旧，而且时发奇臭，被一套由白转黑的蚊帐包住，床板上掩盖着一条红黑色的毛毡。他们各把外衣、外裤脱去，把灯吹熄，各怀抱着一种怕羞而又欢喜的心理，摸摸索索地都在这破榻上睡着了。

但，在这种恐怖的状态中，他们哪里睡得成。这时候，最使他们难堪的便是门外那时不时狺狺不住的狗吠声。秦曼芳这时只是僵卧着，像一具冷尸似的不动。洪灵菲则翻来覆去，得不到一刻的安息。他机械地吻着她的前额，吻着她的双唇。她只是僵卧着，不敢移动，任由爱人在自己身上摩挲着、徘徊着。每当屋外的犬声吠得太厉害，或楼上的鼠声闹得太凶时，他便把他的头埋在她的怀间，把他的身紧紧地靠在她的身上，闻着她身上香软的气息，感受着她起伏的胸脯带来的温暖。这时候，秦曼芳幽幽地向着爱人说："亲爱的哥哥啊！沉静些儿罢！我很害怕！我合上眼时，便恍惚见着许多军警来拿你！哎哟！我很怕！我想假若你真……咳！我那时只有一死便完了！"

"不至于的！"洪灵菲也幽幽地答，"我想他们绝拿不到我！我们神不知、鬼不觉地避到此间，这是谁也不能知道的！"

片刻后，洪灵菲又郑重地说道："你和我的关系，再用不着向别人宣布，我俩今晚就真正地结合吧！让这里的臭味，做我们点缀着结婚的各种芬馥的花香；让这藏棺材的古屋，做我们结婚的礼拜堂；让这楼上的鼠声，做我们结婚的神父的祈祷；让这屋外的狗吠声，做我们结婚的来宾的汽车声；让这满城戒严的军警，做我们结婚时用以夸耀子民的卫队吧！这是再好没有的机会了，就在今晚，让我们两个人的身体和心灵真正地合二为一吧！"

秦曼芳痴痴地听着，闭上眼睛不说话，眼角却忍不住流下了泪水。

"曼妹，你怎么哭了？是……是不愿意吗？是不是觉得咱们就这样地结合太委屈你了呢？都怪我，都怪我，太自私了，只是想到了我自己，纯然不顾及你的感伤，也不过问你是否愿意……”洪灵菲抱着秦曼芳，轻轻地深情地帮她擦拭眼角的泪痕，“曼妹，你打我吧，或者你骂我，都成的，我实在是不配，不配得到你如此珍贵的爱！”洪灵菲握着秦曼芳的手，朝自己脸上打去。

秦曼芳竭力抽回自己的手，嘴里不停地低声说道：“菲哥，你这是做什么呀？我若是不情愿，怎会当初答应你的结婚请求呢？咱们的事，组织上也是同意的，再说了，还有那么多同志见证呢！”

“那，那曼妹你为何……”

“我是想到了我们的父母，他们还不知道我们的结合。还有……还有，最重要的，是你的原配妻子，她，她是无辜的，她应该怎么办呢？我这样横刀夺爱，哎，我不知道……可是，可是我真的深深地爱着你！菲哥……”说着说着秦曼芳又低头呜咽了起来。

“她当然是很可怜！但，那有什么办法？我们怕也只有永远地过着流亡的生活，不能回乡去的了！唉！亲爱的曼妹！我一向很对你不住！我一向很使你受苦！我因为知道干革命的事业，危险在所难免，所以一年来不敢和你谈及婚姻这个问题。谁知这时候，我的危险简直像大海里的一只待沉的破舟一样，你依旧恋着我不忍离去！你这样地爱我，实在是令我感激不尽！我敢向你宣誓，我以后的生命，都是你的！我再也不敢负你了！曼妹！亲爱的曼妹，这是再好没有的机会了，我们今晚便真正地结合吧！”洪灵菲说，眼间湿着清泪。

她和他紧紧地抱着，眼泪对流地泣了一会儿，便答应了他的要求。这是动荡岁月里唯一温暖洪灵菲、秦曼芳心扉的一夜了。关于未来关于明天都是生死未卜、祸福难测，但是当下，两个人相互之间的温存和依偎，却足以慰藉两颗疲劳且脆弱的心灵，让彼此在往后悠悠岁月、漫漫长河里回想起来，依然感到悸动和温情……

洪灵菲等人在竹丝岗又住了几天，没有发生什么意外的事。他们经常听尼姑庵的十一姑太说着外面的情形："国民党军警在街上捉人的方法，真是愈出愈奇。他们把这班所谓犯人的头面用黑布包起来，一个个的用粗绳缚着，像把美洲人贩卖黑奴的故事再演一回。这班被捕的囚徒真勇敢，听说一路上，《国民革命歌》《世界革命歌》还从他们嘶了的喉头不间断地裂出……"

在这期间，通过竹丝岗附近尼姑庵十一姑的帮助，洪灵菲等人终于与组织接上了头。组织要他们设法到香港与许超循取得联系，在香港成立一个秘密机构，领导海外党组织的活动。洪灵菲又把上级的指示转达给张杭生和蔡博真，并约定时间，同时乘船到香港。

几乎在广州爆发反革命政变的同时，潮汕的国民党右派也向共产党人和左派人士大开杀戒。4月14日，潮梅警备司令部经周密部署，以解决澄海农军教练彭丕被杀问题为借口，通知共产党负责人和国民党左派人士到警备司令部开会。时任《岭东民国日报》社长的李春涛应邀前往，即被无理逮捕、拘留。4月27日深夜，李春涛和其他革命者被反动派装进麻袋，用刺刀刺死后，残忍抛入汕头石炮台大海……

第五章　革命知识青年的流亡之旅

一

4月底，洪灵菲和秦曼芳简单收拾了行李后，告别了竹丝岗的师太们。他们计划从广州离开，一起乘船去香港避难。洪灵菲穿西装，秦曼芳穿旗袍，打扮成有钱人家的阔少爷、阔小姐，避免引人注意。

船还没开，汽笛声鸣起，秦曼芳下意识地拿手捂住了耳朵，洪灵菲的身体紧紧地靠着她。两个相互依偎的身体，靠着彼此身上熟悉的气息来确定自己此刻尚处安全。慢慢地，船开始起航了，洪灵菲在她耳边窃窃私语着，两个人看着眼前熟悉的景象逐渐地远去，心里不由得升腾起一股复杂的情绪。广州，这个大革命的中心城市，这个他们曾经求学和战斗过的地方，现在却要被迫离开，而且将面对的是一种前途茫茫、归期不定的处境，实在是让人难免惆怅不安。

就在洪灵菲和秦曼芳陷入深思的时候，一个熟悉的身影映入了他们的眼帘，是蔡博真。他因为来得晚了，现在正横冲直撞地想找到自己的船舱。“博真兄！急什么？”秦曼芳喊住了步履匆匆、神色慌张的蔡博真。

“镇定点，你想被探子发现吗？这么紧张?!”洪灵菲故作镇定地搭着秦曼芳的肩膀，扮成正在调情的情侣，一边给蔡博真使了个眼色，示意他甲板的尽头有探子。

洪灵菲还是比较有反侦察经验的，船头甲板的地方的确有两个戴着低檐帽的男子，缩头缩脑地在交头接耳，排查着可疑的人。蔡博真赶紧放慢脚步，跟着洪灵菲一起镇定自若地走进了船舱。

进到自己的船厢时，三个人都长舒一口气。不一会儿工夫，洪灵菲又在船厢外发现了按照约定前来寻找他们的张杭生。

傍晚时分，饭点也到了，四个人点了简单的饭菜，边吃边商量着接下来的行程。

“到香港后咱们还是先找许超循吧，对香港这地界，他比较熟悉，也许有什么门路呢！”洪灵菲一边提着建议，一边把自己餐盒里的煎鸡蛋夹给秦曼芳。

“在逃亡的路上你们还在罗曼蒂克呢！”张杭生总是喜欢不合时宜地插科打诨。

“谈正经事呢！”秦曼芳不好意思地接着张杭生的话说。

“呵呵，我呀，革命信念坚定，对爱情的渴望也是一如既往啊！可惜啊，不知道谭澹如现在在广州处境怎样呢！”张杭生说着，少有地严肃了起来。

他们这次的逃亡是组织安排的，可是谭澹如却坚持要在革命风暴的中心继续搞妇女运动，也不知她现在是否得到庇佑，但愿不要被反动派逮了去。

随着张杭生的沉默，其他三个人也都陷入了沉思。相识一场是缘分，可是此去经年，除了彼此祝愿平安以外，还能做些什么呢？手无缚鸡之力的读书人啊，在这场反革命的清洗中成为羔羊了。

硕大的船稳稳当当地在暗夜的大海里航行着，天上的星星稀稀落落，时而被乌云所覆盖。今晚，注定是个没有月光的暗夜，也不知船是否会触礁呢！如果触礁的话，那大家就不用为接下来的出路而犯愁了吧，秦曼芳自己暗暗想着，又赶紧呸呸呸地说：“乱想什么呢，真是不吉利！”

四个人各自怀着不同的心思，沉浸在自己的精神世界里，船舱里十分安静。

不知过了多久，东方翻起了鱼肚白来。秦曼芳慵懒地在洪灵菲身边沉睡着，一向习惯早起的洪灵菲此时不忍心打扰她的清梦。

“难得你睡得着，就多睡会儿吧！”洪灵菲轻轻整理着爱人额前散落下来的碎发，一边自言自语着。昨天晚上曼芳几乎一宿没睡，在他身边辗转反侧，是自己一直用手臂给她当枕头，她才勉强地睡了一会儿。

……

不知道过了多久，船停靠在香港港口了。洪灵菲四人依次下船，疲劳和饥饿一同向他们袭来，四个人急急忙忙地叫了黄包车奔向东方旅馆。

旅馆的一切陈设都是豪华的、舒适的，当然，消费也是昂贵的，可是为了和自己目前的身份相匹配，也只好打肿脸充胖子了。

第二天一大早，洪灵菲四人便动身按地址寻找许超循。作为海外部主任，许超循还肩负着其他的工作，他比洪灵菲等人先几天逃出广州来香港，目前住在一家专卖瓷器的商店里。这家瓷器店的吴老板是潮安枫溪人，与许苏魂、许超循是好朋友。这次事变，吴老板非常讲义气地接纳了从广州逃难来投奔他的同志们，其中包括许苏魂、许超循两家人。

从政变的旋涡中一路藏匿、突围，经历了九死一生的险境之后，久别重逢的朋友间都有恍若隔世之感。他们各自诉述着事变发生以来的遭遇，更多的是痛骂国民党右派的背信弃义。把压抑了许久的情绪和郁积已深的闷气一下子发泄出来后，大家都有种筋疲力尽后的舒坦和快感。

情绪发泄出来后，他们又言归正传谈到了工作。洪灵菲问起成立秘密机构的事，许超循皱了皱眉头，说："兵马未动粮草先行，现在一点经费都没有，如何开展工作？目前先安顿下来，再考虑工作吧！你们都有落脚地方了吗？"

张杭生和蔡博真都有亲友可以投靠，洪灵菲和秦曼芳在香港却没有任何亲友，只好先来投奔他们。

许超循和洪灵菲首次会面后不久，他们便即刻着手布置接下来的工作安排。经过商议，洪灵菲等人通过密文发函与武汉的海外部取得联系，并将广州的情况向他们汇报。不久，他们收到海外部部长彭泽民打来的一封密电，要他们在香港设立一个办事机关，继续处理海外部后方留守处的事务，经费可到香港某商行支取。他们接到密电后十分兴奋，根据上级指示积极制订新的工作计划。除派人到武汉汇报工作外，还拟分头派人到南洋各地进行宣传，揭露蒋介石集团的叛变行径。

一日，洪灵菲和秦曼芳一同前往彭泽民指定的香港商行取款。商行的老板是一个肥头大耳的中年男子，头顶光秃秃的留出了一片“地中海”，硕大的啤酒肚严重妨碍了其走路的速度。他走得大摇大摆，又特别地缓慢，好像是老态龙钟的老年人。当知道洪灵菲和秦曼芳的来意后，他眼珠子转动了片刻，胖嘟嘟的手指捋了捋并没有胡须的下巴。“这个嘛……”他放慢了速度，似乎在竭力寻找着什么借口，一会儿又把手从没有胡须的油腻腻的下巴上放了下来，移动到了自己隆起的肚皮上，接着说道，“经费的事是有这么回事，但是我得当面见到托管人本人才可以拿出来。”这次他说得倒是很干净利索，一点不结巴了。

“这里就有托管人的密电，您看看落款便知道了。”洪灵菲极力掩盖住嫌恶的情绪，很克制、很礼貌地说着。

“这个东西也有可能是文书伪造，我不能听信一面之词，万一托管人回来找我要，我去哪里生个金凤凰出来啊！”他那一脸不屑和奸邪的样子看了真的让人忍不住火冒三丈。

“您这不是强词夺理吗？”秦曼芳禁不住插了一句，嘴角向下噘着，看得出她都不高兴了。

“老板，我们真的很需要这笔钱，不然我们停靠在这里的货物就没有资金出仓了，请您还是按照约定把钱款转给我们吧。”洪灵菲、秦曼芳两个人是扮成来香港做点进出口买卖的生意人前来取款的，没承想遇到个不守信用的守财奴。

“这个恕我无能为力。”中年男子摊开了他肥胖臃肿得像德国咸猪手似的手掌，一边色眯眯地打量着秦曼芳，似乎这个年纪的太太跟着先生一起出来处理生意事宜是不太妥当的做法。

秦曼芳被他看得有点心里打鼓，又对他见财忘义的不耻行径感到十分气愤，恨不得把他胖嘟嘟的手掌真的烤成黑色的猪蹄。

“资金就是生意运转的血液，你这是要断了我们的活路不成？！”洪灵菲提高了嗓门要和老板理论。

“那您如果这么说的话我也是无能为力的，不然就得请警察来介入一下了……”胖老板似乎看出了洪灵菲和秦曼芳并不是一般的生意人，他示意商行里的伙计准备着送客了。

“你……这，太过分了！”秦曼芳气得想跺脚，但是怕和自己的身份不匹配，终于还是忍住了，又因为怕他真的让香港警察介入，那不就等于是自投罗网吗？

……

经过一番理论，最后商行老板还是借口没有接到亲笔信、没有见到托管人而拒绝付款。洪灵菲和秦曼芳只能悻悻然、垂头丧气地走出了商行。

这样，所有的计划终因经费无着落而成了水月镜花的泡影。

这段时间里，从广州逃亡出来的同志们和朋友们，差不多每天都聚集在许超循的房间里，或商量问题，或高谈阔论。一时间，他那原本就不大的房间无形中成了一个流亡所的中心，成了海航的人们依赖的灯塔。由于经常有人在店里进进出出，且着装也不像这里的居民，大多一副行色匆匆的样子，出入也没见带走一些瓷器……这些不寻常的地方终于引起了香港警方的注意。

一天晚上，洪灵菲陪秦曼芳和许超循的妻子去看电影，回到店里的时候，已是夜里11点钟了。张杭生、蔡博真等人仍在房间里聊天，见洪灵菲回来了，又谈论着以后的行动计划。

谈论得正热火朝天的时候，店里的一个伙计忽然慌慌张张地跑进来，上气不接下气地说：“快跑！快跑！警察来了……”

话音刚落，屋子里的人慌忙地反应过来是怎么一回事的时候，已经太迟了。就在人们手忙脚乱地收拾起碎纸片的时候，四个健壮有力的英国警探已经出现在房门口。

警探们对房间里的人都进行了搜查，把他们衣袋里的东西都翻了出来，随后逐个进行盘问。那个探长模样的人见他们都穿着西装，就用英语问他们的姓名、年龄、籍贯，与店老板的关系，在什么地方工作，有没有参加什么党派，等等。洪灵菲等人都一一做了回答。那探长一边问一边记录，然后又命令另外三个警探搜查房间。他们把箱、囊、藤篮、抽屉都翻检一遍，连房间里原来的数簿、豆袋、面粉袋等物也不放过。结果却是一无所获，并没有发现什么违禁的东西。

就在大家长舒一口气，以为可以躲过一劫的时候，领头的探长仍不甘心，狐疑地看了一眼洪灵菲等人，最后还是决定把洪灵菲、张杭生、蔡博真三人带走。

在警察局里，又经过了一番盘问、登记，也不等他们申辩，就把他们的领带、裤带、鞋带以及纸币、自来水笔等物拿走，然后把他们关进了拘留所。

拘留所的条件比监狱好得多，但不管如何，他们是失去自由了。窗上的铁栏杆，把他们与外面的世界隔绝了。

“哐当”一声巨响，狱卒从外面锁上了房门。

“这下子估计咱们是插翅难飞、在劫难逃了……”蔡博真无比沮丧地低着头，喃喃自语着。

洪灵菲听着他的脚步声走远了，再低声对两位伙伴说：“我想不至于这么悲观吧，一点证据都没有，拿我们也没辙的，最多审讯几次，不会有生命危险的。”

“最怕他们把我们送回广州去，那就没命了！”蔡博真露出忧虑的神色。

“我宁可死在这里。”张杭生气地说，“被洋鬼子弄死，总算是死在敌人手里，光荣牺牲！要是死在广州那班所谓同志手里，那才不值得呢！”一直到凌晨3点，他们才开始睡觉。那不够两尺来宽，却有一丈多长的睡椅实在是太小了，他们只得头对脚平列睡下。

夜，异常安静，但是各人心中早已经是翻江倒海了……

二

洪灵菲中篇小说《流亡》中第五至第十节所记录的正是避难香港及被关押在港英政府西捕房的经历。这里无意于再次重复摹写，而是通过洪灵菲《流亡》的小说文本里对此的描写来透析其思想和精神内蕴。

> 塞克教徒无疑是很魁伟的。在法租界做巡捕，戴一个灯罩似的帽子的瘦瘦的安南人，和在“中国地界”用一根甘蔗似的木棒指挥交通的中国人，都比不上他们。当一个塞克教徒站在指挥楼上的时候，黄包车夫就不敢不顾灯光的号令。当一个塞克教徒在海关前面的人行道上巡逻的时候，每一个人都会绕开他走——没有人愿意被他疑心是在图谋袭击。
>
> 这些褐色的巨灵就这样地守护着他们的殖民地主子们的制度和金钱，无情地，残酷地尽着他们的职责。这就是上海的中国人憎恨印度巡捕的道理。①

印度巡捕，又称“红头阿三”，是20世纪上海租界特有的一道兼具殖民色彩与异域情调的“景观”。开埠后的1845年（上海），上海道台与英国领事馆签订《土地章程》，允许西人雇佣更夫，从事英租界内的报更、鸣警等差事。1854年，为保护西人在租界内的人身安全，美、英、法三国领事共同拟定第二个《土地章程》，将职责简单的更夫改为武装巡捕，成为租界上的武装力量。最初的巡捕由华人充当。1885年，上海工部局为了牵制其日渐庞大的组织势力，便开始派遣人员前往印度招募巡捕。此外，巡捕房也从沪上招募印捕；主要包括来沪谋生的印度人（一般都具有军事背景）以及驻沪外国军队中的退伍印度士兵。被雇佣的印捕大多为印度西北旁遮普地区锡克族人。锡克族人普遍身材高大、面孔黝黑，惯以红布缠头；其姓氏中均带有“Singh”（辛格），即“狮子”，意为强悍勇猛、忠诚可靠。②作为外国人雇佣的警察，印捕充当了帝国主义治华的爪牙，成为基希笔下“殖民地资本的守护犬”，“忠诚”地“守护着他们的殖民地

---

① 基希：《秘密的中国》（捷），周立波中译，群众出版社，1981，第22页。

② 杨倩倩：《上海公共租界印度巡捕研究初探（1883—1930）》，硕士学位论文，华东师范大学历史系，2013，第38页。

主子们的制度和金钱，无情地，残酷地尽着他们的职责”。

在印捕参与管理并规训中国人的过程中，其仰仗英人之势、狐假虎威的暴虐性情和诸多不齿的行径触发了国人对其“畏惧”“厌恶”“憎恨”“贬抑”的观感。此外，由于印人已然沦为亡国奴的事实，使得国人在对印捕怀有厌恶、不满情绪的同时又夹杂着某种暧昧的同情。这些矛盾的情感经常交替出现在时人的著文里：有的是通过戏谑调笑的方式将“红头阿三”的形象漫画化；有的则是以印捕背井离乡、沦为亡国奴的处境为参照，省思与己相关的民主、政治及国民性问题。洪灵菲关于此段经历的书写正是属于后者。

作为外国人雇佣的警察，印捕充当了帝国主义治华的爪牙，成为基希笔下“殖民地资本的守护犬”，参与管理并规训中国人。忍受异邦人的君临其上，这对国人而言不啻一种丧失主权的侮辱。同时，印度作为世界弱小民族以及印人已然沦为亡国奴的事实使印捕在华的身份、地位愈显尴尬。被剥夺了主体性的“他者”竟然凌驾于国族尚且完整（半殖民地）的个体之上，这种反差极强的荒诞感、屈辱感自然会引起国人内心更深层的愤懑与不满。

被禁锢牢狱前，洪灵菲曾怀揣冒险的激情游荡在香港的街道和海岸边，看着“岸上陈列着来往不断的两足动物”“到处都有印度巡捕做着等距离的黑标点”，而这些动物“除一部分执行掠夺和统治外，余者都是冥顽不灵的奴隶”[①]。满怀感慨的洪灵菲借主人公之口叹道：“唉！唉！死气沉沉的孤岛啊！失了灵性的大中华民族的人民啊！给人家玩弄到彻底的黑印度巡捕啊！我为尔羞！我为尔哭！起来！你披霞带雾的郁拔的奇峰！起来！你以数千年文物自傲的中华民族的秀异的人民！起来！你魁梧奇伟、七尺昂藏的黑印度巡捕！起来！起来！大家联成一条战线！叱咤喑呜，使用我们的强力，把罪恶贯盈的统治阶级打倒！打倒！打倒！我们要

① 洪灵菲：《洪灵菲选集》，人民文学出版社，1981，第35页。

把吮吸膏血、摧残自由、以寡暴众的统治阶级不容情地打倒！才有面目可以立足天地之间！……”①

类似洪灵菲这样对印捕亡国奴、受压迫者的身份葆有同情、悲悯的作品并不少见。1936年第1卷第7期的《时代知识》杂志上刊登过类似的诗歌——《给印度阿三》：

在繁华的租界之大路，
在银行的严密的门前，
在大商店杂沓的入口，
我们看见——我们看见：
武装的印度兄弟……
六尺之躯，壮大的四肢，白头巾缠着焦黑的脸；
做了帝国主义的充实的番犬，出没于上海处处要所；
呵，印度阿三，你世界的门番！你无耻厚颜的糊涂虫！
你为谁武装，为谁劳动？为谁工作为谁侍奉？……
可悲可怜的释迦的末代，向亚细亚给了无限的污蔑。
呵，印度阿三，你糊涂的人，你的手枪到底瞄向谁的胸膛？②

粗略一看，似乎觉得这首诗无论立意主旨还是情感表达的方式都与洪灵菲的喟叹如出一辙；但是细致揣摩书写者的叙述口吻却不难发现，洪灵菲退去了喋喋，白云（上述诗歌作者）诗歌中流露出的站在道德高地审视、批判他者的自我优越感。而且，洪灵菲将半殖民地的中国和彻底沦陷的印度相并置，抒发让中华民族与印度民族联合起来反抗暴政强权的民主、革命诉求。这种诉求随着主人公之菲被捕入狱的境况变得愈为强烈。

深陷囹圄的沈之菲和同伴们饱受着英包探机敏而严苛的审问，在牢房的日子里之菲见到了各式狱卒：从门外经过的白种人，都很感到兴味

① 洪灵菲：《洪灵菲选集》，人民文学出版社，1981，第35—36页。

② 白云：《给印度阿三》，载《时代知识》，1936年第1卷第7期，第43-44页。

地把他们考察一番，问问他们被拘的理由，便悻悻而去。这种“热心”的照顾，全然是出于猎奇的心理，“同情的部分当然很少，这是无疑的”。其中一个西狱卒有时也玩弄着一点小殷勤，“这算是绝无仅有的例外”。“但，在这种漆黑的、闷绝的环境中，居然有了一个杂役头目的华人和一个司号的印度人向他们表示着亲切的同情。虽然这种同情对于他们的助力极少，但同情之为同情，自有它本身的价值。”①接着，作者着墨甚多地对同情革命的“华人”杂役和司号的印度人进行了细致的刻画：

> 这华人是个身躯高大，脸生得象一个老妈妈一样，态度非常诚实的人。他穿着一身制服，肩上有了三排肩章。行路时很随意，并不将他的弯了的腰，认真挺直一下。他的面孔，有些丰满，但不至于太肥。他说话时，声低而阔，缓而和。②与华人杂役一样，司号的印度人也拥有一张友善的脸庞：司号的印度人是个中等身材的人，他的皮肤很黑，胡子很多。他的眼很明敏警捷，额小，鼻略低。全身很配称，不失是个精悍灵活的好身手。③

“明敏警捷”“全身很配称”以及“精悍灵活”等修饰语一改往常印捕“面目模糊同黑炭，虬髯倒卷裹红头”的刻板印象，从外貌描写上即见作者溢于言表的情感倾向。在印捕与“我们”正式接触之前，作者还透过高墙的窗眼对操练的印捕进行仔细的观察：

> 过了一会，一个司号的印度兵雄赳赳的站在长廊上。他向四围里望了一望，便把手上的喇叭提到口里，低着头，张着目，胀动着两腮地吹起来。在这吹号声中，足有两百个印度兵，几十个英包探，一百个中国兵，一齐地挤到这廊外的广场上。他们都很认真地在操练着，

① 洪灵菲：《洪灵菲选集》，人民文学出版社，1981，第51页。

② 同上。

③ 同上。

一阵阵皮鞋擦地的声音，都很沉重而有力。雇佣的印度兵差不多每个都有十二两重的胡须。须的境域，大率自下项至耳边，自嘴唇至两腮。须的颜色，自淡褐色至沉黑色，自微黄色至深红色，大体以黑色者为最多。他们像一群雄羊，虽须毛遍体，而权威极少。他们持枪整步的技巧似乎很高，一声前进如黑浪怒翻，势若奔马。一声立正，如椰林无风，危立不动。[①]

文中，印捕被叙述者形象而中肯地描述为"须毛遍体而权威极少"的"一群雄羊"，而与"雄羊"相对的，则是机敏如"猎犬"、狡猾似"狼群"、残暴像"饥鹰"的英包探："猎狗式的英包探，浑身长着寒毛"，"他们搜寻证物的态度好似饥鹰在捕取食物一样。"[②]"英包探个个都很精警，有极高的鼻峰，极深的眼窝，极凶狠的神气，极灵活的表情。眼睛里燃着吃人的兽性，燃着骄傲的火星。他们都长身挺立，像一队忍饥待发的狼群一样。他们散开来，每人都有一辆摩托车供着驱使，来去如驰风掣电，分明显出捕人正如探囊取物。"[③]这组对比鲜明的画面中，作者巧妙地通过语言的排列组合，呈现出英包探与印捕间操控与被操控、压制与被压制的"对峙"关系，渲染一种紧张、不和谐的气氛。而在强弱、善恶对比鲜明的叙述里，作者还精心加入了另外一组参照："雇佣的中国兵，那真滑稽第一，不肖无双的了！他们经过帝国主义者高明的炮制，只准他们戴着尖尖的帽，缚着很宽阔的裤脚，腰心很不自然地束着一条横带。一个个鼻很低，脸色很黄，面上的筋肉表现出十分迟缓而无力。操也操得特别坏，他们的足在摆动着，他们的头却永远地不是属于他们所有的样子。"[④]除了刻画出中国兵的滑稽相外，作者还对吃洋人饭，帮着洋人对付革命青年的杂役做了细致的描摹：

① 洪灵菲：《洪灵菲选集》，人民文学出版社，1981，第51页。

② 同上书，第42页。

③ 同上书，第51页。

④ 同上。

牵着之菲的一个杂役，满脸露着凶狠之气。他穿着普通警察一样的制服，斜眉，尖目，小鬼耳。他行路时几根瘦骨头本有些难以维持之意，但他拿着之菲，却自家显出自家是个威猛，有气力的样子。他的表情很难看，不停地圆睁双眼看着之菲，鼻孔里哼出“恨！恨！”的声音来，表示他对这犯人的不屑！[①]

对于这些狐假虎威的跳梁小丑，作者不乏言辞激烈的批判：

你们这班蠢猪都是首先在必杀之列！你们这些无耻的结晶，奴隶的模型，贱格的总量！你们只配给猎狗式的西人踢屁股，打嘴巴，只配食他们的口水！你们便一次狐假虎威，欺压良善。你们为自己的人格起见，即使率妻子而为娼为盗，还不失自立门面，有点志气！但，你们不能，所以你们可杀！……[②]

正是在上述这些反复的对比和冗长的铺陈下，作者才转入了印捕对革命青年帮助的记叙：

他偷偷地用英语和他们谈话，但他很灵敏地避去各种白种人的注意。他对于他们的被捕，有一种深切的同情，和一种由羡慕而生出来的敬意。有时，他因为不能得到和他们谈话的机会，他便迅速地从铁栏门外探海灯似地打进来一个同情的苦脸。当白种人行过时，他又背转身在走来走去，即刻把他的行为很巧妙的掩盖了。

有一次，他把一支铅笔卷着一张白纸，背转身递给他们，低声地说着：“Please, write on your friends' address. I can inform them to see you！”他的声音很悲激，很凄沉，这显然是由他的充分同情

① 洪灵菲：《洪灵菲选集》，人民文学出版社，1981，第51页。

② 同上书，第44页。

的缘故。[1]

就在出狱送别时，司号的印度人仍旧显示出依依不舍，“一颗率真的泪珠在这司号的印度人的黑而美的眼睛里湿溜着。懊丧和失望的表情，在他脸上跃现。”行文至此，叙述者的内心也是心潮澎湃，再次发出感慨与此部分的开篇形成呼应：“咳！可怜的印度人！你黑眼睛里闪着泪光的司号的印度人！我和你，我们的民族和你们的民族，都要切实地联合起来，共同奋斗！共同站在被压迫阶级的战线上去打倒一切压迫阶级的势力！……”[2]

作者层层铺垫，多方面映衬、对比，加上细腻的心理及神态描写，一个表同情于革命的“红头阿三”形象便跃然纸上。显然，洪灵菲《流亡》里对“红头阿三”形象的塑造相比较蒋光慈、杨邨人概念化的书写是成功的。尽管洪灵菲笔下同样难脱某种刻意美化之弊，但因其极强的自传色彩而使得“红头阿三”的形象更具可信度。此外，《流亡》里的主人公沈之菲和文本里的“红头阿三”是处于同等地位的，作者并没有站在道德高地臆想性拔高自己、贬抑印捕；而是在民族国家的历史场域里，用“革命”之镜照向“红头阿三”，进而从“红头阿三”身上投射出团结抗敌的磷火。

三

洪灵菲等三人被关在拘留所里，每天只吃几片坚硬的面包，饿得头昏眼花。第三天下午，洪灵菲有气无力地靠在窗边，隔着铁栏杆眺望外面的景物。窗外是一个广场，是供警察操练用的。这时，广场上空荡荡的，只在树荫下的一张长靠椅上，坐着一个金发的西洋妇人，有几个小女孩围着她嬉戏。看着那几个小女孩在互相追逐、戏耍，他感到十分羡慕。只有被剥夺自由的人，才知道自由的可贵。

门外响起了开锁的声音，有两个警察进来了，传他们三人去问话。他

① 洪灵菲：《洪灵菲选集》，人民文学出版社，1981，第51页。

② 同上书，第61页。

们默默地跟着两个警察，拐弯抹角走过许多走廊，进了一间办公室。

办公室上首坐着一个英国官员，旁边坐着一个翻译。他们进去后，那英国官员示意让他们坐下，然后通过翻译对他们说："先生们！现在你们自由了！"

洪灵菲他们被捕后，却查无实据，无法定罪，又经吴老板及其他同乡好友的奔走营救，只好把他们释放了。

"但是，你们不能再留在香港，我们要把你们送回广州去！"那英国官员汉通过翻译说。

……

洪灵菲三人被警察带上了汽车。在车上他看着眼前的街道和行人，心想着香港还是不宜久留啊……

汽车在吴老板住家门口停下来。洪灵菲跳下汽车，急忙奔上三楼。

秦曼芳自洪灵菲被捕后，每天哭得死去活来，眼睛都哭得红肿了。这时见他突然归来，高兴得直跳起来，扑在他怀里，忍不住又抽抽噎噎地哭起来。

"别哭！曼妹，别哭！你看我不是好好的嘛！"洪灵菲拍着她的肩膀，又拿手巾给她擦眼泪，"这几天的情况，我们以后细说。你现在马上收拾东西，我们一起回汕头！"

许苏魂和许超循的妻子，以及瓷器店老板和老板娘，大家都热心地围上来问长问短。洪灵菲一边把被驱逐出境的事简略说了一遍，一边又催促秦曼芳赶快收拾。

老板娘从箱子里拿出了一套最漂亮的衣服，让秦曼芳穿上，又殷殷嘱咐了几句，这才与他们道别。

一个钟头后，洪灵菲等四人都上了海轮。在苍茫暮色中，轮船慢慢地离开码头，向茫茫的大海驶去。对前途的忧虑，像浓重的暗影，笼罩在每个人的心头。

大家怕被遣送回广州时会被反动当局逮捕，当船经过潮汕时，洪灵菲和秦曼芳便一起下来了。

秦曼芳回到潮州后，因有父亲的庇护（上下各阶层中，都有她父亲的学生），加上没有被通缉，所以行动比较自由。根据洪灵菲的请求，她常到戴贞素先生处，代借一些新书报，给他寄去。洪灵菲也曾邀她去洪砂村，但她觉得他们的关系还没有告诉他的父母，贸然前往，诸多不便，最终没有去。

洪灵菲独自一人走在通往洪砂村的乡间小道上。步履匆匆，一路彷徨！走得热了，他把长衫脱下来，搭在手臂上。感觉渴了，就在旁边的小溪旁蹲下来，双手掬起一捧水送进了嘴巴里。他慢慢地闭上了眼睛，感受着周围一切，还是那么熟悉，连溪水的味道都是那么甘甜，干涸的喉咙瞬间被滋润了。看着小溪流里自己的倒影：嘴角开裂，眼睛布满红血丝，眼神里透着不堪的疲劳的神色，真的是乡音未老鬓先白，不免徒生惆怅。离家一步一步地接近了，他的心却一点一点地往下沉。近乡情更怯，他可以想象得出，他这个逃亡者给家庭带去的，将是怎样一片惊慌失措的惨状。他甚至能想象得到母亲的愁眉苦脸和父亲严峻的神色。他又想到了他的妻子黄婵英，这个旧礼教的牺牲品，无罪的羔羊！数年来，他一直奔波在外，她生下了一个女儿，他也没有回去看一看。她将以什么样的神情来迎接他呢？他与她的关系又将如何了结呢？

家里的气氛果然如他所料，父亲见到他气得捶胸顿足，不停地咒骂到："不孝子啊！家门不幸！都怨我们的祖宗没有好风水，怨我们的命理不好，才生出这种不肖的儿子来！你还回来干什么呢？"父亲用手指戳着洪灵菲的脊梁骨，愤愤地说，"我每年花那么多钱，供你读书，你越读越坏！孔孟之道你不学，偏信那些邪说，走火入魔，走歪门邪道！你大哥、二哥死了，你也不回来看一下，一点兄弟之情都没有！你说你忙着革命，哼！你革什么命？你封封家信都说你要为党国、为民众谋利益，虽九死而犹未悔。哼！党国是什么？民众是什么？现在，党国的利益在哪里？民众的利益在哪里……人家革命升官，你革命得到什么？杀头！”

听到“杀头”二字，母亲当场差点吓得晕厥。

“儿呀！这可怎么办哪？”母亲抱着洪灵菲，号啕大哭。

孩子都是母亲身上掉下来的肉，对于洪灵菲，母亲自然是怀着一种“儿行千里母担忧”的心情，至于革命是什么，母亲不懂，也不想懂，她只知道这是害人不浅的东西，自己的孩子在外受人蛊惑，走入邪道了。在怜惜和担忧之外，母亲对于洪灵菲也是有所怨言的，这在洪灵菲创作的《家信》有所体现：

> 英儿，狠心的英儿呀，当我们把这封信看完以后，你的二位嫂，你的妻，和我都一道地哭起来了。但我们不敢大声地哭，恐怕邻右会笑话着我们。你的妻哭得最伤心，她不住地把头在撞着墙壁。你的两位嫂嫂一面在哭着，一面在埋怨着你的忘恩负义。你所以能够读大学不是完全靠两位哥哥辛苦赚来的金钱吗？现在你的两位哥哥不幸过世了，你应该怎样照顾两位寡嫂，照顾这许多的孤儿，才算不背“天理人情”呢。可是你并不这样做，你说你已经觉悟，你是一个文明的人物，你是一个不顾死活的鬼革命家，你要让你的两位嫂嫂改嫁去！唉，发昏的英儿呀，你简直是变成禽兽了！

黄婵英坐在一旁低声啜泣。哭声似乎把父亲的怒气打消了，现在，他也不得不为儿子的安全操心了。

“你的朋友李笠侬现做着潮安县长，余心一在汕头当厅长，你就不能去求求他们吗？”父亲的语气缓和一些了。

“不行的，”洪灵菲摇摇头，“我不能去哀求他们饶命。我有我的人格。我不能当叛徒！”洪灵菲的语气里有一种异常的坚定。

“人格？什么人格？人格值几个钱一斤？”父亲越说越大声，火气又来了，“人格是可以果腹，还是可以炫耀?!连命都保不住了，还讲什么人格?！”父亲此时已经全然忘记了自己以前是如何教养洪灵菲要学孟子一样“养浩然正气”了，那一套所谓的孔孟之道，也不过是为了让儿子和李笠侬、余心一一样，混个一官半职，然后虎皮加身，作威作福，耀武扬威罢了……

夜里，洪灵菲回到了冰窖一样的里屋。妻子搂着女儿坐在一旁，小瑞娟对于素未谋面的父亲很是害怕，不亲近。她虽然少不更事，但似乎也能敏感地察觉周围的诡异气氛。这里充满着父亲对母亲的淡然和竭力掩盖的不安、愧疚，当然这些小瑞娟是不懂的，但是她本能地抗拒着和洪灵菲的接触。

“瑞娟，不怕，这是你父亲呢！来，叫声爹……”任凭黄婵英苦口婆心地引导，小瑞娟还是害怕地躲在母亲的身后，不敢和洪灵菲一起相处。洪灵菲看着小瑞娟对自己害怕的样子，内心很不是滋味，因为这样子让他想起了自己小时候经常躲在子孙门后面，躲避着从医馆回来的父亲。洪灵菲知道自己对妻子、女儿是有着深深的愧疚，可是，他真的无能为力，正如鲁迅先生所写的“她（指其原配朱安）是母亲送给自己的礼物，爱情我是不知道的”，黄婵英又何尝不是？她是父母送给他们自己的礼物，可是在以封建伦理的规约下，黄婵英却牺牲了自己的自由和幸福的权利。一辈子替丈夫尽着赡养父母的道义和责任。洪灵菲不是没有想过和黄婵英离婚，还她自由身，让她可以去追寻属于自己的幸福。可是，在这样封建的环境里，离婚，就是对一个女性最大的伤害和羞辱，这无疑会把无辜的黄婵英逼上绝路。洪灵菲不由得想起小时候，村里的大财主为了把年轻貌美的妾室扶正，将自己的原配妻子休了。妻子因为忍受不了这样的屈辱，也无法在人前生存了，一天夜里在财主家后院里的一棵槐树上上吊自杀了。自杀时，地上还按照当地风俗放着一碗井水，光可照人，士可杀，名声是不能被玷污的……

他的确是个罪人，对妻子黄婵英，对女儿洪瑞娟，包括对自己的老母亲，还有，还有他心心念念的爱人，秦曼芳。曼芳，一个家境良好、受过新式教育的进步女性，在最美好的年华里甘愿没名没分地跟着自己，这难道不是另一种屈辱吗？洪灵菲不敢再往下想了，无尽的思念和疲劳感一齐向他袭来，他太疲劳了。黄婵英依偎着他，他不好意思拒绝，苦守寒寮数载，真心是委屈她了，也许夫妻这一世的缘分也不过几夜的恩义而已，此去经年，岂有归期……

洪灵菲在洪砂乡住了一个多月，不久，连农村也变得不平静了。军队天天下乡清剿，与农会打仗，搅得鸡犬不宁。洪灵菲的姐姐洪伦珍也逃回家来了。她丈夫是农会主席，已逃进深山，她不得不回娘家暂避。洪灵菲决心离开家乡，到南洋去。他托一位堂弟到汕头打听船期，并购买船票。

天下无不散之筵席，离别的时候总归还是到了。洪灵菲收拾好行装，呆呆在厅上坐着，伤离别的空气，弥漫着全家。母亲哭得不能说话，妻也哭了，两位寡嫂也哭了。父亲特地从店里赶回来送行，他这几日里仿佛又苍老了许多。仿佛预感到自己时日无多的样子，父亲竟然语气柔和也无可奈何地叮嘱着洪灵菲，出门在外一切都要小心……

在洪灵菲匿居洪砂乡期间，他内心最为思念，也最是割舍不下的就是爱人秦曼芳。尽管两人未能谋面，但是彼此之间书信往来还十分频繁，这些信件，目前保留下来的只有四封，都用文言文写成。孟超曾说洪灵菲写给孟芳的文言信“清丽幽婉，直逼曼殊”。下面将陈贤武先生《洪灵菲传》中抄录的四封书信转录，以便了解洪灵菲这一时期的生活、思想和情感状况。

第一封——

侬妹：

接书及策籍数种，如获至宝。惟闻妹抱病，于心滋苦耳。嗟夫！妹之高义旷世，爱菲情逾骨肉，乃际兹别离之候，正妹沾恙之秋，未能过视，徒增恻怆！菲亦因兹母不允令其出门，蛰居村僻，海外之行，当，俟之他日。回首曩事，但增感郁而已。伏望起居珍重，早沾勿药，则菲柔念之怀，可以稍减矣！

耑此敬复，即请

痊安

曼菲夏历四月初七

第二封——

曼妹：

昨日奉上一函，谅邀青览。月明如雪，孤照无眠；灯细于豆，坐对有恨。往事如烟，回首都成幻梦；来日似海，低头顿增凄凉。试思竹丝故居，泪痕笑声，何日再到认取，低徊白石穷村，孤愤酸情，几时和君细话。是用独坐垂泪，望天半似泣之云踽步怆神，听户外如诉之雨。君家坚贞娴静，性行惇温。客地卧病，得君如对安琪；天涯涕泪，相逢情同骨肉。有规善之雅，有问课之乐，忌者毁之，妒者谗之，而梅花清骨，不因是减其皎洁；处士高寒，更以此增其幽福。更能相期乎，大冲锋陷阵，拼此生以为人类，讵乃同遭绝险，临水登山，于斯时暂作词客。耗矣，哀哉！然而悲欢离合，究寻常事；南北东西，亦等闲物。愿共努力，暇辄相思；望勿悲戚，迟当把晤。仅凭尺素，难写胸臆，伏望珍重，至以为慰。

沈菲顿首

十六年四月十八日

第三封——

侬弟爱友：

是日叠接转来三札，读罢神气清爽。知弟于深忧中处置裕如，一种勇往直前，一往情深之概，至为可感。下期在潮教书，姊至赞成。惟在何校？同事者为谁？环境佳否？至盼示晓。姊去就未定，尚在彷徨之域。只以慈亲年迈，雅不愿过拂其意，故日惟读书家中，暇辄到草水际天处游玩，亦无可奈何之乐趣也。

日前敝村洪水为灾，烟雨迷茫。于屋脊远望，伤心而外，别有一段壮阔苍凉之感。知弟在潮城眺望，定为云外水际沙鸥般似的人们忧也。

各种书籍先付还若干册。《创造》《小说月报》《东方杂志》或其他佳籍，至盼陆续寄下，惟太苦我弟矣。

迩来顿兴归真返璞之念，日前成一诗云：

乡关犹在眼，客思已三年；

听雨情何似，看云意欲仙。

归真弃里巷，抱拙守园田；

皓月共千里，宵深未忍眠。

诗非能佳，即盼斧正赐和，亦无聊消遣之良法也。

嗟夫！寒烟孤月，同为异乡旅客；断叶零蝉，思作落魄词人。既销魂于异域，未敢登楼，亦神伤乎千古，更谁凭吊？弟慧心人，姊生平第一知交，亦有支离漂泊之感，否乎？

老素、荀、宣妹、祥弟及在郡诸好友，础妹、英弟暨未归之华、谦诸人，想都佳胜；入病院之诸友，尚未出狱，至为系念，然亦无可如何也。

日间有暇，望与祥弟共来，至要至要。

耑此即请

吟安

姊沈菲谨启

十六年五月五日

日前成一诗，顺录上斧正赐和：

故国乱离三万里，东风吹恨一千年。鱼龙呼吸江初静，花鸟歔欷月正圆。莫傍山河忧社稷，好从陆地作神仙。江村寒食最萧瑟，倚杖柴门听暮蝉。

第四封——

侬弟爱鉴：

七八两日大札敬悉。姚师推荐事，可察其意诚否，并审视环境如何，以定去就。此事如目前尚未成为事实，则可俟弟来谈后决定。姊绝意进取，拟暂治文艺，以寄幽忧。居邨尚佳，朝露暮霞，细雨斜风，其足以娱人心意者，远胜市尘万万也。弟其有意来游否乎？祥弟近况奚似？屡函询，来得其一复，至念。

弟所寄之小说书籍，尚留店中，未曾转来，故未能知其内容何若。得暇，希至贞素先生处，代借多少新旧册籍，使姊虽僻处穷邨，尚得与古今立言者睹面也。屡次扰我爱弟，歉甚。

惴此敬复，即询。

起居珍重。

姊菲谨复

十六年五月十二日

洪砂乡韩江渡口，洪灵菲来了又去了的地方。1922年，洪灵菲、戴平万正是从这里出发登上前往广州求学的电船。当时相送的有他的初恋戴若荀，而后，他失掉了自己的初恋；这次他依然要从这里登电船，前往汕头换乘去往南洋的轮船，这次，他又能带走何人呢？又将失去何人呢？洪灵菲惆怅地想着，望着眼前满树火红的红棉树，在脑海里赋诗一首，即后来的《春》（又称《红棉树》）：

生且不能遑云死，
春光腻腻将何之？
十年绮梦无寻处，
万里河山歌尽时。
风雨连天杂涕泪，
干戈满地独吟诗。
剧怜古道红棉树，

落尽千花人未知。

四

“南洋”，是一个以中国为中心的概念，即现在的东南亚国家，在元代以前被称为“南海”或西南海”；明代仍称之为“西南海外”，又称之为东西洋”；明末至清代，东南亚常以“南洋”称之。中国与南洋有着悠久的交往历史，汉武帝时曾设九郡于安南（越南旧称），东汉的马援将军更是南下征服了交趾。东晋至南北朝时代，中国与南洋的海上交通逐次开放，航运时代的到来更是进一步加深了中国与南洋的交流与联系……

20世纪的中国在追求现代性的历程中经历了太多的动荡，无数知识分子居无定所、颠沛流离。南洋由于其独特的地理环境及历史地位，成为国人谋生、逃难、避祸、革命的重要去处。由此，以启蒙、革命为主旋律的，以逃亡、流亡、流浪为复调的双重变奏便成为20世纪中国知识分子与南洋的主要交接方式。国内历次政治运动中都有知识分子逃亡至南洋或在此开展革命工作，南洋由是留下了不少先驱者的足迹。从历史时间的纵轴上看：

1871年，严复从福州船政学堂毕业，随后在“伏波”舰上练习，其巡历南至新加坡、槟榔屿等南洋各地；

1891年至1894年，受西潮影响至深的黄遵宪曾在新加坡诸地任参赞和总领事；

1898年“戊戌变法”失败后，康有为亡命新加坡，安家于槟榔屿的他后来成为南洋保皇党的主力；

20世纪的最初十年，孙中山为革命事业多次奔赴南洋；

1913年至1915年，许地山任教于缅甸仰光的中华学校；

1915年至1916年，刘大白因参加反袁斗争，被迫于流亡于新加坡苏门答腊，受当地华校之聘，教授国文；

1923年秋冬之际，聂绀弩在缅甸《觉民日报》做编辑（后任职于《缅甸晨报》）；

1926年夏，从高等师范学校毕业的戴平万被国民党海外部派驻暹罗工作，大革命期间在此流亡；

1927年大革命之后，洪灵菲逃亡于新加坡、暹罗等地；

1928年至1929年，许杰曾到吉隆坡任《益群报》总编辑；

……

20世纪初，列宁在《亚洲的觉醒》里指出："亚洲的觉醒和欧洲先进无产阶级夺取政权的斗争的展开，标志着20世纪初所揭开的全世界历史的一个新的阶段。"

而由于中国与南洋在20世纪有着共同的命运和利益，共同的敌人和奋斗目标，两者成为一个互相声援、互相影响的整体，是一个攻守同盟的利益共同体。大批革命者、文人以及其他形形色色的商人、劳工、技师等下南洋也在不同领域、不同程度推动了南洋的中国化进程。

相对于东洋、西洋对近现代中国政治、经济、思想、文化等方面的影响而言，中国与南洋之间普遍呈现出一种文化、革命、思想等方面的输出与输入的关系。同时，东洋、西洋的书写者大部分为驻外使节、政府官员、留学生，相对于从东洋、西洋寻求现代知识或革命真理等现实目标而言，中国知识分子与南洋的交接显得有些许暧昧。它既不是主动选择的结果（被迫下南洋），却也并非完全地从内心排斥下南洋的行为，甚至于南洋的经验还客观上成就了革命者对于心智、毅力以及对革命信念的磨砺，以及从下南洋的生命经验中获得一种特殊的价值感和崇高感。这些都在以洪灵菲为代表的流亡知识分子身上体现得淋漓尽致。

五

洪灵菲此刻倚靠着栏杆，看着船渐行渐远，眼前的风物早已经不是自己所熟悉的了。在广袤的历史长河中，地缘上的毗邻关系使南洋往往成为文人墨客的迁徙地和避难所……他的思绪随着波涛起伏的海水随意漫溯，竭力地在上下五千年不同的历史场域中幽游回旋，为自己所在的当下和此刻寻找一个合适的坐标点。在他呈辐射状蔓延开来的思绪当中，历代文人书写过的与南洋交往的经验不断地浮现：

汉末数十年间，国内动荡不安，北方士大夫南下，避居者难以计数。他们或隐居，或授徒，或从政，或游学。与汉代文人学者主要为了避难不同，唐代诗人流寓安南，大都因贬谪而被迫作客异乡。被迫离开自己的故乡、自己的国土，成为漂泊无依的异乡人，这就是当下洪灵菲的写照。只是这次，他比杜审言、沈佺期、刘禹锡等被迫寄寓他乡的诗人多了一重身份，那就是被国家民族、被建设现代性的理想所放逐了。民族、国家、亲人，多重的关系，多重的放逐，使得洪灵菲的内心如同浮萍般无所皈依，因为精神之根被强行拔起，此时此刻的洪灵菲不知道自己应该将精神之根重新扎在何处，在安南？在广州？在自己的家乡潮汕？没有答案，或许一切的答案只能是靠双脚走出来。

一阵燥热的海风裹挟着一股海盐的味道扑鼻而来，洪灵菲只感觉到一种少有的清醒，之前随着船身晃荡得眩晕的状态已经没有了，他不由得自言自语地吟诵起杜审言流放峰州时写下的诗作《旅寓安南》：

交趾殊风候，寒迟暖复催。
仲冬山果熟，正月野花开。
积雨生昏雾，轻霜下震雷。
故乡逾万里，客思倍从来。

洪灵菲又一次念起了纳兰性德的《长相思·山一程》：

山一程，水一程，身向榆关那畔行，夜深千帐灯。
风一更，雪一更，聒碎乡心梦不成，故园无此声。

轮船抵达新加坡时已是傍晚。洪灵菲随着人流，踏上了这片陌生的土地。他站在码头上，四顾茫然，被喧嚣的市井之声吵得晕头转向。狮城新加坡，是英国统治下的自由港。独特的地理位置，使它成了东南亚著名的国际贸易转口港。20世纪20年代的新加坡，人口约一百万，其中百分之八十是华侨。城市的街道和房屋是欧式的，但居民大多操着中国南方各省方言，生活习惯也是十足中国式的。

洪灵菲紧紧跟着同船的老“番客”，生怕被拎着大包小包的拥挤的人潮挤散了。终于在左拐右拐、走街串巷地绕了不知多久后，洪灵菲跟着老“番客”他们，住进了皇家山脚的潮安客栈。皇家山脚的潮安客栈属于潮州人聚居区，风俗与潮州无异，潮汕方言可以算是这里民间通用的语言之一了，对此洪灵菲不必有太大的担忧。但是，往后的日子要靠什么过活呢？

在船上的时候，一面被燥热咸湿的海风吹得晕眩，一面又徜徉在历史长河里追寻各种文化共鸣，洪灵菲完全没有认真地思考过这个严肃的问题。现在，收拾停妥后，他开始不得不面对这个非常现实的问题了。他依稀记得在香港的时候，许超循曾经说过，他有一位叔父在新加坡漆木街开金店，还提到他到新加坡后会住在这位叔父店里。洪灵菲估计许超循已经到叔父店了，因为许超循不需要在老家耽搁太久，他肯定能比自己提前到达新加坡的。

第二天一大早，天还没亮洪灵菲就起来了。这么多年的求学和工作经历，使他已经养成了不睡懒觉的习惯。仅有的几次睡懒觉，那都是因为和爱人秦曼芳耳鬓厮磨后的温存。忙碌和奔波的日子实在太长了，以至于和爱人的每次短暂的拥抱、相会、接吻都显得是阔别已久、久别重逢似的热烈。现在，他亲爱的曼妹身在何方呢？理智不允许他再往下想了，当前的任务就是找到许超循，找到自己的同志，才更有可能想到方法和爱人取得联系！

洪灵菲按照许超循告诉他的地址，走街串巷地穿行在人山人海的集市中，穿过集市，就到了新加坡当地有名的漆木街。不一会儿，洪灵菲就找到了那家金店。金店门首吊椅上坐着一个守门的印度人。那人身躯高大，胡子甚多，态度极倨傲、自得。店里头，中间留着一条约莫三尺宽的通道，两旁摆着十几张灰黑色的床，床上各放着一盏豆油灯，床旁各坐着一个制造金器的工人。洪灵菲迟疑了一会儿，终于还是鼓起勇气走进店里去。

“先生，有一位许超循先生住在这儿吗？”洪灵菲走向左边第一张床的工人，问道。

“我不晓得哪一个是许超循先生！”那工人头也不抬地回答，似乎是在计件似的，手头上的活儿半刻没停歇。

洪灵菲心中冷了一大截，但他仍不死心，又走进几步，向坐在柜头的掌柜先生问道：“先生，请问许超循先生住在贵店吗？兄弟是特地来拜候他的！”

这次总算是比较幸运了，掌柜的抬起头，双手从算盘上移动，推了推鼻梁上挂着的眼镜架，温温吞吞地说：“我领你进去里面的房间，那是店主老板，他是许先生的叔父，你自己当面问他比较妥当呢！”

许超循叔父是个挺和蔼可亲的老人，他告诉洪灵菲前几天许超循确实来过，但是不久又说有要事出门去了，他让洪灵菲回去等，一有许超循的消息就会派人通知他的。就这样，洪灵菲留下了自己在潮安客栈的地址，有点落寞和失望地离开了金器店。

洪灵菲抵达新加坡十多天后，许超循的叔父忽然派店里的一个小伙计来找他，说是得到许先生的消息了，现在带他去见许超循。小伙计带着洪灵菲乘了十分钟的电车，又乘了四五十分钟的小卡车。初时只见电灯照耀着的市街一列列地向后走，继之便是两旁的草原不断地溃退，最后开始看见周围耸入云天、幽郁繁茂的高林，浴着冷月寒星之光，海浪般地向后面追逐。在一处树木葱茏的山冈马路上，他们下了车。下车后，小伙计低声对洪灵菲说：“这里的路很难走，我在前面，你跟在后面，要留心些。”说着，他便走进丛林中去，洪灵菲紧紧地跟在他的后面。丛林里山路崎岖，细草柔茸，月光窥进茂密的树荫下，有些照得到的地方，十分闪亮，有些照不到的地方，仍然浓黑可怖。他们踏着一条屡经人们蹂躏、草不能生的，不到半尺宽的小径曲折前进。不一会儿，一座荒凉的园林便横在他们的面前了。

这园林在乳白的月光中浸浴着，幽静如画。园外用木片钉成一门，这时已是锁着。距离园门不到五十步远，隐隐间看到一个熟悉的人影，那正是久违不见的许超循！

久旱逢甘霖，他乡遇故知。洪灵菲和许超循经历了广州、香港的劫难后能够再次聚首在新加坡，真的是九死一生，两个人不禁动情地互相拥抱着，在对方的肩膀上轻轻挥拳头。

“太不容易了！许兄，一路上可还好？”洪灵菲关切地询问着。这一路上通过各种途径渠道，他得知之前的一些战友叛变了，而一些则选择了凛然无畏地牺牲。

“哪有容易可言呢？一路上的探子特别多，能来到这里真的是颠沛流离啊！”许超循放低声音，很机警地巡视四周一遍。

“这里是我叔父朋友的私人住宅，远离市区，应该还是相对安全的。”许超循补充道，一边招呼着洪灵菲坐下。

这时，小伙计已把牛奶拿来。他们每人饮尽一杯，暂时休息着。他们之间像有许多话要说，但一时又说不出许多来。

“嫂夫人呢？”洪灵菲问。

“她从香港回家乡去了。”许超循说，“曼芳呢？”

“现在大概还在她家里！”洪灵菲的语气充满着思念。

牛奶喝罢，两个人的体力和精神都得到了些许的恢复，许超循起身，说道：“我们到房里坐坐去吧！”一边热情地挽着洪灵菲的手，一同走进房里去。

许超循的卧房为木板钉成，陈设颇简陋，一桌一床外，别无长物。隔壁是一大厅，鸭声盈耳。这园的主人大约是养鸭的吧。洪灵菲自己在心里想着。

“国内革命工作现在的情势怎样呢？”洪灵菲时刻念念不忘国内的

形势。

许超循摇着头，沉默了片刻。空气里十分安静，只有屋子外的鸭子“呱呱呱”聒噪地、热闹地叫着。洪灵菲理解，虽然内心着急却不便于强迫人家，他也慢慢地靠在藤椅上，等着许超循的回答。

“真的一点方法都没有了吗？”片刻后，洪灵菲看着慢慢缓过神来的许超循说。

“情况很不好，”许超循叹了口气，接着说道，“国内被捕的同志有三百余人，秘密机关大都被破坏！现在靠单线联系都成了问题。我在新加坡熟人多，不敢住在这里，就藏匿在距这里尚有一日路程的城市。我假装做个营业失败的商人，干着些赌钱和饮酒的勾当来掩盖我的身份。现在我穷得要命，一筹莫展，真是糟糕啊！”许超循一边无奈地摊开双手，一边皱了皱眉头。

“就没有其他的办法了吗？”说这话的时候，连洪灵菲自己的内心都是忐忑的。

“除了走一步算一步，我想不出其他的办法了！当前，保命要紧！”许超循很坚定地一字一句说出来。

从许超循处出来，洪灵菲又在潮安客栈住了两天。随后，由许超循的叔父介绍到海山街某公馆去住。由于许超循叔父的人情关系，洪灵菲住在此处的住宿费可以免除。洪灵菲眼巴巴看着自己身上仅有的几块钱旅费，盘算着每天吃几碗番薯粥还可以勉强混过一段时间，不至于饿死。

每天晚饭喝了番薯粥后，为了转移自己依然饥肠辘辘的饥饿感，洪灵菲总是会独自一个人在街头踱来踱去。大腹的商人、高鼻的西洋人，他在广州看惯了，倒不觉得有什么值得注意的地方。最令他感到浓厚的趣味的是那些新加坡土人。他们一个个都是黑脸膛、黑发毛、红嘴唇，雪白的牙齿，时时在伸卷着的红舌。他们大都围着有颜色的围巾，搭着白色的披巾。走路时飘飘然、翔翔然，眼望星月，耳听号风，大有仙意。在灯光凄暗、夜色幽沉的十字街头，椰树荫成一团漆黑，星眼暗窥着紧闭着的云幕，披发跳足的土人幽幽地来往，给这夏夜涂抹上不少童话般的神秘色彩。

街头踽步，也见到许多装扮入时的少妇，这使他又怀念起远隔万里的秦曼芳。两地相思，无边愁怨，何时才能了结啊！没有爱人在身边的日子里，没有革命目标的日子里，洪灵菲确实过得特别沮丧。渐渐地，由自己的爱人曼芳，他又想到了自己的家乡、家里的老母亲。当同样住在公馆的潮汕老乡递给他家乡的“菜脯”用以佐粥的时候，洪灵菲难以泯灭的思乡情愫近乎喷薄而出，他将这种情感写进了自己的作品里：

> 母亲，我对着家乡的“菜脯”，不知不觉地大动起乡思来了。母亲，我们故乡是世界最美丽的一个去处。或许我未免是说得太过。但我的感觉的确是这样的。我们的故乡有着辽阔的天空，有着空旷的大野，有着美丽的河流，澄澈的池塘。在秋天的时候，有着耀着日光的黄叶……
>
> “回到故乡去吧，去躺在大自然的怀抱里吧，去躺在母亲的怀抱里吧！”我几乎就要这样喊出来。

住宿附近有一片街区，是新加坡当地有名的妓寮。这里每天都有很多穿着暴露、身材丰腴的女性出来站街拉客，她们脸上涂着厚厚一层劣质脂粉，笑起来的时候脸上的沟壑和着不服帖的粉，暴露了她们的年龄。但是她们也不是对着每个人都会笑的，经验老到的女性可以看得出三教九流不同人等。对于有钱人，她们的嘴巴笑得特别夸张，由于涂着又厚又艳的大红唇，笑起来的时候像裂开了的大西瓜；由于长期抽着廉价烟叶和槟榔的缘故，上下两排牙齿显得特别黄。

除了靠春波荡漾的前胸和滚圆的臀部吸引贪婪的男性外，妓女们估计就是靠着这标志性的笑容和摄人心魄的眼神来诱惑客人了。至于洪灵菲这种劳工，她们是不放在眼里的，即使在生活最底层，也依然存在着残酷的鄙视链。妓女们如果运气好的话，一天就可以挣得洪灵菲半个月的生活开销。对于洪灵菲等劳工，这些女人有时候出于性的苦闷，或者是一种猎奇和逗趣的心理也会来调笑；再则就是像杂役一样地驱使他们，让这些愣头青去替她们跑腿买烟叶、买胭脂。她们那神气的表情里有着一股子高人一等的得意，时而又有一种故意挑衅的意味。洪灵菲就有好几次被站街的女人拦住，肆意地辱骂，要不就是莫名地给他编派任务。没有顺她们意的劳工们，极有可能会遭到当地打手们的围攻。

一想到自己一个受过高等教育的知识分子如今沦落到如此地步，连妓寮里的女性都可以因为收入高而贬低和践踏自己，他心里有种说不出的愤怒。这种愤怒里，还裹挟着难以名状的性苦闷。他曾将这种愤怒和苦闷夹杂的心理在《流亡》里详细地表达过，只是他将场地搬到了国内，搬到了繁华的上海：

> 到四马路去和那些和我一样堕落的“野鸡”去碰碰，碰着她们高耸的乳峰，碰着她们肥大的屁股，把神经弄昏了，血液弄热了，然后奔回寓所来，大哭一场，这总是可以的！有时，减衣缩食去买一两瓶白玫瑰，以失望为肥鸡，嘲弄为肥鹅，暗算为肥鸭，危险为肥猪，凌辱、攻击为肥牛、肥蛇，饱餐一顿，痛饮一番，大概是不至于没有这种力量的！沉沦！沉沦！勇往的沉沦！一瞑不返的沉沦！不死于战场，便当死于自杀！我的战场已失去了！我的攻守同盟的伴侣已经溃散了！我所有的只有我自己的赤手空拳！我失去我的斗争的立场！我失去我的斗争的武器！在我四围的，尽是我的敌人！我不能向他们妥协，屈服！我只有始终站在反对他们的地位，去从事我个人的沉沦生活！

时间已是夏初四月了，太阳很猛烈地放射它有力量的光线，地上载满着炎热。在这样寂静得如同古城一样、入耳时只有远村两三声倦了的鸡鸣的田野中间，在这样美丽得如同仙境一样、触目只见遍地生命葱茏的稼穑的田野中间，他陶醉着了，微笑着了，爽然着了。他忘记自己是个逃亡者，他忘记死神正蹑足潜踪地跟着他。在这种安静的、渊穆的、美丽的、淡泊的景物间，洪灵菲开始忆起他童年的农村生活来。

同船一起抵达新加坡的几位旅伴都到沙捞越去了，他独自坐在房间里，被一种消沉和失望的情绪包围着。他把袋里的钱掏出来，数了一下，还剩下八块钱。客栈的宿费和饭食，每天要开销一元五角。这点钱只够住五天，五天以后怎么办呢？他想起今天报纸上登载着许多学校聘请教员的启事。他在大学读过几年书，当个中学教员是不成问题的。

但他没有得力的人举荐，能够得到聘请吗？而且这儿的情形他多少知道一点，征求教员云云，全都是骗人的勾当。教员是物色定了，才在报端上虚张声势去聘征求一番，这已是新加坡华人教育界的习惯法了。

教书不成，卖文怎么样呢？今天《国民日报》的《学艺》栏中，就登载着征文小启，每千字一元至三元。稿费虽不算丰厚，也可解燃眉之急。但他再一想，又感到失望了。即便退一百步说，征文的内幕都是透亮的，他的文章中选了，但按卖文的习惯法，大约到明年这个时候才能拿得到稿费，仅有五天旅费的他，那个时候连骨头都朽了。

他再想其次，到商店里当小伙计去吧。中英文俱通，才干也还可以，大概十元或二十元的月薪是可以办到的。但，这也是废话，没有人相识，哪个人要他？到街上去拉车吧，这事倒有趣。但对于拉车的艺术，一时又学不到，而且各种手续又不知怎么办理。

“糟糕！糟糕透顶！”他叹息着，呆呆地坐着出神。思来想去，他收拾起残败的心情去了趟槟榔屿。槟榔屿岛上宁静祥和的氛围深深吸引了他，使他想到了革命之外的另一种可能。洪灵菲的低迷是有的，但通常是间接性的，当他被报纸上报道的国内形势触动后，那种暂时松懈、沉沦下去的舒适感和放逐感随即被一种羞愧感和责任感所替代。

但是当他拖着充实且疲惫的身躯回到客栈，借着老板买来的报纸打发时间时，他的想法又发生了改变，国内的形势越来越坏了，如果人人都这样溃散而逃，那敌对势力岂不是不费吹灰之力就取得了胜利？而这胜利，原本是多少人付出了心力、心血和生命的代价换来的呀！

“容不得踟蹰，容不得踟蹰啊！”洪灵菲理智地提醒、鞭策着自己那颗漂泊不定的心。

一日，洪灵菲又独自一人来到城郊找许超循了。他和许超循谈起前几日见到的槟榔屿及其岛上的风土人情，那简直是一幅世外桃源般的画面，岛上的人们似乎是和外界隔绝的，整个世界范围内动荡的局势和国内的各种党派及政治纷争都和他们没有任何关系。日出而作，日落而息，若问今夕几何，只道不知秦汉的那种。

听着洪灵菲悠然地描绘着在槟榔屿上的见闻，许超循突然极为诚恳地怂恿洪灵菲说：“我们到槟榔屿的极乐寺做和尚去吧！”槟榔屿的极乐和尚是新加坡、马来西亚当地的风俗僧，非常富有，到处云游，并不是吃斋诵经、禁欲受持的苦行僧。

见洪灵菲半信半疑，许超循又补充说道：“现在的局面这么坏，人心这么险恶，我们已失去奋斗的可能。最好还是能够做一年半载和尚，安静安静一下！”

原本洪灵菲以为许超循只是在故意幽默式地自嘲一下，没承想他竟然如此地发自肺腑，他转念接着许超循的话继续讲：“做和尚，好啊！”

许超循没想到洪灵菲竟然如此爽快就答应了，正准备要好好来计划一番的时候，洪灵菲笑着说：“但是，钱呢？没有钱做不成和尚。更做不成极乐寺的和尚！”许超循苦笑了，洪灵菲说得确实对，有钱走遍天下，没钱寸步难行。

“哎，就是啊！说什么不为五斗米折腰呢，那是没有真正经历过饥饿的人们站着说话不腰疼！人是铁，饭是钢，一分钱也能难倒英雄汉！”

经历过大革命的低潮期和国民党清党运动这些白色恐怖之后的许超循，已经没有了从前的朝气蓬勃，而是像村里头背着阳光的花草，疲惫地耷拉着脑袋。

静默片刻，许超循又问道：“你今后有什么打算？”

“我打算去暹罗。那里有很多同乡，即使找不到工作，也许还能碰碰运气遇到一些流落此地的同志，再谋计划呢！”

六

由新加坡到暹罗的货船今早停在搁势浅，搁势浅离暹京只有几分钟的水程，此间海浅，须待潮水涨时，船才能驶进。待到潮水涨到合适水位的时候，货船开始起航，不一会儿就可到埠了。

这船里的搭客仅有四人，一个将近二百八十磅重的五十余岁的老人，一个穿着上衣左肩破了一个大孔的工人模样的青年，另一个是不服水土、得了脚气病、金银色脸的三十余岁的病客，第四个便是洪灵菲了。

由新加坡到暹罗本可以搭火车，但车资最低要三四十元；其次有专载客的轮船，船票费也需十余元；最下等最便宜的便是搭这种货船，船票仅六元。

搭这种货船可以说是一种心酸苦涩的体验，船里的伙计可以随自己心情肆意糟蹋、辱骂搭客。因为他们是载货的，所以把这些搭客也看作无灵性的货物一般，可以任意践踏！其次，这些伙计对待搭客显然犹如主人对待仆人、恩人对待受恩者一样。唯一的理由是因为他们为着慈悲心，才把这些搭客载了这么远的路程。在这么远的路程中，压迫、凌辱、轻视、糟蹋，这算不得怎么一回事。因为搭客中如有不愿意受这种待遇的，可以随便地跳下海去，他们大概是不大干涉的。

因为这两种理由，在这货船中四五天的生活，简直可以说是一种奴隶的生活。吃饭时要受叱责，在饱受凌辱中才能领到嗟来之食；洗面、洗身时也要受叱责。但，没有钱时一切恶意的待遇，和一切没理性的蹂躏大都是能够忍受的。素日十分高傲的灵菲，居然也在这样的货船中忍下五天的屈辱，并且无跳下海的意思。他不曾因为自己曾经受过高等教育和读过几句尼采的哲学和拜伦的诗，便可以证明自己与其他穷人两样。

那二百八十磅重量的老人，在四人中所受的待遇算是最优。因为他生得身体结实，目光灼灼如火，声如破钵，这些伙计委实对他不敢小觑，他们责问他时也比较有礼貌些。最吃亏的是那个有脚气的病客，其次便是那披着破衫的工人，再次便是洪灵菲。那脚气病的搭客上船时险些被他们丢下大海去。他们或许没有这种用意，但他们确有这种威吓的气势。

洪灵菲头发散乱，穿着黑旧暹绸衫裤，状类农家子。由搁势浅到暹京，人们传说还要经过九十九个弯。这九十九个弯的两岸，尽是佛寺和长年苍翠的槟榔树、棕榈树、椰子树。这些寺和这些树是这么美丽的、新鲜的、令人惊奇的、启人智慧的、开人胸襟的。它们把大海的腥气洗净，把大海的沉闷、抑郁、咆哮、奔波，温柔化了、禅化了、诗意化了。它们给茫茫大海以一种深深的安息。

这船不久便到湄南河了，湄南河与海相通，河面上满着青色的石莲、黄衣的和尚。这些和尚都荡着仅可容膝的独木舟，袒臂挂着黄色袈裟，一个个在水面浮着，如一群一群黄色的鸭。难怪东坡诗云"春江水暖鸭先知"……一种柔媚、温和、迷醉、浪漫的情调，给长途倦客以无限的安慰。"暹罗，啊！暹罗是这样美丽的！"灵菲开始赞叹起来。

可惜，暹罗的政治环境，并没有其自然景观那般迷人，比起新加坡，简直是有过之而无不及。共产党人和革命人士，有的被当地政府抓去监禁，有的被驱逐出境了。没有被抓的也转入地下，躲了起来。洪灵菲在得合兴客栈住了两天，没有找到戴平万，却见到原来由海外部派来的另外几位同志。他听从他们的劝告，躲在湄南河对岸一家同乡开办的商店里。

这商店名叫"泰兴筏"，用木板钉成，用木柱、水泥柱作为支柱立在水面上，构造和其他的商店一样。潮水涨时，从对岸望去，这座屋好像浮在河面上的木筏；潮水退时，又仿佛像个涉水的怪物一样。

湄南河对岸的筏一律如此。住筏上的人都有"Water！Water！Everywhere！"（水，水，到处是水）的特异感觉。晚上灯昏人寂时，有一种昆虫不住地叫着："克苦！克苦！克苦！"其声凄绝，构成这水屋特有的情调。

泰兴筏的老板名叫洪松，是个三十岁左右的人，他从前曾在乡间教过几年书，后来跑到暹罗来，弃学从商。洪灵菲的父亲对他曾有过恩惠，所以洪灵菲住在他店里，虽不是十分受欢迎，但被逐的危险是不至于发生的。

每天闲居无事，洪灵菲常棹着一艘独木舟，在湄南河中与风浪水流搏斗，他的臂晒赤了，脸炙黑了，同时也磨炼了与恶势力战斗的毅力和意志。

离泰兴筏不远，有一个十分幽静的"越"（佛寺）。那儿有茂密的树，有几只斑皮普吠的狗，有几个长年袒着肩、披着袈裟的和尚，有许多大大小小的塔，有一片给人乘凉的旷地，也是洪灵菲常到的地方。

他常在佛寺的长廊中坐着看书，有时候，在寂灭、和平的境界中，他也参起禅来，跏趺坐着，身心俱寂。这时要是有个外人在那边走过，定会误认为他是个道法高广的和尚。洪灵菲曾在自传体小说《流亡》里提到过：

> 在这神异的、怪诞的、浪漫的暹罗国京城流浪着的沈之菲，日则弄舟湄南河，到佛寺静坐看书，夜则和几个友人到电戏院，伶戏院去放松戏耍。时光溜得很快，恍惚间已是度过十几天了。在这十几天中，他也尝为这儿的女郎的特别袒露的乳部发过十次八次呆；也尝游过茂树阴森、细草柔茸的"皇家田"；也尝攀登"越色局"，眺览暹京满着佛寺的全景；也尝到莱新报馆去和那儿的社长对谈，接受了许多劝他细心匿避的忠告；也尝到一个秘密场所去，听一个被逐的农民报告，说从潮州逃来的同志们，总数竟在万人以上：有的在挑着担卖猪肉，有的在走着街叫喊着卖报纸，有的饥寒交迫，辗转垂毙。

然而，洪灵菲毕竟不能长期安于稳定和灰色的生活，即使在流亡中，他仍然关心革命的成败。十多天后，他参加了一个秘密集会，听一个从潮汕流亡出来的农民的报告。据他说，从湖汕逃来暹罗的同志们，总数竟在万人以上，有的在挑着担卖猪肉，有的沿街叫卖报纸，有的饥寒交迫，辗转垂毙。在这次秘密集会上，洪灵菲终于打听到戴平万的消息。

为与国内清党运动相配合，国民党右派还将搜捕的罗网延伸到海外，大肆追剿、屠杀革命人士。戴平万既是中共党员，又是以个人名义加入国民党的跨党党员，自然成为特务盯梢、跟踪的目标。一次，戴平万为躲避特务的跟踪，潜入曼谷培英学校。幸得该华侨学校的校长苏领寰曾是戴仙寿（戴平万之父）的学生，当特务前来搜查时，苏校长掩护戴平万从后门逃出，才使其免遭敌手。[①]涉险安度后，戴平万便过着一段时间四处流亡的生活，随后，还是回到了培英学校，以教师身份掩护自身。

第二天，洪灵菲到培英中学寻访戴平万。走进校门，正好下课，学生们窜来窜去，吵吵嚷嚷。洪灵菲问了两个学生，都瞠目不知所对。后来，他见有一个戴着眼镜、教师模样的人匆匆走来，便迎上前去，问道："请问，您知道戴平万在哪儿吗？"

这个人长相斯斯文文，说起话来也是轻声细语："他在办公室备课呢！你随我来吧，我刚下课要回办公室备课去。"洪灵菲连忙道谢，随后跟着这个白净书生一起走进了附近的教学楼。

洪灵菲、戴平万这对至交好友各自历经劫难之后终于又见面了，双方紧紧地拥抱着，手掌用力地拍着对方的背，互相鼓励打气。

随后，洪灵菲关切地询问起戴平万最近的生活处境，戴平万失望地摇了摇头，丧气地说道："这学校的校长是我父亲的故人，自然也还是庇佑我的，不会太过于为难我，可是，寄人篱下的生活毕竟是艰难的，处处赔着小心。况且我们这样特殊的身份，说别人完全不担心也是不可能的呢！"

洪灵菲认真地倾听着，同时也诉说起自己在新加坡的遭遇。"在这几个月来，我被反动派逼得东躲西藏，像被追捕的野兽，被赶来赶去，无处藏身。我常想，我们太软弱了，我们不能老是被动挨打，应该给敌人狠狠的打击！但是，现在我们离开了组织，像离群的孤雁，能够做什么呢？

① 饶芃子、黄仲文：《戴平万研究》，汕头大学出版社，2000，第21页。

我看最近的报纸，武汉政府还是革命的，还继续执行孙中山先生的三大政策，革命还没有失败，还没有完……”洪灵菲拉着戴平万的手，越说越激动，“我们回去吧！回到武汉去！在那儿可以看到一线曙光，可以和工农群众站在同一条战线上，向一切恶势力进攻！”

戴平万沉吟着说：“你能担保那些所谓忠实的同志，不会再对我们下毒手吗？”

“我们已经有了经验，我们的党不会再受骗了。如果他们敢下毒手，就拿起枪和他们干！我已经下决心了，即使牺牲在战场上，也比在海外当顺民、当奴隶强！”

“好！我和你一起回去，再大干一场！”

洪灵菲紧紧地握着戴平万的手，不断地摇着。

洪灵菲和戴平万决定回武汉之后，便着手进行筹备。一些同乡好友听说他们要归国，主动给他们凑了一笔路费。那时候，暹罗没有轮船直达上海，因此他们搭货船再回新加坡，在新加坡等了几天，然后乘一艘邮船去上海，预备到上海后再转去武汉。邮船在香港遇到台风，避了两天，抵达上海的时候，已是8月初了。到了上海，他们才听说武汉也发生了大屠杀，也是一片白色恐怖。这下子他们就像掉进了冰窖里一样，浑身凉透了。

前面的路被堵死了，后面又没有退路，他们无处可去，于是只好在上海住下来。他们租了一间每月十元的前楼住着，打算在上海过卖文的生活。

在这段时期，他们的思想十分苦闷，戴平万尤其显得颓丧。革命失去了目标，生活则是穷愁潦倒。他们睡的是楼板，穿的是破衣服，吃的是不接续的“散包饭”。做出来的文章，从未卖到半文钱。他们不断地尝到了失望的苦味。

不久，洪灵菲从在上海求学的潮州学生处，打听到秦曼芳已随同她二姐到北京读书，于是他立即写了一封信，托北京大学的学生詹昭清（他在金山中学时的同学）转交给秦曼芳。

1927年8月1日，周恩来、朱德、贺龙、叶挺等组织南昌起义，打响了武装反抗国民党统治的第一枪。起义军在9月入闽后进而攻占潮汕等地。洪、戴二人在上海听闻起义军进驻潮汕的消息，当即由上海乘船返回潮州。未至潮州，便在途中听闻起义军撤离潮汕的消息，但苦于船已起航，只好到汕头登岸后再另做打算。其间，洪、戴二人对于是否继续革命产生了分歧。

戴平万不支持回潮汕，然后再继续北上："第一点，这支工农军，子弹饷械都不充足，日内必定败退溃散，我们没有回去跟他们逃走的必要。第二点，我们现在需要竭力保持灰色，这一回去，色彩益加浓厚，以后逃走，更加无地自容。第三点，干革命工作，不必一定到工农群众里面去做实地工作。在文学上，我辈能够鼓吹一点革命思想，也算是尽一分力量。我根据这三点理由，绝对不赞成回去。"他说话时，一面正在翻译狄更斯的*Tales of Two Cities*（《双城记》），态度很是冷静镇定。

洪灵菲支持回潮汕去干革命："第一点，我们必须回去，因为我们从暹罗奔走到新加坡，从新加坡奔走到上海来，为的是要到潮汕干革命去。广州现时既不能去，革命势力现时又几乎全部集中在老家，故此我们必须要回去，然后继续北上。工农军是否失败，现时不能武断。假使失败，我们只有再次逃亡，并无其他的损失。第二点，我们必须回去，因为我们的战地久已失去，战伴久已分离，战斗的力量和计划大半消失，这一回去可以把这些缺陷统统填平。保持灰色这一层，现在大可不必；既已在流亡通缉之列，尚有什么灰色可以保持？第三点，从事革命文学对社会当然也有相当的贡献。但既已决心从事革命文学而不做实地斗争，这种文学易成蹈空、敷衍，而失去它领导时代的效力！根据这三点理由，我绝对地主张回去！"他说话时，声音非常亢奋，有一种演说家的表情。

"且少安毋躁！"戴平万冷然地说，他依旧在干着他的翻译的工作，面上并无丝毫激动着的感情，"革命是一种科学，并不是能够任性。我们先要研究，加进我们去，在这个溃败的大局中有没有挽救的力量？我敢说，这是没有的！现在工农群众的暴动，有许多幼稚、错误，我们能不能纠正这种幼稚和错误？我敢说，我们是不能够的！依照我们的特长说，与其说是政治的不如说是文学的。我想，现时还是安安静静地在这上海蛰居，从事文学……”

最后，戴平万还是讲不过洪灵菲，只得跟着他一起回到潮汕。匿居乡间一个月左右，洪、戴二人转至海陆丰农民运动根据地，参加了一段时间的农运。尔后，海陆丰农民起义失败，洪、戴二人又决定各自绕经香港，再度赴沪。

七

20世纪以来中国知识分子的命运，和其在社会历史中所扮演的角色是密切相关的。伴随着“启蒙”与“被启蒙”的主旋律，可以将现代知识分子分为三种：第一类是启蒙者；第二类是殉道者，因为启蒙不成反而成为牺牲者；第三类便是流浪者，同样是由于启蒙不成被迫流浪、流亡。

“流浪”和“流亡”虽然同是个体行为，但是两者的要义却不尽相同。“流浪”带有主体性色彩，是个体为了追求精神自由而萌发的主观能动性，而“流亡”则与战乱、政治迫害等客观的外界压力有关。对中国现代知识分子而言，漂泊、流浪与流亡常常紧密相连，“流浪”这两个字并不意味着浪漫和自由，相反，它意味着流浪者必须被迫离开生于斯、长于斯的故土，意味着再也回不去的昨天、颠沛流离的今天和毫无希望的明天。流亡者存在于一种中间状态，既非完全与新环境合一，也未完全与旧环境分离，而是处于若即若离的困境，一方面怀乡而感伤，一方面又是巧妙的模仿者或秘密的流浪人。

从时间历时性和空间共时性的维度上看，“流浪”不仅仅是地域上一种简单迁徙的行为。由于所受的排挤和歧视，他们遭受的更是一种精神上的流浪，与四处都格格不入，精神之根如同浮萍，毫无归属感和安定感。无论这流浪是真正地被放逐还是仅仅在于精神，只要这个知识分子一直处在和自己的惰性思维相互纠缠和辩论的过程中，就可以说这种流浪仍在继续……

同时，“流亡”其实应该解读为一种“双重缺席”，即“对于驱逐他们和容纳他们的两个社会的缺席”。洪灵菲正是这两个社会的缺席者：作为革命者，他必须忍受家庭和社会的双重压力，流浪奔波，挣扎受难，无怨无悔，出身贫寒的他，以时代叛逆者的姿态拥抱革命；作为家庭的逆子，他不满包办婚姻，暴虐的父亲也将他“推向”革命阵营。在两大社会中，他都是被驱逐者，都不被容纳，其革命行动是五四个性解放的结果。革命于他不仅是未来谋生的事业，更是一种理想和信仰。

“流亡”的实体性经验和“流浪”的精神性体验在社会政治之外，还共同构成了洪灵菲为代表的流亡作家文学创作的一种特殊样式和类型。他们将身处异邦的谋生体验和留学、漂泊、流亡等个人遭遇付诸文字，使得这类书写既具有个体生命经验的独特性，又具有社会文化经验的普遍性，内涵蕴藉、十分丰厚。

流亡者的书写充满自传性，是一种生命写作。流亡文学是一种表现出深刻不安的文学。《流亡》中的沈之菲与洪灵菲几乎可以相互置换，上述逃亡细节及大革命失败后洪灵菲的辛酸流亡，在这部作品中始终闪耀和燃烧着天主教的狂热和撒旦式的感情。

在洪灵菲的笔下，有人的朴拙奇绝、新加坡之夜的浪漫诗意、暹罗浴女的纯真原始。流亡使他挣扎在坚定的革命者、颓废的都市漫游者与身心俱寂的佛教徒之间。强烈的生命意识成为流亡者与世界抗争的主要精神动力，他们经历着混乱而复杂的生存困境——战争、动乱、死亡等，流亡让他们倍感生命之可贵。自由是生命的终极目的，凭着对生命的热爱、对自由的追求，面对殖民政府的驱逐、日寇的搜捕和隐匿的告密者，他们从不轻易放弃抗争。

《流亡》自十七节到二十五节描写了之菲流亡到新加坡和暹罗的生活。国内革命处于低潮，经历了一逃再逃，甚而被捕，他依然乐观，并以诗意盎然的乐观心情呼唤着新世界的到来：

> 值不得踌躇啊！值不得踌躇啊！你灿烂的霞光，你透出黑夜的曙光，你在藏匿着的太阳之光，你燎原大焚的火光，你令敌人胆怖，令同志们迷恋的绀红之光，燃罢！照耀罢！大胆地反射罢！我这未来的生命，终愿为你的美丽而牺牲！

文本的基调欢快明朗，洋溢着一股青春律动，闪烁着理想的火花，横亘着信念的虹霓。然而，主人公高昂的革命情怀不久随现实处境而发生动摇，新加坡依然风声鹤唳，他本人时时面临着被追捕的凶险，他“这时只有觉得失望、昏暗、幽沉、悲伤、寂寞。全社会都是反对他的”。兼以求生艰难，他对新加坡人生地不熟，投亲访友时又遭白眼，世态炎凉使这位年轻的革命者开始心灰意冷。最后栖身公馆，被赌徒、嫖客、妓女视为杂役，随意驱使。面对饥饿、屈辱，他甚而产生了犯罪的倾向。

《流亡》对沈之菲这个真挚而痛苦的流亡者的灵魂进行了真实的表现，作为一个闯入者，他在此实现了青春人格的蜕变，也感受着南洋的诗意与浪漫：

> 如若我们把暹罗国比做一个迷醉的妇人，这儿，是她的眉黛，是她的柔发，是她的青葱的梦，是她的香甜的心的幻影。
>
> 如果我们把暹罗国比做一个道德高广的和尚，这儿，是他的栖息的佛殿，是他的参禅的宝坛，是他的涅槃归去的莲花座。

由此可见，作者将流亡浪漫化了。由于流亡暂住的性质，他无法深入体会南洋社会的生活情况，这使他笔下的新加坡、暹罗不同于艾芜、巴人对南洋社会历史形态与人文风情的客观描述，而带有更大的想象性。逃亡中的洪灵菲并不悲伤颓唐，他感觉“横在他面前的，是一幅壮阔的画面，令他向往。他知道他有更大的奋斗目标，他不能在快要崩坏了的旧制度下呻吟着过活”，这就是革命者的浪漫激情。

革命理想遭受重创，新加坡的革命机构已遭到严重破坏。当昔日同志兼战友诚恳地邀请之菲一同“设法到槟榔屿极乐寺做和尚”时，洪灵菲借主人公之菲之口表达了理解和赞同，但终因无钱不能做和尚而作罢。

当之菲冷寂、忧郁地行走在南洋的街道时，他感到自己已成为一块木头或者顽石般失去了感觉，无法判断是苦痛还是快乐，人生是有意义还是一钱不值。“到不得不革命时，便革命下去吧！”但他不甘于沉沦，不时自省，谴责自己的卑怯。在新加坡的十来天，他一无所获，于是他怀着美好的憧憬，继续流亡到暹罗。暹罗的政治环境更为险恶，全暹罗都在反动派的势力之下，他只得藏匿于湄南河的一艘木筏中，忍受着船主兼同乡的厌恶与白眼。但南洋佛教氛围浓厚，还有“使他血沸换不过气的”裸浴少妇。他每天在湄南河中荡着，“在他眼前的总是一种青葱，娴静，富有引诱性的梦幻境。他一桨一桨地追寻下去，浑忘这湄南河究是仙宫还是人间！”体味着暹罗奇特的佛教风俗，万籁俱寂中，他参禅拜佛，身心俱寂。“好像变成一个极端个人主义者、悲观主义者。他似乎一点也不像一个赤色的革命家，而是银灰色的诗人、黑褐色的佛教徒了。”

在这神异、怪诞的浪漫之乡，他“日则弄舟湄公河，到佛寺静坐看书，夜则和几个友人到电戏院、伶戏院鬼混”。一晃又是十几天。但国内的革命风暴不时闯入他的生活中，他耳闻目睹万人以上从潮州逃亡的同志们，“有的在挑着担卖猪肉，有的在走着叫喊着卖报纸，有的饥寒交迫，辗转垂毙”。再加上周围所见的沉默的土人像羔羊一般被吞噬、被压迫，H港中被压迫的黑人和原人般生活的土人都激起了他的革命想象，他亲历了殖民社会的人情世态，现实的残酷和生存的艰难使他迷惘。尤其当这两者混合在一起时，这令人痛心而震惊的一幕幕场景让他幡然惊醒，在短暂的身心休养或精神漫游之后，革命意志再次迸发出来，他在给爱人的信中进行了沉痛的反省，对小资产阶级的动摇性做了深刻的自剖，决心从“馨香迷醉的暹罗”到革命气息强烈的故国W地去。

以启程归国参加革命来换取精神的蕴藉，重获青春生命的律动。可以说，南洋为文本提供了一个富有表现力的背景，将沈之菲的革命事业从国内搬到域外。其中，革命者以浪漫激情徜徉在革命与恋爱之间，这一丰富经历显然深化了流亡的主题。

作为早期普罗文学的代表，洪灵菲的《流亡》有着重要的政治、历史、思想与文化内涵，具有强烈的抒情性，从革命文学的发展阶段上看，开创期的这部作品已经能够表现那一时代及其情调风格。其“革命＋恋爱”的罗曼蒂克性质很大一部分由主人公的流亡经历所决定，其中的狂乱、迷惘、孤独等精神特质展现的是成长中的青春人格。“革命＋恋爱”的主题使《流亡》受到苛责，但异域对情节的发展有显见的推动作用，为文本增添了浪漫主义气息，对理解主人公的性格与情感也有重要的意义。

作为“一个彗星式的高产作家”，洪灵菲从1928年发表《流亡》到1933年牺牲，在繁重的革命工作中创作了二百万字的作品，正如他出于对拜伦个人反抗精神与理想的浪漫追求而取名“拜伦·阿洪”一样，其写作与命名都是其青春人格的体现，这也是这部流亡文本作为青春体小说存在的艺术魅力，它揭示的是主人公流亡中的心灵成长。

八

瞿秋白在《〈鲁迅杂感选集〉序言》中曾指出：从“五四”到“五卅”之间中国城市里迅速地积聚着各种“薄海民”（Bohemian）——小资产阶级的流浪人的智识青年。这种智识阶层和早期的士大夫阶级的“逆子贰臣”，同样是中国封建宗法社会崩溃的结果。同样是帝国主义以及军阀官僚的牺牲品，同样是被中国畸形的资本主义关系的发展过程所“挤出轨道”的孤儿。但是，他们的都市化和摩登化更深刻了。他们和农村的联系更稀薄了，他们没有前一辈的黎明期的清醒的现实主义，——也可以说是老实的农民的实事求是的精神——反而传染了欧洲的世纪末的气质。这种新起的智识分子，因为他们的“热度”的关系，往往首先卷进革命的怒潮，但是，也会首先“落荒”或者“颓废”，甚至“叛变”——如果不坚决地克服自己的浪漫谛克主义。[①]

学者杜兴梅、杜运通在《〈我们月刊〉研究》一文中认为：“瞿秋白的精辟论断由茅盾的《蚀》三部曲所佐证。而我们社作家则有所不同……我们社创作的年代正是我国现代史上最黑暗、最恐怖的年代。这批从革命浪潮中涌现出的‘弄潮儿’，在他们的作品中极少笼罩着苦闷感伤的色彩，而是以热情、乐观、明快的基调，以愤慨、恣肆、犀利的笔力，对于黑暗社会、反动势力，以及屠夫刽子手们的疯狂压迫与虐杀加以无情的暴露，并进一步指出革命才是唯一的出路，从而博得了对现实不满、渴望新生活的广大知识青年的强烈共鸣，赞誉他们为‘革命时代的前茅’”。[②]

笔者经过重新阅读、爬梳后发现，潮汕作家笔下的知识青年并非一开始就“以热情、乐观、明快的基调，以愤慨、恣肆、犀利的笔力，对于黑暗社会、反动势力，以及屠夫刽子手们的疯狂压迫与虐杀加以无情的暴露”；相反，经历大革命失败后流亡各地的潮汕知识青年，大多经历过苦闷感伤的迷茫期，其身上也都或多或少地带着“革命薄海民”特质。

对20世纪20年代初期几十年间的中国作家来说，革命热情和与此似乎无关的伤感情绪，是他们的两个主要创作源泉。由于身受残酷现实和不平等生活的压迫，他们为争取深刻的社会和政治改革的热情所激发；在这些希望破灭之后，却又情绪低落，感到极度痛苦和失望，以至陷入病态情绪的波动之中。由此，洪灵菲的流亡旅途中浪漫与沉重并置。他对南洋的观感与个体在南洋的不幸遭遇息息相关。作为过客，他以隐秘的流浪人身份暂时悬置来自革命的沉重感，从而获得短暂的轻松感。然而，对于一个坚定的革命者而言，这种状态毕竟不会长久持续。他在颠沛流离中依然谛听着祖国革命胜利的空谷足音，于寒馁困顿中翘望着革命复起的烽火。

---

① 瞿秋白：《饿乡纪程》，太白文艺出版社，1995，第450页。

② 杜兴梅、杜运通：《我们社研究及精品选读》，花城出版社，2008，第22页。

《流亡》中，饱受流离况味的洪灵菲借主人公写给爱人的信说：

> 流亡数月的生活，可说是非常之苦！一方面因为我到底是一个多疑善变的知识分子，是一个对着革命没有十分坚决的小资产阶级人物，故精神，时有一种破裂的痛苦。一方面是因为家庭既根本不能了解我，社会给我的同情，惟有监禁、通缉、驱逐、唾骂、倾陷，故经济当然也感到异常穷窘。我几乎因此陷入悲观、消极、颓唐，走到自杀那条路去！①

事实确如信中所言。流亡南洋期间，洪灵菲一面感慨新加坡土人所过的“原人生活”，“他们的善良的灵魂怎抵挡得帝国主义的大炮巨舰！他们的和平的乐园怎抵挡得虎狼纵横占据！唉，可怜的新加坡土人……”一面不忘咒骂“狠心的帝国主义者，用强力占据这片乐土，用海陆军的力量，极力镇压着他们背叛的心理”②。可是一旦遇到余粮告罄，收入捉襟见肘时，他又难免英雄气短，并不止一次喟叹“沉沦！沉沦！勇往的沉沦！一瞑不返的沉沦！不死于战场，便当死于自杀！我的战场已经失去了！我的攻守同盟的伴侣已经溃散了！”③。面对大都会的声色犬马，洪灵菲也有抵挡不住诱惑的时候：

> 虽然醇酒妇人的颓废和堕落的生活，断非一个在流亡着的狂徒的经济力量所能胜。但，在可能的范围内，且从此颓废下去吧！堕落下去吧！我虽不能沉湎在鸩毒的酒家、淫乱的娼寮中；但到四马路去和那些和我一样堕落的“野鸡”去碰碰，碰着她们高耸的乳峰，碰着她们肥大的屁股，把神经弄昏了，血液弄热了，然后奔回寓所来，大哭

① 洪灵菲：《洪灵菲选集》，人民文学出版社，1981，第130页。

② 同上书，第100页。

③ 同上书，第136–137页。

一场，这总是可以的！有时，节衣缩食去买一两瓶白玫瑰，以失望为肥鸡，嘲弄为肥鹅，暗算为肥鸭，危险为肥猪，凌辱、攻击为肥牛，肥蛇，饱餐一顿，痛饮一番，大概是不至于没有这种力量的！[①]

借助酒精和美色进行自我麻醉和快慰往往只是暂时的，每当酒劲退尽，头脑清醒的时候，他又开始进行自我反省：

“革命这件东西，是像怒潮一样，一高一低，时起时伏。这时候中国的革命运动虽然暂时消沉下去，不久当然会有高涨的希望”，并竭力地勉励自己“应当忍耐着，冷静地考察着各方面的情形怎样”“不应该因此而失望，悲观，堕落，颓丧”“应当在这潜伏期内，储蓄着我的力量去预备应付这个新局面……”[②]

深陷“革命＋恋爱”动力模式是流亡知识青年“革命薄海民”特质的又一体现，洪灵菲和主人公几乎是同构的，沈之菲把爱人黄曼曼比作自己革命的“力的发动机”“精神的兴奋剂”，企图从曼妹的身上得到鼓励和鞭策。他一面沉溺于个人情爱中，同时又随时不忘革命的要义：“革命与恋爱都是生命之火的燃烧材料。把生命为革命，为恋爱而牺牲，真是多么有意义的啊！”“人之必需恋爱，正如必需吃饭一样。因为恋爱和吃饭这两件大事，都被资本制度弄坏了，使得大家不能安心恋爱和安心吃饭，所以需要革命！”[③]

《前线》中的主人公霍之远一面积极投身革命，一面又在情场上放浪形骸。在已有妻儿的前提下，还与林病卿相爱，又和艇女张金娇厮混。随后又移情别恋已有对象的林妙婵，在工作中还与另外两位女性柔情蜜意……在霍之远看来：

为革命而恋爱，不以恋爱而牺牲革命！革命的意义在谋人类的解

① 洪灵菲：《洪灵菲选集》，人民文学出版社，1981，第136–137页。

② 同上。

③ 同上书，第39页。

放；恋爱的意义在求两性的谐和，两者都一样具有不死的真价！[①]

上述提及的“革命薄海民”特质其实是有其发生的特殊背景的。革命落潮期的知识青年，大都携带着“痛苦而不屈的漂泊灵魂”，“在社会专制和家庭礼教的合围中”，跋涉过“苦闷、彷徨到逃亡、抗争”的心路历程，[②]其偶发的低迷情绪也是可以理解，没有必要被抹杀或遮掩。

值得一提的是，这些革命落潮期的自我怀疑、逃亡途中浮现的小资产阶级惰性、深陷“革命＋恋爱”的动力模式等“革命薄海民”特质，后来都被知识青年通过反躬自省和继续投身革命的形式，加以祛魅、消弭，而其思想也由虚无转到政治斗争、由个人浪漫转到团体行动：

> 这一次流亡的结果，令我益加了解人生的意义和对于革命的决心。我明白现时人与人之间的虚伪、倾陷、欺诈、压迫、玩弄、凌辱的种种现象，完全是资本社会的罪恶的显证。欲消灭这种现象，断非宗教，道德，法律，朝廷所能为力！因为这些，都站在富人方面说话！贫困的人处处是吃亏！饥寒交迫的奴隶，而欲和养尊处优的资本家谈公道，论平等，在光天化日之下同享一种人的生活，这简直是等于痴人说梦！所以欲消灭这种现象，非经过一度流血的大革命不为功！[③]

九

“本世纪初，历史曾为潮汕地区提供了冲破旧的生存模式的机缘。物质上的极度贫困饥馑导致人的精神与行为的裂变”，于是，“在潮汕土地上出现了两件震撼人心的壮举”，其中之一便是“劳工‘大逃亡’”。[④]当大部分的潮汕农民还和锦成叔、裕喜叔、鸡卵兄（《大海》）以及旭高

① 洪灵菲：《前线》，晓山书店，1929，第150页。

② 洪灵菲：《洪灵菲选集》，人民文学出版社，1981，第13页。

③ 同上书，第130页。

④ 姚玳玫：《挣扎与回归：洪灵菲小说地域文化特征初探》，《中国现代文学研究丛刊》1991年第2期。

（《在木筏上》）一样，相信可以凭借浑身的力气，用手里的锄头开拓命运、积累财富的时候，课税、捐款、层出不穷的抽成却使勤劳、本分的农民连养家糊口的机会都丧失殆尽。走投无路的潮汕农民将神秘的南洋想象成一个“遍地黄金”的“极乐世界”：“南洋是他们最后的避难所，那儿没有地主的剥削，那儿出卖气力可以得到高一点的价钱。”“‘番邦’日日正月初一，伸手便可以拿着黄金。”……在谋生动力的驱使下，“佃农们十之八九都曾到过南洋”。[①]这股前仆后继的“过番”热里，扭结着一代又一代潮人的淘金梦和满溢失根之殇的原乡情结。

洪灵菲生于广东侨乡潮州，他还有不少文本直接或间接地描写或展现了南洋。如短篇小说《在俱乐部里》《在木筏上》对主人公在两个重要栖身之所——俱乐部（新加坡）和木筏（暹罗）的流亡经历有真切的刻画，并涉及南洋华侨在20世纪20年代后期世界性经济危机中的艰难谋生，展示了知识分子在流亡中走向民间的主题。《气力的出卖者》《归家》则对华侨的生活惨状和南洋社会面貌进行了生动的描写。

南洋，是一个地理气候、风土人情均和潮汕极为相似的地方，然而，它却断非潮人期许中的“黄金世界”。资本主义的社会制度就是一架榨干劳工血汗的机器，在农村它可以剥削农民的膏脂，在城市同样可以抽吸工人的骨髓。当潮汕劳工“扛着锄头到南洋来挖掘金矿”时，才愕然发现自己“过的都是矿坑下的生活，金子却不知道到哪里去发掘”[②]。为遵循“适者生存”的自然准则，潮汕劳工在南洋从事着各种不同的工种。有的当起木筏主的撑蒿人，每天载着木筏上的槟榔、辣椒、蔗糖、咸鱼、烟茶等物资“行船”到“山巴”里，和暴虐的土人交换米谷。有的在庄园主的橡胶园里当雇工，饱受红毛鬼的随意鞭挞。有的则在制盐公司当锅炉工，用让锅炉焙干气血的代价换来可怜的一日三餐……

① 杜兴梅、杜运通：《我们社研究及精品选读》，花城出版社，2008，第228页。

② 洪灵菲：《洪灵菲选集》，人民文学出版社，1981，第159页。

狂热的淘金梦是支撑一批批潮汕劳工远赴南洋的不竭动力，当狂热的激情随淘金梦碎而直坠冰点后，浓郁的原乡情结即刻使劳工萌生返乡的念头："到了暹罗之后，真是所谓'人面生疏，番子持刀！'即刻令我走投无路了……我悔恨我为什么一点没有打算便跑到这异邦来，真是该死了！""唉，让我在家乡的田园上给太阳光晒死吧，这比较在这举目无亲的异邦上漂流着，好得多了！"①然而，这种喟叹却无法引来行动上的决然，更多时候，漂泊在外的劳工只能靠数"番批"（潮汕及福建一带用语，指华侨从海外寄回家的信笺）而聊以自慰：

> 我们彼此拥挤地坐在这木筏上的后房……旭高望着我们说，"数一数寄回家去的番批！"他的态度似滑稽又似庄严，似快乐又似悲伤。他的枣色的脸孔上近唇边的一粒黑痣上的毛，跟着他的唇在移动着，这好像是在戏谑着这说话的主人公似的。
>
> "臭虎！"天天在数"番批"，不怕激怒你的老子吗？……
>
> "没有钱寄回去，数一数'番批'开开心！"旭高用着解释的神气说，把他的两只手捧着"番批"在念着，"……兹寄去大洋××元，以为家中之用……"
>
> "臭虎，不要念吧！"竖弓尖着他的嘴唇，半恳求半阻止地走上前去抢他的"番批"，"我们连平安批都还没有寄一张回家去啊！"
>
> "唉！我已经不知多久没有寄钱回家去了！……"黑米叔怅然地从旭高身边退下，坐到地板上去。他的漆黑有光的眼睛似乎微微地湿了……②

客居他乡的失根之殇不仅牵连着数以万计的潮汕劳工，更维系着魂牵梦绕、企盼归期的故土亲人。无数留守潮汕乡土的老母寡妻，终其一生也难以再见到自己的亲人。《金章老姆》里的金章老姆，早年守寡，独自一

① 洪灵菲：《洪灵菲选集》，人民文学出版社，1981，第210页。

② 同上书，第159页。

人将儿子养育成人，儿子却因追寻淘金梦远赴南洋，一去三十年杳无音信。孤苦伶仃的金章老姆只能永远生活在疯癫的梦呓里，逢人便戚戚地述说："唉，天王爷，让一个儿子到番邦去好像是让他到海里面去一样。虽然海里面或者有了水晶宫，有了海龙王的宝殿，有了奇奇怪怪的宝物，但到海里面去的人物，回来是绝对不容易的事啊！天王爷，我那时，一定是发昏，我便让我的儿子到海里面去，让我的儿子去'过番'了。我的儿子是个好儿子，但我却是他的一个糊涂的母亲！"[①]《里巷》中的活寡妇美进婶，在丈夫"过番"的二十几年里，每每遇到人们各种假意、好心的探寻时，都简单地重复着同一句话："那白虎（潮汕地区妇人骂丈夫的话）回来不回来不都是一样吗？"看似无情的回答却浸透着潮汕下层妇女诸多难以言尽的无奈与辛酸。作为男子世界的陪衬，潮汕下层妇女承受着父权与夫权的双重桎梏——"过番"的男人一去不返，境遇好的偶尔寄些钱财接济接济家用，境遇不好的只能是"死生契阔"，连弥留之际都难以见上一面；而困守故土的潮汕女性，却只能立着贞节牌坊当一辈子活寡妇，等到将儿子拉扯成人后再度经历丧失亲人的苦楚……

很多时候，故乡只是一个永远无法回去的他方，它只存在于他乡游子和故土亲人的梦境里，真的回乡了，又会面临着诸多人情和现实的叩问——当"过番"数十载的百禄叔重新出现在村口大路上时，引来的只是放牛童子的好奇与惊骇：百禄叔不再是当年乡邻械斗中骁勇过人的壮汉，也不像传说中"发了洋财"的"番客"荣归故里的样子，而是一个瘦得像枯树枝一样的人物，或者说，更像是一个"老乞丐"。"啊！'番客'来了！啊，百禄叔一定是发洋财回来呢！""百禄叔，你遭了劫贼，金银财宝都被人家偷了去吗？"面对黄毛小孩的无忌童言，百禄叔只是无奈地苦笑，可面对老婆的质问，他却无言以对。"你这短命！……你这白虎咬！你也学人家'过番'，人家成千成百地寄回家来，你呢，你连一个屁也没有放！……我不是苦苦劝诫你，叫你不要'过番'。'作田'虽然艰

① 洪灵菲：《洪灵菲选集》，人民文学出版社，1981，第205页。

苦，嘴看见，目看见，比较好些。你这白虎！半句说话也不听，硬要‘过番’，你说‘番邦’日日正月初一，伸手便可以拿着黄金！你这一去包管是发洋财回来！发你这短命的洋财……你也不想想，一家四五个嘴，阿牛、阿鸡又小，不会帮忙，你到番邦去快活，一个钱也不寄回来，叫我们怎样过活呢！……”①愧疚、自责、无奈、心酸令百禄叔百感交集，而同样的矛盾也让百禄婶对其爱恨交加。

像百禄叔这样的例子并不少见，多数远渡南洋谋生的劳工“去的时候是赤手空拳，回来的时候也是赤手空拳。去的时候是藏在船舱里面，回来的时候依然也是藏在船舱里面”②。大部分的潮汕劳工“去的时候，都像火一样热，回来的时候，一个个都变得冷灰了”，但尽管如此，“未曾到南洋去的农民们还是一个个地跟着去。去的时候，还是像一团火”，因为“穷人们是活在希望里面的。他们虽然在接叠的失败中，还要把他们的希望建立起来。南洋是他们的希望，是他们的发达的道路，他们非去跑一趟不可”③。“种田—过番—归家—种田—再度过番”，在这种前仆后继、无限循环的“过番”热里，扭绞着的正是一代又一代潮人的淘金梦碎后和满溢失根之殇的原乡情结，而这点也是社会转型期里潮人文化心理的一大表征。

① 洪灵菲：《洪灵菲选集》，人民文学出版社，1981，第159页。

② 杜兴梅、杜运通：《我们社研究及精品选读》，花城出版社，2008，第223页。

③ 同上。

第六章　北四川路与亭子间的文学创作

一

1927年初，国民革命军在北伐战争中所向披靡，工农运动节节高涨；同时，帝国主义和国民党右派却暗度陈仓，密谋破坏中国革命。在帝国主义的拉拢支持下，蒋介石对国民革命军倒戈相向，赫然发动“四一二”反革命政变。4月15日，广州的国民党右派也紧步蒋之后尘，疯狂镇压工农革命运动，逮捕、屠杀共产党人、进步人士和革命群众。接踵而至的“清党”政策席卷岭东大地，就连手握笔杆的文人也难以幸免。被通缉的潮汕作家、进步人士中，洪灵菲、戴平万等亡命南洋；杜国庠避隐香港；李春铮（李春涛胞弟）奔赴武汉；杨邨人远渡东瀛；冯铿、许美勋则辗转流徙于潮汕乡间……

关于现代文坛上这一进步作家被迫流亡的现象，夏衍曾回忆道：“……郭沫若、李一氓、阳翰笙等同志是在南昌起义之后，经潮汕、香港等地来到上海的。杜国庠、洪灵菲、戴平万等同志是在海陆丰起义失败后到上海的。钱杏邨、蒋光慈、孟超等同志是在武汉大革命失败后经安徽撤到上海的……”这群潮汕革命青年和文学青年虽星散各地，却最终在共同的文学理想和革命志业的召唤下，选择了殊途同归、共赴上海。

1927年底，戴平万经由新加坡、曼谷、暹罗等地返沪，他此前和洪灵菲约好各自处理好家庭事宜后在上海碰头。成为羁旅租界的“外乡人”“异域客”，这种滋味确实不好受，但是为了内心的坚守，为了兑现和洪灵菲的承诺，戴平万还是如约地到了上海。戴平万暂时还联系不上党组织，自己和灵菲流亡数月，盘缠也几乎都用尽了，目前他通过在上海工作的潮安城南小学同窗帮忙，暂住在该友人供职的一家进出口银行。

戴平万友人供职的银行位于法大马路一带，由一潮州商人经营。经过那段艰辛的流亡岁月，戴平万的皮肤由之前的白皙干净到现在的黝黑粗糙，鼻头被晒伤的部分还没有完全恢复，红红的一块很明显，鼻翼部分则有着些许掉皮，整张脸看起来和之前的文弱书生相比，真的是天壤之别。但是一个人的精神气质却是很难掩盖住的，皮肤黝黑粗糙的戴平万的眼神依然是炯炯有神，骨子里也是透着读书人的气质。他怕自己一个人上街时慌张的神色会引起租界巡警的注意，白天一般都待在银行的阁楼上，隔着窗帘看街上来来往往的行人，寻找着那个熟悉的身影。午饭一般都是银行的跑堂帮忙买了拿到阁楼上来，戴平万吃的是最廉价经济实惠的包饭，能管饱，但是味道就不尽如人意了。现在顾不上这么多了，他只希望能早点见到洪灵菲，一起商量下一步的打算。

又过了几日，戴平万还是不见洪灵菲按照原来的约定来找自己，他的内心十分担心，不知洪灵菲是在潮汕地区的战斗中发生了意外，还是在上海人生地不熟，找不到自己呢？戴平万焦急地想着，从自己藤箱子里拿出一把小手柄的镜子，对着镜子端详自己。经过几日休养，又都没有出门，他的肤色和气色已经比之前白净、红润很多了。思来想去，戴平万决定还是出去碰碰运气，说不定就能遇到灵菲呢！

说来也真是机缘巧合，戴平万出了银行，想着到附近书店去看看，也许伦修兄这书虫会去书店点卯也说不定。戴平万在书店里逛了逛，每排书架前埋头看书的人他都一一仔细看过了，都不是他要找的洪灵菲。他失望地正想抬腿出门，迎面就撞到一个走得特别急的人。戴平万的性格是不愠不怒的，可是这一撞，他倒是真有点怕自己略带欧美风的美男子鼻被撞塌了。戴平万定睛看看是哪个冒失鬼，结果却差点叫了出来：“怎么是你？哦不，真的是你？伦修兄?!”

洪灵菲也是激动不已，终于在他乡遇到故知了，这不是人生一大幸事吗？再说了，自己找戴平万找得可真是辛苦啊。戴平万见洪灵菲一副风尘仆仆的样子，嘴唇都干燥得掉皮了，可以想象这几日他肯定也是过得特别艰难。

"什么都别说了，咱们先找家店坐下来，吃点东西！"戴平万倡议着。

"好，只要能喝点水就好！"洪灵菲没有拒绝，因为他实在是太疲劳了。

洪灵菲、戴平万两个人沿着法大马路的拐角继续走着，进了一家广东人开的点心茶铺。戴平万点了一碟瓜子和绿豆饼，再要了两份凉茶。洪灵菲几日未曾进食，这时已经开始狼吞虎咽了。

"不好意思，伦修兄，手头上紧，只能委屈你吃点茶点充饥了。"戴平万十分抱歉地说着。

"这是哪里的话，你也不容易，能有绿豆饼就不错了，简直是饕餮盛宴！"洪灵菲抹了抹嘴巴，随后又把沾在手上的豆饼渣渣给舔干净了，一边还不好意思地说，"嘿嘿，别介意哈，实在是饥肠辘辘，凡是劳动人民的粮食都来之不易，不能浪费啊！"

戴平万忍不住笑了，这种时候还能乐观地开玩笑的，也就是眼前这位浪漫主义诗人洪灵菲了。

垫垫肚子后，戴平万领着洪灵菲到点心铺后面的洗手间里梳洗了一下，把衣服上的灰尘污垢清理掉，这样才不会引起人注意。

"安全吗？"洪灵菲机警地问着。

"放心，老板是广东人，以前和家父相识。"戴平万补充道。

整理一番之后的洪灵菲看起来精神多了，随后他也跟着戴平万一起借住在潮汕老乡的银行阁楼里了。但是两个陌生人这样不明不白地住进来，说是短期的探亲人家还勉强相信，长期如此，肯定会引起探子怀疑，还连累了其他无关的人。稍事休憩、整合旅资后，洪、戴二人便开始寻找新的寄宿之地。

二

明末清初时起，潮人旅沪经商的传统便已有之。据上海碑刻资料记载，"早在乾隆二十四年（1759），上海便已出现潮州会馆"。1860年1

月，汕头的开埠通商进一步推进了潮人向沪上迁移。“广船”“红头船”均为当时潮人所造，因其“坚固耐用，载重量大，抗风浪性能好”等优点成为潮商往返沪上的重要交通工具。清同治年间至光绪初年，“红头船”“广船”才逐渐被太古轮船公司、怡和轮船公司和招商局的轮船所取代。此后的太古、怡和等公司形成垄断地位，潮商的货物运输多受其控制。为摆脱势单力薄、举目无亲的处境，初涉沪上的潮商逐渐“意识到同乡之间互助的必要性，于是在上海建立起以地缘为纽带的互助性团体”。这些互助性团体包括同业公会、同乡团体等，有的甚至兼具同业、同乡团体的属性。戴平万、洪灵菲等革命青年及现代旅沪潮汕作家所置身及感受到的，正是这样一种“魔都”与“潮味”、“现代”与“乡土”、“陌生”与“熟悉”兼容并蓄的时代氛围。

尽管租界司法独立、不设通行限制、出版法律类真空等方面能为潮汕作家投身文学、革命活动提供有效的屏障，但日渐严格的户籍制却是横亘其前的一道必须首先设法逾越的关卡。当时，旅居沪上的外地人必须携有家眷才能租到房，否则就必须借助“铺保”这种特定的方式。“铺保”，是除“人保”“钱保”之外的另一种担保形式，在晚清至民国时期的借贷、租赁契约中并不鲜见。民国十七年（1928）二月，上海总商会在答复震旦木业工会的《铺保责任习惯》中提到“铺保制度为谋商业之安全，图相互之利益，商业上均有确信心”“查铺保习惯，凡盖用书柬图章，并由经理人签字自应认为发生效力”，“铺保”在中国商事习惯中的作用也可见一斑。

虽然“铺保”是初涉沪上、人生地疏者应聘和获得暂住地的通行证，但普通工人寻找“铺保”却非易事：一是店铺老板通常需要收取一定的保费才愿意担保；二则因资本家要求工人寻找的“铺保”往往不止一家，故此工人在尚未入职时便倾囊而尽、债台高筑者不在少数。此外，厂方、房东等对作保商铺也有不成文的约定。一般来说，具有“比较雄厚资本的南货号、百货店、绸布庄、银楼等，才有充当铺保的资格”，至于“一些资本不多的老虎灶、理发店、裁缝铺、小烟纸号等”，都无法得到青睐和认可。

另外，民国时期上海的公私营企业在雇工时，“一般都要求受雇者先找店铺作保，填具保单，并在保单上加盖店铺的印章方为有效”；而“租赁担保”则须以店铺名义作为租赁方进行担保，从而确保房东不因租客的身份问题或拖欠租金而蒙受牵连和损失。根据当时严格的户籍盘查和租住制度，在上海的外地人必须携有家眷或有正式挂牌注册的商号进行“铺保”，才能租到房子。洪、戴二人均因没有携带家眷，跑了几条街仍旧落空。最后，还是请法大马路潮州商行的经理以银行为名，出面进行“租赁担保”，洪、戴二人这才租到了法租界白莱尼蒙马朗路西门里的一家前楼。

距离洪、戴寓所仅几个街区的地方，便是杨邨人和四五个潮汕同乡合租的法租界西门路公寓。稍后，杨邨人又从法租界迁至北四川路永安里。杜国庠到沪后，先是与组织介绍的一位“大姐”假扮夫妻租房，不久二人因方言差异沟通不畅令房东太太起了疑心，只能退租投奔洪灵菲、戴平万，并与其一同迁到了北四川路东武昌路口春江里54号的二层阁楼。1929年2月，青年作家冯铿偕爱人许美勋一同抵沪，经杜国庠引荐后在北四川路公益坊38号的南强书局任校对。这是洪灵菲、戴平万等潮汕革命青年和文学青年在上海租住的基本情况。

三

以洪灵菲为代表的潮汕作家及革命青年在沪上的居住史料和租住现象背后，其实有着一个实力雄厚、关系绵密的潮帮商圈。

1934年，潮州旅沪同乡会会长郑正秋在《潮州旅沪同乡会年刊》发刊辞词说：“我潮州同乡旅居上海者，人数大约在三万以上。”清末民初至20世纪20年代中期，潮州商帮在上海更是盛极一时，“凡上海的银钱业中，我潮州人已经不输宁绍帮，几乎操有金融界一半势力”。1912年至1926年间，上海钱庄行业新增一百一十五家，而潮人经营的就有三十三家，占百分之三十左右，潮商也因此被上海人称为“潮帮”。20世纪30年代，“潮糖杂货同业公会中登记的会员为四十七家，而未登记者还有不少，未入会者难以计数”，据学者推测，在沪三万余潮人中，约有十分之一从事潮糖杂货或以此为生，商号有九百多家；而上海典押店更是“十之八九为潮州帮，余则徽州帮、扬州帮”……

20世纪20—30年代的沪上潮商大多以上述商铺具有代表性的地理位置为原点向外辐射，形成以法租界永安街、洋行街、法大马路/公馆马路，公共租界的北四川路以及与北四川路相交界的汉口路一带为基本格局的潮帮商圈。反观潮汕作家在上海的租住情况，其租住地多处位于法租界老永安街、马浪路/白莱尼蒙马浪路、公馆马路/法大马路、法大马路洋行街以及公共租界地的北四川路、汉口路一带，和潮帮商业圈呈现趋近、重合之态。

潮州不过区区州府之地，却能在“大上海”打出旗号，形成区域性商业圈，潮人经商的能力由此可见一斑。庞大的潮帮商圈使客居异域的潮汕作家依然能体会到乡音乡情，以其居住交游的生活文化街区北四川路为例，“十之六七为粤人”、粤东风味浓厚的故乡氛围使其倍感熟悉亲切。相比其他赴沪谋生的外地人，潮汕作家亦可更方便有效地凭着乡音找到商号作保。其次，沪上潮人商号中不乏资本雄厚的洋行业、南货号、百货店、绸布庄、银楼等，比起一些资本不多的老虎灶、理发店、裁缝铺、小烟纸号等更能获得厂方与房东的青睐，有效保障乙方经济利益的同时，也给亟须租赁的潮汕作家以极大的便利。

20世纪20—30年代上海的户籍审查制度日渐严格，国民党当局到处散布的危害民国紧急治罪法，时刻恫吓着沪上居民敏感而脆弱的神经。有着“同乡”这一地缘文化关系作保，厂方与房东在保障经济利益的同时更维护了自身的政治安全；反过来，这种“政治安全”的身份也荫庇了潮汕作家，使其创作能够在“正当性”的前提下获得“合法化”的言说与出版。

四

法租界白莱尼蒙马朗路西门里的前楼陈设非常简单。整个前楼空间狭小，一共十一二米宽，窗口摆着一张书桌、两把椅子、一张木板双人床和一张行军床，别无他物。洪灵菲和戴平万以及几个潮汕同乡一同租住在这里。

不久之后，洪灵菲通过地下同志单线联系，终于恢复了党的组织关系，任闸北区委书记。工作之余，洪灵菲对于阔别已久的爱人秦曼芳甚是想念，他曾听友人说秦曼芳和姐姐一同到北京升学，但苦于不知道她的通信地址，只能写信到北京大学给他在金中时的同学詹昭清，请詹昭清代为转达信件，以表达自己对爱人的思念之情。有詹昭清青鸟传音，洪灵菲很快就收到了秦曼芳的回信，随信寄过来的还有她为洪灵菲织的毛衣，嘱咐他上海冬季天寒地冻，切记保重好身体，待她来沪相聚。洪灵菲喜极而泣，当即又给爱人秦曼芳去信一封：

最亲爱的曼妹：

妹妹，我给你这封甜蜜而美丽的信所陶醉了！我和你未尝相爱以前，是荒凉的、破碎的、消极的、悲观的，但自从我在你的怀里睡过，在你的臂上倚过，在你的唇上吮过，在你的眼里迷过之后，我是变成雄健的、勇往的、乐观的、积极的了！妹妹！你是多么丰富地给我，给我啊！妹妹！沙漠里的甘泉，生命上的露珠，我的欲望，我的快乐，我的灵魂啊！第一次寄的羊毛衫，现未收到，我想大概不至于失落吧。现在又蒙你替我织羊毛背心，我真不知怎样地感激你，感激你呵！北京今年不至太寒，很为喜慰。沪地今年亦比较温暖。穷窘的我辈，真是侥幸啊！我希望你快些来。妹妹，亲爱的妹妹啊！我的久已未和你接吻的唇已是憔敝了！我的久已未和你拥抱的心已是痒痛了！遥寄一中万个热吻给我的永永心爱的妹妹！

你的哥哥沈菲谨启

十六、十二、三

1928年起，洪灵菲又开始兼任地下党办的上海中华艺术大学中文系教师。同年1月9日，秦曼芳由北平回到上海。这时的上海，天寒地冻，贫富差距日趋严重。在上海，有三十多万两银子一亩的地皮，一个房间一夜值一百五十块大洋的旅馆，走狗场和疯狂赌场；也有两位青年同盖一张棉胎，睡梦中互相拉扯，结果把棉胎扯成碎片，双双被冻醒起来；苏州河乍浦桥边有成群孩子没有衣穿，通身缚着从垃圾堆拾来的破报纸像一个纸人，他们帮人力车夫把车子推上桥，向车上讨一个铜钱；弄堂里有一个女孩子清晨洗马桶双脚陷在雪里，手都给冻红肿，耳朵和嘴角都烂了……

秦曼芳迫不及待地想见到洪灵菲。等到她在车站见到前来接站的洪灵菲时，眼里早已经噙满了泪水。都说小别胜新婚，他们这可是新婚加久别啊！两个人激动地拥抱在一起，热烈地亲吻着对方的脸颊和耳际。洪灵菲的衣衫非常单薄，同时也贫困不堪。原来两眼炯炯有神，好像两盏明灯，经过这一年来的流亡生活，奔波了好几万里路程，已筋疲力尽，不但眼睛无神、面容瘦削，身体也不像过去那么矫健，有点少陵野老吞声哭的感觉，曼芳不禁又心疼起来了。

“生活怎样？”秦曼芳关切地问着。

洪灵菲只是摇头叹息，慢慢才说：“现在已经欠饭馆好几十块钱，没有办法还，借债也已经无处可借，马上就要停止我们吃饭的权利！你说糟糕不？”接着他又说，“只我一个人还不要紧，还有好几位流亡朋友，他们比我更没有办法。眼看春节就要到来，需要花钱的事多着哩：几个流亡朋友的生活马上成问题还不说，房东请我们吃年饭，难道就不送人家一点礼物吗？倒马桶的工人，辛苦了一年，到春节就不打赏他一点钱吗？这一切，没有钱都过不去！”他愤愤不平地和爱人倾诉。

秦曼芳连忙安慰他说：“别着急，我这里还有一点钱，饭馆的欠款，就由我先付给他们吧，别让他们停伙，停伙就不好办，横竖是个老主顾，有商量的余地，再找新的饭馆，那就更不好办了。”

洪灵菲同意爱人的主张，他和秦曼芳之间的感情已经深到在钱财上面不分你我了，而且，洪灵菲也没有古板地认为女人的钱不能用的想法。只是，出乎他的意料，秦曼芳在那样贫困不堪的处境，以苦学生的名义，竟然获得了一笔小小的“都门津贴”助学金，能积下这几十块钱，真是不容易的事啊！洪灵菲显得很兴奋、很激动，久久地拥抱着爱人，拥抱着他的欲望、他的女神、他的同志、他的生的希望……

洪灵菲居住的地方本来空间就不大，五六个难友住在一起，现在再加上远道而来的秦曼芳，更挤得不堪设想了。但是同志们都很客气，让出大床给这对久别重逢的爱侣，其他人有的睡地板，有的睡书桌，有的睡在行军床上。

第二天，洪灵菲和房东商量，腾出了二楼的一间亭子间，五六米宽，只能放一床一桌一椅。可是确实没有钱添置什么，唯一的家具，只是爱人从北平带回来的一张行军床，和一个多年失修的破藤箱子。把箱盖放在行军床上，可以作为洪灵菲写作的书桌，把箱子翻过来放在地板上，又可以权当椅子坐。

“曼妹，委屈你了呢！”灵菲搂着爱人，愧疚地说。

“能再见到你，对我来说就是幸福的！再说了，我除了是你的爱人，我也是一个同志啊，这点苦不算什么。还记得唐代刘禹锡的《陋室铭》吗？”说着，秦曼芳自己吟诵了起来，“山不在高，有仙则名。水不在深，有龙则灵。”随后洪灵菲也跟着一起读了起来：

斯是陋室，惟吾德馨。
苔痕上阶绿，草色入帘青。
谈笑有鸿儒，往来无白丁。
可以调素琴，阅金经。
无丝竹之乱耳，无案牍之劳形。
南阳诸葛庐，西蜀子云亭。
孔子云：何陋之有？

整个房间里充满着一种真实的朴素的革命乐观主义精神气息，混着楼下老虎灶传来的油烟味和饭菜香，给人一种实实在在又朦朦胧胧的幸福感……

五

随着实际革命、工作情势的发展，洪灵菲等潮汕作家、革命家的住址也要频繁变更，这对洪灵菲等人而言，已经成家常便饭了。1928年秋天，杜国庠由香港逃难到上海，和洪灵菲、戴平万等人一起住在北四川路底鸿庆坊，后又迁至北四川路东武昌路口春江里五十四号。李春涛的胞弟李春铧和洪灵菲一起在地下党组织领导的中华艺术大学工作，因工作关系就近居住在北四川路路底的施高塔路。1929年元宵，冯铿、许美勋初到上海时，寄宿在南强书局二楼的亭子间；而杨邨人则从法大马路西门里迁居北四川路底永安里……从这些简单的迁居路线可以清晰地看出：北四川路沿街及周围里弄是潮汕作家旅沪时期的主要聚居地。

北四川路是上海虹口区一条南北向的街道，全长3.7公里。以武进路为界，南段和中、北段分属于乍浦路街道和四川北路街道。《上海风土杂记》里曾这样描述北四川路及其所在的美租界："马路湫隘不若英法租界的修洁。地幅不若英法租界的广阔。一切繁盛均集中于北四川路。北四川路下段马路为租界管辖。（系租界越界筑路）两旁房屋属华界管辖。（自老靶子路以北起）北四川路跳舞场、中下等影戏院、粤菜馆、粤茶楼、粤妓院、日本菜馆、日本浴馆、日本妓院、欧人妓院、美容院、按摩甚多。星罗棋布。别有一种不中不西的风味。全上海除南京路、四马路之外，数北四川路为最繁盛。""华洋杂处、五方会聚"的"北四川路一带的住宅，十之六七为粤人。数逾十万"，因此"烧鸭烧猪随处点缀，不脱五羊城的风味"。

"不中不西"的北四川路处处充溢着潮人熟识的"羊城风味"，相对于安徽、平津甚至东北作家而言，洪灵菲等人在惊诧于上海的富庶、摩登之外，还多了一份熟悉与亲切。北四川路作为上海一处极具代表性的商业、娱乐街区，它同时也是潮汕作家日常起居、相与交游的生活场域，其诸多的城市空间都承载着潮汕作家的经历与回忆。

除去霞飞路、南京路一带价格昂贵的红房子、荷兰餐室、东方饭店以及素有文人沙龙之称的新雅茶室外，北四川路沿街有着许多经济实惠的粤菜馆、普通的广东包饭饭馆及潮人钟爱的酒肆茶楼，这些都是洪灵菲等人平时会友、打牙祭的首选之地。孟超回忆与洪灵菲、戴平万、杜国庠等的首次见面，便“是在北四川路底横浜桥口一家极小的广东馆里，我和阿英在那里吃最廉价的包饭，他（洪灵菲）和平万、杜老也常常在另一个桌子上出现。这个饭店客人并不太多，每次相遇，从神态中，从谈话的口风中，彼此是早已默识了”。

郁达夫也是北四川路一带广东饭馆的常客，孟超与杜国庠等人的深交，“还是经过了郁达夫的介绍。他把大家拉拢到一个桌子上，几杯白酒，一场热烈的叙话，从此就恍如多年的旧交”。当时，柔石在鲁迅的帮助下住到了四川路横浜桥附近的景云里，与鲁迅住处仅隔四五家。冯铿因工作关系与柔石熟识后，经常通过柔石谒见鲁迅，并在鲁迅家里聆听教诲。这种师生之谊，在《鲁迅日记》里均有记载：1929年12月31日日记“上午寄还岭梅（冯铿原名，笔者注）诗稿”；1931年1月12日日记“晚平甫（柔石）及密斯冯来，并赠新会橙四枚”……有时，柔石、冯铿还会约请先生一同下馆子，如鲁迅1930年11月22日所记“晚密斯冯邀往兴雅晚饭，同坐五人”。

1930年9月17日，左联文化界人士在荷兰餐室为鲁迅举行了五十寿辰的纪念会，冯铿陪同柔石一块出席，并作为代表发言（见1930年9月17日日记“友人为我在荷兰西菜室作五十岁纪念，晚与广平携海婴同往，席中共二十二人，夜归”）。取得稿酬时，杜国庠、洪灵菲、戴平万、冯铿、许美勋等乡党同好之间也时常相约下馆子庆祝、叙旧。风景秀丽的虹口公园有时也成为革命眷侣繁忙工作间隙的一处休憩地，冯铿曾在这里向许美勋憧憬着：“下个月工作如果许可，我想在公园后面找间住屋，有空便在这草地上晒太阳，看书，打球……多好呵……”秦曼芳也常在繁忙的工作之余拉着洪灵菲一起到虹口公园散散步，既是和其他同志接头传递信息，又是两个爱侣之间增进感情的方式，最关键的是，这种方式不需要钱。

北四川路除了是潮汕作家平时生活、会友的基本空间外，更是一处与其密切相关的文化街区。1928年10月，鲁迅寓居虹口北四川路横浜景云里，与郭沫若等一批进步人士建立文化统一战线。此后，创造社出版部、大江书铺、水沫书店等先后驻足北四川路。潮汕作家也积极投身于上海的新书业浪潮，先后在北四川路创办了三家新书店：海宁路357号的晓山书店、公益坊38号的南强书局和虬江路北首的春野书店。这三家书店在地理上相互接近，晓山书店门市部斜对门便是太阳社办的春野书店，沿四川路往底一段即是创造社的出版部。晓山与春野本是同根，又都和创造社渊源颇深，这使三者间得以随时互通消息和互相扶持。

对于清一色潮汕作家的“我们社”，钱杏邨曾回忆道：“从此两社就成了一体，互相参加了工作。《太阳》和《我们》便以弟兄名义的刊物出现，不久还和《创造月刊》，在党的领导下统一起来……灵菲和平万参加了党的机关工作以后，还有相当长的一个时期，就住在我的对门，光赤、夏衍同住在对面弄堂里，彼此间接触的机会就更多了。”此外，杨邨人、蒋光慈、孟超等也经常去“我们社”交流，晓山、春野和创造社出版部也因此成为文人间时常会面的场所。南强书局，是潮汕作家创办新书业的一处特别的所在，它不仅是当时一家出售进步书刊的新书店，同时也是党组织在虹口区文化斗争中的一个据点。南强书局二楼的亭子间，成为组织内部人员接线的交通站。

沿着北四川路拐进东横浜路景云里4号，便是陈望道开设的大江书铺。李春铈在恩师陈望道的安排下，除了参与晓山书店印刷工作外，还从事大江书铺的印刷、出版业务。利用职务之便，他还经常带着刚出版的《我们月刊》请教陈老关于文化出版的事宜。大江书铺的创办和经营得到了鲁迅的大力支持，杜国庠也经常到陈望道处探讨和听取鲁迅对于文化斗争策略的意见。

六

位于施高塔路（今山阴路）11号的内山书店，是洪灵菲等潮汕作家在北四川路文化街区上的另一处据点，也是洪灵菲等人手有余钱时必去点卯的目的地。内山书店是一幢临街的坐北朝南的假三层建筑，由日本人内山完造于1917年创办。北四川路施高塔附近的店址是1929年新迁的，不过店内摆设还是沿袭读者们熟悉的旧制："店堂间里东西北三面都是一人多高的书架，房子中间还有一排书架，中间的书架后面有一张小桌子，四面摆着一套藤制的沙发。进门是一张写字台，面向里放着，这就是柜台了。"由于交通便利和人气的聚集，内山书店每日都是客流量不断。在营销策略上，内山夫妇靠的是信任、人情及口碑，对于任何顾客不分国籍，一律实行赊售，而且对个人买主绝不登门讨债。叶灵凤在《关于内山完造》一文里曾回忆："当年在内山书店买书，还可以赊账，这对于穷文化人真是一种莫大的方便。"另据王映霞补充："在郁达夫经济上有转不过来之时，比较进当铺更容易得到钱的地方，也便是这里（指内山书店）。而且，可以让我们分期付还。"

内山夫妇的这种大方的做法，对于初到上海，靠寄居亭子间卖文为生的潮汕作家们而言，自然是深具吸引力的。冯铿一有稿费就经常光顾内山书店，就连稿纸也是从内山书店买了回去分给许美勋的。囊中羞涩的杨邨人急于想知道鲁迅对其公开信的答复，还曾私下拆开装帧精良的《南腔北调集》。此种"文贼"式的盗书法引起店内伙计的不满，饱受伙计白眼与挖苦的杨邨人还曾就此事去信内山完造，一来致歉，二来也直陈店伙计的无礼与傲慢。对于杨邨人的做法，内山完造并未介怀，却也不见其复信。离开中国后，内山还真诚地回忆道："其实，赊账不还的人，更多是日本人而非中国人。"杨邨人的此种行为固然不值得提倡，却从一个反面印证了内山夫妇待客之宽厚。

除了可以赊账外，内山书店还独具匠心地设置了"漫谈席"。内山先生"借了那弄堂口靠右边的两幢，把它打成一所使用着。进出就用着那原来的两个石库门，小天井上全部盖了玻璃，作为采光之用，可是里面却依然阴暗，几乎日中也开着电灯。在那电灯底下，有七八张沙发和椅子围着一张小桌子，那就是所谓‘漫谈席’。凡有空暇的人或者疲乏了的客人，谁都可以坐下来，喝喝茶啦什么的，一边宽荡荡地看看书，谈谈话”。

内山书店“漫谈席”的设置，不仅留住了读者，还使其成为20世纪二三十年代上海文人的重要聚会点。平时，鲁迅也时常在内山书店约见文学青年，萧红、萧军、柔石、冯铿等都曾在此地聆听过先生的教诲。冯铿还曾回忆道：“凡是鲁迅出现着的任何场合，总被青年们所包围、缠绕着。外表严冷内心火热而镇定深思的鲁迅，永远穿着长衫，脸庞给香烟的烟雾缭绕着，屹然坐在少年们中间。”

1929年初秋的一个下午，洪灵菲正从内山书店买完书出来，拐进了旁边的小巷子，又穿过北四川路上快步地走着，忽听见对面人行道上有人喊道：“伦修兄！”

他暗自感到吃惊。自从他被通缉之后，他就不再用洪伦修的名字了。他发表作品是用洪灵菲、林曼青的笔名，干革命工作则是用林卓然的化名。究竟是谁还用过去的名字来叫他呢？他站住了。这时有一个颈项和躯体都特别细长的青年正在横过马路，向他走来。他细小的面孔上有几点斑点，身上穿一套脏旧而不合时的黑呢学生装，样子颇有点落拓。

“你不认识我啦？”

洪灵菲端详了半天，终于记起来了：“你是谭澹如的三哥！”在广州的时候，谭澹如曾介绍洪灵菲与她三哥认识，还说过，她大哥、二哥是右派，她三哥则是左派。

“谭澹如呢？”洪灵菲急切地问。在广州的“四一五”大屠杀之后，他就与谭澹如失去联系了。

“她……她……”谭澹如的三哥眼眶红了，接下来的话让洪灵菲如遭五雷轰顶一般，失去了知觉。他耳边回荡的是谭澹如三哥撕裂了的声音：“她，被反动派残忍杀害了……”

再次恢复意识时，洪灵菲已经是在亭子间的住处了，他提起笔，不顾身心疲惫，愤怒地创作了长篇诗歌《在货车上》。《在货车上》是为纪念谭澹如同志于1928年参加广州起义时，被国民党反动派惨杀而写的。他们用木标插进她的阴部，割去她的两乳，然后用棉花包扎她的全身，注上火油，当“天灯”点。其手段之残暴酷毒，实在无以复加！敌人无法收殓，就用货车把残骸运送到郊外去掩埋。

这首诗的底稿，国内已无法寻得。据当时留学日本的同乡杜镇奎同志来信告知，这诗早已被上海内山书店老板寄至日本，托人翻译成日文，刊登于日本刊物上。

七

由于实际革命工作的需要，洪灵菲在上海光华艺术大学兼职当教书先生。洪灵菲经常利用这个身份的掩护从事各项秘密的革命任务。我党保密工作防线是由周恩来同志直接负责的，党内信息员实行单线联系，洪灵菲每日具体外出从事的任务是什么，就连枕边人秦曼芳也是不知道的。出于职业革命家和文学家的双重职业病，每次执行完任务后经过外滩时，敏锐机警、观察入微的洪灵菲总会敏感地审视和感受着周围发生的一切：黄浦江上麇集着的船舶混着从那各色不同的烟囱里发出来的尖锐刺人的惨叫声；马路旁停着的那些擦得光可鉴人的成一行列的汽车；巍然壮丽的外国银行等建筑物，在黄昏里拖着它们庞大的阴影于地面，阴影上有珠光宝气，显露于汽车窗里的飞驰来去的外国贵妇人、绅士、时髦漂亮的少男少女，跑着成群的由工厂出来的疲乏的工人，徘徊的无聊的流浪者……一切富有的和贫困的、美好的和脏乱的，竟然是这般看似平静地并置着，那种违和与突兀的、不协调不平等的内在，竟然是如此这般地被横行其中的资本主义的荒谬逻辑所调和着！愤怒和不甘在心里油然而生，具有“东方巴黎”之称的魔都上海，在洪灵菲笔下是建立在剥削之上的“人间天堂”，是使人走向堕落与罪恶的渊薮，是“朱门酒肉臭，路有冻死骨”的人间地狱……

关于上海城市空间的描写，最出色、最具代表性，同时也最具象征意味的，莫过于茅盾《子夜》里的首段描写。魔都上海的声光电化、纸醉金迷，百乐门舞女烈焰的红唇、裸露的香肩、白皙的大腿……上海真成了刺激性强烈的国际都会了，一切来自金钱与性的刺激、诱惑直接断送了封建尸骨袋——冯老太爷的性命。以茅盾为代表的左翼作家在对上海进行表述时，始终夹杂着殖民批判，这种殖民批判在很大程度上有别于海派作家作品对上海城市空间现代性的肯定，它展现了左翼作家广袤深沉的人文情怀。

每当洪灵菲从灯红酒绿的大上海的暗夜里回到自己和爱人、和同志们蛰居其中的亭子间，他总是暗自下定决心：一要执笔为戈，以文学创作来唤醒沉睡的人们；二要继续从事革命活动，通过武装来推翻这个腐朽的统治阶级！

自1927年底以来，前前后后到达上海的潮汕老乡已经很多了，洪灵菲、戴平万、杨邨人、冯铿、许美勋、李春钸等无一不是受着五四运动的感召，怀着对“革命文学”理想的憧憬陆续来到这里的。面对创作早期寂寂无闻、稿酬欠丰的处境，青年作家们难免囊中羞涩。为了在寸土寸金的上海滩生存，洪灵菲、戴平万等和当时诸多旅沪的文学青年一样，选择租金低廉的亭子间作为自己的栖身之所。

亭子间的生活无疑是寒酸的，充满着难以言说的无奈：洪灵菲一开始和几个难友合住在上海法租界白莱尼蒙马朗路西门里的一个前楼；十一二米宽，窗口摆着一张书桌和两把椅子、一张木板双人床和一张行军床，除此之外，别无他物。随着洪灵菲爱人的到来，陈礼逊和杜镇奎（洪灵菲的潮汕同乡）只能卷着铺盖打地铺，勉强“腾出了二楼的一间亭子间——五六米宽，只能放一床一桌一椅”。囊中羞涩、身无分文的新婚眷侣仅有的家具，便是秦曼芳特地从北平千里迢迢带来的“一张行军床，和一个多年失修的破藤箱子”，“箱盖放在行军床上，可以作为写作的书桌，把箱子翻过来放在地板上，权当椅子坐”。

1928年春，《流亡》一书已出版，在国内各大城市和南洋一带销路很好。各书店争先恐后来要稿，洪灵菲为了继续执笔为戈宣传革命思想，也为了担负起流亡同志们和爱人的生活重担，答应了书店的要求，夜以继日地辛勤写作。洪灵菲一向很关心同志们，不管自己有没有钱用，一听说同志们有困难，总要设法帮助。好几次，他到外面去接头，听到某某同志生活很困难，回来马上给爱人曼芳写了条子，问她身边还有多少钱，要她分一半给他们。

在西门里住过了1928年的春天，为了工作的方便，也为了逃避法租界每晚对行人的搜查（这对于洪灵菲、戴平万等地下工作者来说，很为不利），夏初，洪灵菲和爱人秦曼芳一道从西门里搬到北四川路奥迪安电影院旁边的鸿庆坊。租住的同样是一间小小的亭子间：狭隘阴暗的楼道、潮湿霉锈的墙壁、拥挤不堪的储物间、布满油渍的煤油炉、随时渗水的老虎灶、抬头触顶的阁楼……这是洪灵菲和爱人蛰居其中的真实空间。由于此时秦曼芳已经怀有身孕，随身携带的行军床实在太小，无法挤下两个人，只好到旧家具店买了一张最便宜的、锯了上半节的双层床，和一张旧书桌、一把椅子。这就是当时洪灵菲和爱人的全部家具。

1928年秋天，杜国庠同志由香港逃难到上海，洪灵菲携爱人秦曼芳及杜国庠、戴平万一同搬到了北四川路东武昌路口春江里54号。这里只有两层楼房，楼下住的是一位姓谭的资本家和他的太太、两个孩子、一个保姆。二楼住的是一位洋行职员和他的妻子，大家称呼她林少奶奶，和一个八九岁的丫头，其实是他们的佣人。这次洪灵菲和秦曼芳租了他们两间房子，有三十多平方米，后厢房很大，可放三四张单人床，摆三张桌子：一张是戴平万的书桌，一张是杜老的书桌，中间一张当饭桌。洪灵菲和秦曼芳住的是前后房中间的一间厢房，有十一二米宽，除一床、一桌、一椅外，还特地添了一张单人铁床。

秦曼芳想得特别细心周到，她对洪灵菲说："伦修哥，等咱们的孩子生下来后，你就搬到单人铁床那去睡，孩子经常会哭闹，半夜里还得时常起夜和喂奶，哄得不好的话会影响你休息，你就在那里好好睡，不至于妨碍你的工作和学习……"洪灵菲听了很受感动，这些时间多亏有了她，不然自己依然是茫茫大海里随波逐流的浪花，没有归宿也没有爱的慰藉……

洪灵菲搬到春江里五十四号以后，有组织关系的文化界人士来往更多了，有时会临时决定要在这里开个会，研究些问题。洪灵菲依然非常忙碌，像个陀螺一样，但这个陀螺是有着坚定的目标和甜蜜的负担的。每天一早，天刚蒙蒙亮，洪灵菲就起来写作，白天接待同志们。戴平万则喜欢在晚上更深夜静的时候写作。杜国庠搞日文翻译，多半在白天和晚上。他们三人都有稿费收入，其中要算洪灵菲的收入最多。他写得快，每天早上四到六点两个小时左右，他就能够完成五千字的任务，书店也最欢迎他的稿子。同志们一个个见到洪灵菲，就拥抱他，表示对他的尊敬和爱戴。杜国庠也认为灵菲同志年轻有为，很佩服他。

1929年的元宵，冯铿、许美勋一起来到了上海。初到上海时，他们寄住在北四川路南强书局二楼的亭子间。这间面积窄小的亭子间，既是书局的编辑部、会议室，同时又兼做存书的仓库，除去被占用的空间，剩下的几乎就是转身碰壁的立锥之地。关于寓居南强书局的经历，冯铿也曾揉入自己的创作中：

> 他和她这两副被现社会制造出来的衰弱的身体，由岭南跑到这北国来，单薄的棉衣抵不住刀似的寒风后，便感冒了风寒了。她一连卧在行军床的被窝里过了几天，热渐渐退去了，但口里又淡又苦的难过着。客中不比在家，要一点酸梅陈皮之类的东西吃是没有的。她不住地对着那奔走于煮饭泡开水的他说着思家的话来……

窄小的亭子间里除了生活窘迫的日常琐碎外，还充溢着眷侣间爱情的欢愉与忧伤。旅沪之初，冯铿曾有过一段时间在大学读书。当时与其同宿舍的很多女生都各有爱人，每到周五，由南京开来的夜车便载来许多玩世不恭的富家子弟（多数就读于国民党的中央大学），他们到上海后便在租界旅馆开房间，开私家车从各种学校里接“爱人”，跳舞、兜风、遛狗、轮盘赌、看跑马……各种海派作家笔下的声色场面不一而足。每到这时，冯铿便会对爱侣心生挂念。短暂的亭子间会面，不仅成为彼此间奋斗的动力，同时也为枯燥、乏味、困顿的生活增添了一抹温馨缱绻的暖色。参加革命后，冯铿与许美勋有时甚至十天半月无法见面。在爱人生日的时候，冯铿带着稿纸和食物，深夜回到亭子间，见许美勋仍未回来，只好在书桌上留下一沓稿纸、一包糖果、两听奶粉罐头，并写了一个纸条压在罐头下面：“H：今天是你的生日，我没有忘记，特地抽空回来，但不能等。稿纸和食品我已拿走部分。F”在亭子间休息的间隙，冯铿还用传统的元宝针款式，精心为爱人编结了一套墨绿色的羊毛对襟背心。许美勋在穿过一段时间后，又把背心让给冯铿自己穿。这件见证了亭子间真挚爱情与战友厚谊的毛背心，后来曾伴随着年轻的冯铿毅然面对屠戮。历经岁月风尘的洗练，而今，它静静地躺在烈士遗物陈列馆里，沾满血污的毛线上十个黑洞洞的枪眼依然醒目……

八

正是因为有诸多作家在亭子间这种艰难环境下生活、从事文学创作，才使得中国现代文学史上出现了一批“亭子间作家”，洪灵菲、戴平万、冯铿、许美勋等旅沪潮汕作家也同样属于这批追逐梦想的“亭子间作家”。他们以自己的笔墨观察这个窄小的空间，为亭子间做传，同时记录下他们蜗居时的迷茫与愤懑；而他们的文学创作本身，因为受到写作环境的影响，也呈现出一种独特的亭子间气息：

燃上了它，她慢慢地让烟一缕缕从口和鼻喷出来后，忽地感觉身子有点冷，然胸口闷塞着，脑子也有点昏眩地。这是她每逢隔了些时没有抽烟而第一次吸下去所有的现象，但她仍很满足地再吃力的吸了一口，眼光随着游移飘散的烟丝飘去，终于着落在案上那架影片上去。

架上嵌着他和她的两个分开的上半身相，上面题着“青春”两个楷书。俩的圆满的脸上都表现着青春期所特有的幸福的微笑——像毫也没有梦想到此时此刻的伤感的微笑……看他桌子上的那瓶 Palatal 尽是剩余着小半瓶不让它空，他还怕以为我不知他的苦心呢。唉！这个圆脸和现在他的苍白的疲脸……！她不能抑制住伤感地爆发了，眼里忽然滚下一滴眼泪来，恰掉在包着糖的花纸上面。

……

她年来薄弱的伤感情调，跟着她的衰弱的神经，成平行线地展开着了！从前铁般的热感渐渐销熔成沉着的愁闷和烦恼了！……

尽管生活的困顿、迷茫偶尔会自然融入作家的创作当中，但这种相对低迷的“亭子间”情调仅仅是洪灵菲、冯铿等潮汕作家笔下的一小部分；多数时候，“亭子间”承载更多的仍旧是洪灵菲、冯铿等人“以笔救世”的文学理想。

从亭子间的居住经历里，洪灵菲等潮汕作家们获得一种底层生活经验和边缘叙述立场，接地气的平民视角使其将笔触延伸到苏州河乍浦桥边成群衣不附体、食不果腹的流浪儿；冰雪天在弄堂里刷马桶，手脚红肿、耳朵和嘴角都给冻烂的孤女；四马路上因拉不到客人而被老鸨鞭打的长三妓女；闸北工厂浓浓的烟囱和夜幕下走出的女工……姜馥森曾经用“蛰居亭子间同时站在十字街头作诗弄文学的文乞”来形容现代文坛上出现的“亭子间作家”群体。但是，这一说法只能形象地指涉那些一面迎合读者胃口、惯做漂亮的“橱窗文学”，一面又朝思暮想着日进斗金的作家；却无法涵盖那些寓居亭子间仍笔耕不辍地进行革命文学创作的作家。

南强书局亭子间的生活，是冯铿不断提高自我修养的过程，她像“沉没在学习的湖里似的，经常阅读着党的文件，唯物主义哲学，文学理论，翻译的俄国和苏联的文学作品，创作的文学作品……还学习日文、英文，把英文本的文学作品和中文译本对照着读……”《重新起来》《最后的出路》《小阿强》《红的日记》等作品都是在这段时间内创作的。生活的窘困、革命工作的繁忙，并没有削弱冯铿、许美勋等潮汕作家坚持文学创作的信念，反而激发和砥砺了彼此奋进的激情：“等工作稍闲时，我们好好吃一顿好菜，并且请老大哥（杜国庠）、老柯（柯柏年）等。我那中篇已经约定下星期拿一部分稿费了……”

南强书局的亭子间，除了是冯、许二人栖身的寓所外，还是左联同志往来联络的一处据点，据许美勋回忆：“当时我和冯铿住在南强书局的亭子间，我们同在左联，便把这个亭子间兼做交通站，有不少相识的、不相识的同志来来往往。有时上街回来，推开门，只见桌上床上甚至地上，常有书函、文件、书籍等。”

就是在亭子间里，杜国庠用林伯修、吴念慈、林柏等笔名翻译了德波林的《辩证法的唯物论入门》、普列汉诺夫的《史的一元论》、雅各武莱夫的《普列汉诺夫论》及《金融资本论》等著作。

除忠心耿耿从事于党的事业外，洪灵菲同样是在窄小的亭子间里，每天起早贪黑地写文章，为了创作，也为了给爱人和孩子更好的生活。从1927年冬至1930年春，在这短短两年左右时间里，洪灵菲共写了将近两百万字。单行本有《流亡》《前线》《转变》《明朝》《归家》《气力出卖者》《家信》《大海》《长征》（日记体，写上海生活的）及《在淞沪车厢里》。《在淞沪车厢里》写两个参加过“围剿”红军的国民党士兵的对话。其他还有些短篇小说和论文、诗歌、卷头语等，散见于《我们月刊》《太阳月刊》《海燕》《拓荒者》《海风周报》《大众文艺》《文艺讲座》等刊物。长诗有《朝霞》《躺在黄浦滩头》《在货车上》。这期间，洪灵菲创作的中篇小说《前线》《转变》，和之前发表的《流亡》一同被称作现代文学史上著名的“流亡三部曲”。

戴平万则发表了中篇小说《前夜》和短篇小说集《都市之夜》（共收入《都市之夜》《烟丝》《疑惑》《小丰》《激怒》《树胶园》《流浪人》等短篇）；杨邨人1925至1930年间相继发表了自传体中篇《失踪》，

短篇小说集《狂澜》《战线上》《苦闷》等，共计50万字。正是这样多产的成绩，才使杨邨人在文坛上拥有一定的知名度。1929年间，经党组织推荐，杨邨人和钱杏邨名列于莫斯科《国际文学》的编辑委员；尽管这并非实职，但也从一个侧面体现了杨邨人创作的成绩。

和谢冰莹、萧红、萧军、罗烽、白朗、丁玲等诸多现代文坛上的“亭子间作家”一样，洪灵菲、戴平万、许美勋、冯铿、杨邨人等潮汕作家“蜗居在亭子间里，一边享受着脱离了宗法制度的匿名者的自由，一边怀揣着勃勃野心和文学梦想在困顿的生活中挣扎。他们以亭子间为原点，以底层经验和边缘叙述为根本，结交同类，找寻机会，渐渐崭露头角，从而迈向文坛的中心”。

李欧梵曾提及“一个典型上海作家生活和工作的地方是所谓的‘亭子间’”，“他们的住所不仅集中说明了上海作家的社会经济状况，而且也表明了他们的生活方式”。然而，“事实上，许多富裕的上海作家并不居住于亭子间。张爱玲的上海生活是与公寓连在一起的，邵洵美大多数时间居住在花园洋房里，穆时英的住所则是石库门楼房。鲁迅、茅盾、叶圣陶等人的居所也不是亭子间，而是石库门楼房”，如果用“亭子间作家”来泛指所有旅居上海的作家，那么“‘亭子间作家’这一称谓不仅失去了它的特定指陈，也失去了它的历史价值与意义”。蛰居亭子间的日子是洪灵菲等潮汕作家、革命家旅沪期间一段特殊的生活、生命历程，而亭子间也就自然成为潮汕作家、革命家旅沪文化地图里一处不可或缺的地标。

第七章　上海新书业里的潮人出版史话

一

我家住在闸北，常坐黄包车到火车站坐六路圆路电车到五马路棋盘街，到书店去点卯，看看有没有新书。呵，两条腿够你跑的！你先得到亚东，再转一个弯朝南到真美善书店，从真美善书店一直向着下来，须得经过民智、商务和中华这几家老牌子的书店，在从中华朝西所谓书店街的四马路，书店可就多啦。左面有光华、乐群、春潮、北新、启智，右面有新文化、现代、群众、世界、泰东、卿云。看清楚，这可不是左派右派，光华与现代还是洛阳女儿对门居呢，春潮和乐群小两口子还在楼上一同睡着呢……

再来点卯罢……先从宝兴路下来，走到北四川路，便看见远东图书公司和第一线书店。向南转一个弯，沿着北四川路下去，先看见复旦，再就看见协谋和关了门的春野，对面便是新宇宙。向前面再走一点点，便到了创造社。世纪书局不知在那哈尔，但是他们的书可以在创造社里买到。再走下去便是良友图书公司。完了，一共九家。再加上老靶子路的时代书店，变成了十大名家。这儿有一个特征，广东人所开的书店，如远东、良友和协谋，都叫图书公司。

此外还有大汇、亚细亚、东南、落叶……[①]

1920年的上海租界犹如一个自由港，人员进出不受通行限制。加之租

① 憬琛：《十七年度中国文坛之回顾》，载《申报·艺术界》，1929年1月6日。

界关于出版律法的类真空状态[1]，反动政府无法直接干涉、控制租界内的文化出版事务，这些都使原本自由的租界更像一块政治飞地。据时人回忆，在1927年左右，“开书店”的“风气”日渐在上海盛行，“以前不是没有书店，但不是今日的那种新书店，以前不是没有人开书店，但‘开书店’并没有成为智识分子一种‘风气’”。[2]确切地说，智识阶层“开书店”的风气肇始于“四一二”反革命政变，潘汉年、阳翰笙、李一氓等中共党员辗转抵沪，在虹口聚集了包括郭沫若、郑伯奇在内的一批文化界进步人士，以图建立文化统一战线，掀起左翼文化运动，对国民党查禁、取缔、迫害左翼文化进行合法斗争。相应地，上海的四马路（今福州路）和北四川路也就出现了赵景深笔下书店林立的景象。换言之，如火如荼的左翼文学运动与上海新书业的滥觞是休戚相关的。

历经“北上南下”的颠沛之旅，最终聚首上海的潮汕作家群，也凭借着创办新书业的契机，投身于轰轰烈烈的左翼文化运动中。遗憾的是，赵景深在流水账似的回溯北四川路上林立的书店时，却将与潮汕作家相关的三家书店给遗漏了。它们分别是位于上海北四川路海宁路357号的晓山书店、位于北四川路公益坊38号的南强书局以及位于北四川路东横浜路景云里4号的大江书铺。这三家书店加上同样位于北四川路虬江路北首的春野书店，便是洪灵菲等现代旅沪潮汕作家参与新书业创办的空间地形图。漫溯其间，呈现的是上海新书业里潮人的历史影像；将其放置到消费空间的具体场域里加以释读，则能透过潮汕作家创办书店的动因管窥上海新书业的文化生态。

二

和洪灵菲、戴平万等一起旅居上海的还有一位名为杨邨人的作家，在当时的中国现代文坛上颇有名气。这里先对其做一些简单的介绍。杨邨

① 刘震：《左翼文学运动的兴起与上海新书业》，人民文学出版社，2008，第11–12页。

② 李衡：《书店杂景》，载《申报·出版界》，1935年10月5日。

人，潮安县庵埠镇人，出身于工商地主家庭，其继母田新华是位开明的潮汕女性，在潮汕地区早期共产党人许苏魂的启蒙引导下，毅然参加革命，成为早期中共党员。在这样的家庭里，杨邨人及妹妹杨础坚，也在母亲的教育熏陶下投身革命，并都成为中共党员。1919年五四运动爆发，杨邨人开始在庵埠镇组织爱国同志会，进行革命宣传活动。翌年，杨邨人先后在澄海县和庵埠镇担任教职，同时兼任汕头《尾声日报》记者。1922年，考入湖北省武昌高等师范学校（武汉大学前身）国文系，其间还加入“星野”文学社团（其成员全是共产党员），并积极为《星野》文艺旬刊撰稿；政治上则踊跃参加中共领导的学生运动，与国民党右派势力、国家主义派进行剧烈斗争。1925年，经武昌高等师范学校中共支部书记李守章介绍，正式加入中国共产党。由于在校期间的优良表现，大学毕业后，杨邨人便被党组织介绍去广州，先后担任广东省立第一中学和第二中学教导主任，负责学校教务，并指导青年学生的革命活动。

早在武汉担任全国总工会宣传部干事的时候，杨邨人便和钱杏邨、蒋光慈及孟超商讨过创办革命文学刊物的事宜，后因“四一五”反革命政变的爆发而被迫中止。1927年11月，杨邨人、蒋光慈等在上海重聚时，又欲筹划此事。其时，恰逢郭沫若从广州到上海，准备恢复《创造周报》，并通过蒋光慈、郑伯奇来邀请刚从广州赴沪的鲁迅合作，希望实现曾在广州拟定的成立文艺联合战线的夙愿。鲁迅当时也欣然同意。

1927年12月3日的《时事新报》上刊出以鲁迅领衔、麦克昂（即郭沫若）居二、蒋光慈列第三的《〈创造周报〉启事》。在1928年1月出版的《创造周报》一卷八期上，也登载了由鲁迅领衔、蒋光慈居二、张资平居三的《复活预告》。由于蒋光慈的推荐，孟超、杨邨人等得以名列其间，挂上“特约撰述员”的名义。[①]然而，由于成仿吾和在日本的创造社同人临时易辙，一切准备就绪的计划最终未能付诸实践。经历此番波折后，杨邨人与蒋光慈、阿英、孟超等人更坚定了自己创办刊物、开设书店的

① 陈梦熊：《太阳社与春野书店》，载《中国出版史料（现代部分）》第一卷下册，宋原放主编，山东教育出版社，第158页。

决心。

当时，杨邨人正和四个潮汕同乡在法租界西门路一带合租公寓。这间地段适宜的寓所便成为他们开会、筹划的首选之地；此外，附近宽敞秀丽的法国公园也是他们经常聚集、商讨的所在。洪灵菲、戴平万二人此时正住在法租界马浪路[1]的普通公寓，距离杨邨人所住地仅几个街区。

1926年，洪、戴二人正在广州中山大学读书，而杨邨人则在广州第一、第二中学任教。早在那时，杨邨人便与洪灵菲、戴平万相识，旅沪期间因乡党同好的关系更是交往甚密。春野书店创办前，杨邨人曾试想过邀请洪灵菲、戴平万加入。

一日，在北四川路的廉价包饭店里用过午饭后，杨邨人神色严肃地看着洪灵菲和戴平万，特别认真地说："两位兄台请留步，在下有一要事想和两位商讨一番。"杨邨人实际上要比洪灵菲、戴平万两人年长，当洪、戴二人还在努力地从亭子间出发，以笔为戈实现自己文学理想的时候，杨邨人已经在当时的中国现代文坛上声名大噪了。但是他对洪灵菲、戴平万依然十分客气，一方面是他身上多少有点旧式文人的迂腐气，比较拘束礼节，另一方面是他确实特别欣赏和看中洪灵菲、戴平万两人的文学才华。

面对杨邨人的提议，洪灵菲、戴平万两个人认真思考了一下，这个想法肯定是很好的，但是自己创办书店真的是个浩大的工程。在他们的观念里，这还是属于出版商等资本家的工作范畴，自己刚到上海不久，脚跟尚未站稳，哪里来的资本开自己的书店呢？杨邨人的提议未免有些太过于天方夜谭了。

"嗯，我个人觉得这件事应该分两方面来看，对于办杂志这点是我们是非常赞成的，而且也很有必要，自己有了杂志就等于有了文化阵地。而且我们大家在潮汕、在广州、在武汉等地求学时都有过创办刊物的经验，这点应该是不太难的。但是开书店嘛……"洪灵菲恳切而认真地分析着，说到开书店的时候，脸上露出了尴尬的表情，他怕给同志泼冷水，但是又

① 李魁庆：《我所知道的我们社》，载《中国左翼文学国际学术研讨会论文集》，汕头大学出版社，2006，第550页。

不得不真诚地说出自己的隐忧。在一旁听着的戴平万也频频点头，表示认同。

对于洪灵菲和戴平万的观点，杨邨人非常理解，毕竟当时洪灵菲、戴平万也是初到上海，经济拮据，尚且无法出资入股。

杨邨人坦言："我们（指杨邨人、蒋光慈、钱杏邨和孟超，笔者注）自然也是一样的穷光蛋，可是我们相信自己只要努力卖文招股，是不会失败的！当然了，人各有志，这点是不能勉强的，我们凭着决心和毅力积极地进行，日后若是小有规模了，你们也可以来出版，相互学习呢！"。

洪灵菲和戴平万谢过了杨邨人，同时也在心里默默地想着，假如哪天，我们也能够有属于自己的书店，那该多好啊，那就再也不用受到无良出版商的盘剥了！

几经磋商，最后蒋光慈、钱杏邨和孟超决定采取杨邨人的提议，把书店定名为"春野书店"，刊名则取自四人所想的《太阳月刊》，并且印好招股章程：四个人发起，每人自认十股（每股十元）作为开办基金。随后，杨邨人托蒋光慈把他的一部中篇小说《失踪》卖给亚东图书馆，并将所得稿费的半数，即一百元作为股金缴纳。[①]

资本逐渐"雄厚"，印刷厂也确定下来，但关于书店门市部的选址，却颇费了一番功夫。四马路是当时上海著名的商业、娱乐及文化中心街区，其店铺租金也较高昂。面对高企的租金，杨邨人等只好转而在北四川路寻找相对低廉的铺子。最后，选中了位于北四川路虬江路北首的一间广东人开的西点铺子，房租每月四十八元，不用定金，且玻璃橱子均为现成。店址一经落实，杨邨人等便着手招牌等事宜，"迅雷将一张白布用美术字写好，以图画钉按在门内的左边玻璃橱子外面"，又聘请了原创造社的成员"灵均当经理，杏邨的一个亲戚孙孟涛当账房……"[②]

---

① 杨邨人：《太阳社与蒋光慈》，载《蒋光慈研究资料》，方铭编著，知识产权出版社，2010，第73页。

② 同上。

仅隔两天春野书店便开张了，其时应为1927年底。开张初期，由于大家都还没有大量新近的作品售卖，便商议到创造社出版部、亚东、泰东、光华四家书店去批发一些书籍杂志稍作过渡。1928年元旦，《太阳月刊》第一期出版。《太阳月刊》虽然由蒋光慈主持，但实际编辑工作却是杨邨人和钱杏邨承担的。“总共七期《编后》，他（指杨邨人，笔者注）至少撰写了四期……总之，他担负了编辑部大量的日常工作，他和阿英曾被称为辅助蒋光慈的左右手。”[①]据杨邨人回忆，并非所有在《太阳月刊》上刊登过作品的人都是太阳社成员，入社还需要一定手续，即需要由社员介绍，并经过全体社员通过。除最初的四名发起人之外，孟超介绍了王艺钟、刘一梦、徐迅雷，杨邨人则介绍了同乡的洪灵菲、戴平万和杜国庠，后来加入的还有楼建南、祝秀侠等。

需要补充的是，春野书店并不是一个私营性质的书店，确切地说，它一开始的创办初衷便是源于瞿秋白同志的倡议，创办前还曾向瞿秋白做了请示报告，并在获得许可后才开展实际活动。此外，太阳社的全体社员均为中共党员，和后来创办的我们社成员，及夏衍等同志在组织上均隶属于上海闸北文化支部（第三阶段支部）领导[②]，而当时的洪灵菲正担任闸北区委书记，共同提倡无产阶级革命文学创作，并为普罗列塔利亚文学而奋斗。

三

李春铧是除杨邨人之外，另一个较早抵达上海的潮汕作家，同时也是洪灵菲、戴平万的好朋友。李春铧是洪灵菲、戴平万的恩师李春涛的四弟，因此，洪、戴二人更是对他感到十分亲切，日常生活上也是照顾有加。

由于长年受李春涛和李春蕃（即柯柏年）两位哥哥的言传身教，李

① 陈梦熊：《文幕与文墓》，东南大学出版社，2004，第57页。

② 杨邨人：《太阳社与蒋光慈》，载《蒋光慈研究资料》，方铭编著，知识产权出版社，2010，第73页。

春铧尚未更事时便对革命心生好感。1923年8月，李春铧随李春涛一同赴京，与杜国庠同住“赭庐”，并在北京高等补习学校读书。“赭庐”实际上是地安门内慈慧殿南月牙胡同13号的四合院，因杜国庠和李春涛均信仰马克思主义，憧憬“红色”，所以将自己的寓所取名为“赭庐”。“国会议员胡锷公、北大政治系主任周鲠生、早期共产党人谭平山、彭湃等都是‘赭庐’的常客。因为李春涛和杜国庠像唐代的李白、杜甫那样忧国忧民，因此有‘潮州的李杜’之称；因为李春涛和彭湃是莫逆之交，因此又有‘澎湃的春涛’之说。”在“赭庐”生活的日子里，浓郁的革命氛围也使李春铧耳濡目染。1924年1月28日，李春涛、杜国庠带着他到北京法学院参加列宁追悼大会，吊唁会上庄严肃穆的氛围使李春铧深受震动。会后，杜国庠、李春涛等编辑出版了纪念列宁专辑——《社会问题》杂志。杜国庠在该刊上发表了题为《列宁与第三国际》的文章，热情讴歌了列宁和他所建立的第三国际的伟大功绩。随着对列宁事迹的深入了解和对马列著作的大量阅读，李春铧对革命的理解也渐趋深入，并逐步形成坚定的革命立场。1925年，李春铧考入上海大学社会学系三年级，后当选为上大学生会主席，从事学生运动和工人运动，并经张太雷、蒋光慈介绍加入中国共产党。

1927年12月，从武汉赴沪的李春铧首先拜见了恩师陈望道。当时陈望道正和马庆川合办上海中华艺术大学，恰好该校的总务主任空缺，陈望道便举荐李春铧担任总务主任一职，同时兼任英语副教授。不久，洪灵菲也在这个学校任职，两人成为经常往来的朋友、同志。

1928年初，陈望道和施复亮、汪馥泉、冯三昧等合股筹办大江书铺，顺道也让李春铧参与办理大江书铺的出版印刷事务[①]。此时，杜国庠、洪灵菲、戴平万及柯柏年、李典煌、陈礼逊、杜镇奎等也都相继抵沪。旅沪早期，潮汕作家大都经济拮据，生活困顿，仅李春铧一人有固定的工作和

① 李魁庆：《我所知道的我们社》，载《中国左翼文学国际学术研讨会论文集》，汕头大学出版社，2006，第550页。

工资收入，其他人都没有经济收入来源。因此，必须先设法解决温饱问题，才能使大家安心地写文章、做工作。杜国庠提议，找创造社的老友成仿吾相助。创造社地处北四川路底，与李春铸工作的中华艺术大学相距不远。第二天，杜国庠便在李春铸的陪同下，前往创造社找成仿吾。

杜国庠与成仿吾旅日期间便已熟识，成仿吾当即请杜国庠把文章或译稿交给创造社出版，并预先垫付稿酬。同时，杜国庠、李春铸还从成仿吾处打听到郁达夫的住址。随后，在郁达夫的推荐下，洪灵菲的长篇小说《流亡》交由上海现代书局出版，预支版税八十元；李春铸（笔名李一它）写的长篇小说《海鸥》也由郁达夫卖给红叶书店，预支稿费六十元。同时，杜国庠、洪灵菲、戴平万还经杨邨人推荐加入太阳社，通过发表作品获得相应稿酬。潮汕作家在经济收入上不分你我，个人取得的稿酬都无私地和其他人分享。这样，抵沪早期的经济难题便逐渐得以解决。

当时的潮汕作家在居住地上极为分散，几乎遍及整个上海：洪灵菲、戴平万起先寄居在朋友的商行，后来迁到法租界马浪路（或西门路，不可考）的一处寓所（沪南）；杨邨人和几位潮籍友人居住在法租界西门路西门里（沪南）；李春铸因工作关系居住在北四川路路底的施高塔路，即中华艺术大学的教师宿舍（沪北）；杜国庠住在沪东提篮桥附近；而柯柏年等则暂住在沪西……如此零散的住地分布给潮汕作家群的交流造成了一定的障碍。加上此时，杜国庠、洪灵菲、戴平万加入太阳社已近五个月的时间，看到太阳社成功的运作模式，杜国庠心生效仿之念："由于住地分散，杜老倡议成立一个出版社，租一间临街的小商店，开设一个门市部，作为书店。一方面自己出版书籍，自己卖书。因为当年一些书店老板，出版书籍的目的是为赚钱，对于进步的文章，老板认为不能赚钱，就不要。因此，最好是自己出书，同时也有一个大家随时见面的地方。"[①]杜国庠的提议得到了潮汕作家的一致赞同，经过协商，决定将社名定为"我们社"，书店为"我们书店"。

① 杜兴梅、杜运通：《我们社研究及精品选读》，花城出版社，2008，第98页。

1928年5月20日，作为左翼文艺社团的我们社在上海成立，并将原先的“我们书店”更名为“晓山书店”，地址在上海北四川路海宁路357号。书店聘请杜国庠和郁达夫任正、副顾问，洪灵菲为社长兼主任编辑，戴平万为副编辑，李春铸负责出版印刷工作，李伍担任组织的内部交通，在门市部居住，负责卖书和看守书店。[①]全体社员包括杜国庠、洪灵菲、戴平万、许美勋、冯铿、李春铸、罗克典、罗澜、陈礼逊等。我们社成立后，出版《我们丛书》，并发行《我们》文学月刊。

书店门市部斜对门便是太阳社办的春野书店，沿四川路往下一段即是创造社的出版部。晓山书店与春野书店本是同根，又都和创造社渊源颇深，再加上地缘优势，使三者间得以随时互通消息和互相扶掖。对于杜国庠、洪灵菲及戴平万另外创办的“我们社”，钱杏邨曾回忆道：“从此两社就成了一体，互相参加了工作。《太阳》和《我们》便以弟兄名义的刊物出现，不久还和《创造月刊》，在党的领导下统一起来……左联成立以后，中国左翼社会科学家联盟，也相继成立了，杜国庠同志的工作，以后就转到了那一方面。因此，在《拓荒者》创刊以前，他是始终和我们在一起，从事文学方面工作的，从组织一直到写作。灵菲和平万参加了党的机关工作以后，还有相当长的一个时期，就住在我的对门，光赤、夏衍同住子在对面弄堂里，彼此间接触的机会就更多了。”[②]此外，杨邨人、蒋光慈、孟超等也经常去“我们社”交流，社员之间彼此私交甚笃。

1928年8月20日，《我们月刊》出至第三期后，于1929年2月被国民党当局查禁。晓山书店被封，“我们社”也随之解散。

1930年左翼作家联盟成立，灵菲同志是发起人和七个常委之一。随着左联成立，原我们社全体潮汕作家连同太阳社的潮汕作家杨邨人，一齐加入了“左翼作家联盟”的组织。后来敌人看到文化界进步势力一天天蓬勃发展起来，进步作家都围绕到左翼作家联盟的旗帜下，便对左联恨之入

① 李魁庆：《我所知道的我们社》，载《中国左翼文学国际学术研讨会论文集》，汕头大学出版社，2006，第551页。

② 钱杏邨：《阿英全集（第四卷）》，安徽教育出版，2003，第513–514页。

骨，除极端无耻的诽谤谩骂、造谣诬蔑之外，对进步作品的发表和出版横加刁难，或者扣压，禁止，甚至不让已经同意出版的作品与读者见面。洪灵菲同志的著作就被他们扣压了好几部，如《前线》《长征》《在淞沪车厢里》《在货车上》等。由于敌人的法西斯暴行，这些作品的底稿都无法保存，而被烧毁。国民党反动派还不甘心，在上海《申报》上登出第二次通缉洪灵菲的命令。

四

北四川路上，与潮汕作家相关的进步书店还有大江书铺和南强书局两家。自1920年9月起，陈望道便在复旦大学中文系任教；1923年至1927年间，还兼任上海大学的校政工作。1928年至1930年又接受地下党的委托出任中华艺术大学校长。恰逢当时陈望道的学生李春铸初到上海，工作尚无着落，陈望道便举荐李春铸顶了教务主任的空缺。

大革命失败后，为配合当时的文学革命运动，陈望道便萌生出自办书店、专事出版进步书刊的想法。20世纪20年代末到30年代初，上海的书店伴随着新书业的兴起如潮水般涌现，仅仅在横浜路一条小街上就连挨着好几家，但在这众多的书店中，办得有特色的却是凤毛麟角。为了在激烈的书业竞争中取得优势，陈望道在与汪馥泉的往来书信里，对新书铺筹建的方针、倾向、名称以及筹股等都做过反复计议。关于书店倾向，陈望道十分明确地说“最好范围略宽，为科学、思想、文艺的传播的机关”；在办书铺的方针上，陈望道又提出了要办得“有点特色，本钱似应大一点”“我的计划书铺，有一大方针，即经济条件与人同等，而以我们质上量上的努力竞胜过它”等观点。[①]

1928年9月，筹划良久的大江书铺终于开业，10月开始正式出版图书。书铺由陈望道和施复亮、汪馥泉、冯三昧等合股筹办，陈望道自任经理，汪馥泉任编辑主任。编辑部最早设在东横浜路景云里四号。此时，鲁

① 陈望道：《致汪馥泉函四通》，载《现代作家书简》，孔另境编，上海生活书店，1936，第164–165页。

迅刚从广州迁来上海定居，住址就在离大江书铺不远的景云里。在筹建大江书铺的过程中，鲁迅曾给予全力的支持。1928年10月，大江书铺开业不久，陈望道便在鲁迅的支持下创办了《大江月刊》。虽然《大江月刊》仅出版三期，但每一期都有鲁迅的著作或译文[①]。

为提携、扶掖后生，陈望道特地让李春铞参与书铺的相关印刷事务，并对出版事业进行悉心指导。《我们月刊》出版第一期后，李春铞便带去请教陈望道。陈望道翻阅《我们月刊》上登载的作品后，笑着说："你们太幼稚了。内容写的是小资产阶级知识分子在革命失败后流亡的情况，甚至拾垃圾桶的东西充饥。这种文章不但不能激发工农群众的革命热情，反而会暴露了自己，使反动政府注意你们。"接着，陈望道还恳切提议："你们把出版事业看得太简单了。你们今后必须讲究斗争策略，要请教杜先生。杜先生虽然不是研究文学的，但是，他一定懂得文化斗争的策略。"[②]

杜国庠也认同陈望道的话，主张在作品的选取上要更多元，适度隐蔽那些锋芒毕露的文章。事情的发展不出陈、杜二老的意料——1929年2月19日，国民党中央执行委员会致国民政府函称："据中央宣传部呈称：'查上海晓山书店发行之《我们月刊》第三号选载《献给既经死了的SP》及《重来》新体诗两首，核其语气完全共产党语气，完全共产党口吻，其余文字均属以文学为面具实行反动宣传之作品'。"1929年2月20日，国民政府发出查禁封令"训令一五〇号"称："据中央宣传部呈称：'查上海晓山书店发行之《我们月刊》第三号选载诗文均属反动宣传之作品，请交府通令查禁。'"[③]《我们月刊》仅出版三期，便被迫停刊，晓山书店也被查封，所幸当时店里没人。

尽管晓山书店和《我们月刊》存在的时间尚短，但这段出版经历和从

---

① 邓明以：《陈望道与大江书铺》，载《中国出版史料（现代部分）第一卷下册》，宋原放主编，山东教育出版社，2001，第190–191页。

② 李魁庆：《我所知道的我们社》，载《中国左翼文学国际学术研讨会论文集》，汕头大学出版社，2006，第552页。

③ 同上。

陈望道、杜国庠及鲁迅处学到的诸多出版经验，着实地锻炼了青年潮汕作家们，使其在左联成立后从事《拓荒者》等刊物的编辑工作方面显得更为熟练和沉稳。

五

20世纪30年代，开设在虹口区北四川路公益坊38号的南强书局，是一家甚少有人深知其创办背景的书店。由于杜国庠、洪灵菲、戴平万等均在南强书局供职，外界一直误认为南强书局隶属于太阳社；又因为该书局的工作人员几乎为清一色的潮汕人，所以就连和南强书局颇有来往的夏衍都误以为该书局是隶属于太阳社的分店。

据夏衍回忆，南强书局“实际上是党员（主要是广东潮汕、海陆丰一带彭湃同志领导下的文化界党员）集资办的，林伯修（即杜国庠）、洪灵菲、王鼎新等都是潮州人……”[①]其实，他的回忆只是将主办南强书局的人员背景说对了一半。

据陈梦熊的考证，南强书局是一家与潮汕作家渊源甚深的进步书局，由邓演达领导的中华革命党（即农工民主党的前身）人陈卓凡、王鼎新所创办。陈卓凡、王鼎新均系潮汕澄海人，二人与共产党人彭湃、杜国庠均为留日同学，曾共同组织赤心社，学习和宣传马克思主义；后来又共同经历了海陆丰农民运动，并且在周恩来领导下参加二次东征。大革命失败后，陈卓凡接受杜国庠建议，决定在上海开设一家书店，一来可以作为进行革命工作的掩护，二则可以自行出版进步刊物，不受其他出版社的限制。1928年3月，陈卓凡在离任龙溪县长后，随即赶赴印尼，撤回其父留在印尼的全部股份，并向华侨亲友招股，筹集资金四万余元，作为创办这间书店的资金[②]。

1929年1月，陈卓凡被股东推举为董事。当时，同乡、同窗兼同志的

① 陈梦熊：《夏衍追忆南强书局的一封信》，载《中国出版史料（现代部分）第一卷下册》，宋原放主编，山东教育出版社，2001，第178-179页。

② 同上。

杜国庠、王鼎新、柯柏年等人在上海已近一年时间。1928年，王鼎新曾任漳州训政人员养成所所长，四个月后停办，恰好应陈卓凡之聘，担任南强书局的经理。

杜国庠当时已从太阳社退出，与洪灵菲、戴平万等自行组织“我们社”，创办《我们月刊》；此外，杜国庠也从陈望道创办大江书铺的过程里积累了一定的出版经验。基于上述条件的考量，陈卓凡在聘请李达为总编辑之外，还特地聘请杜国庠（化名吴念慈）、柯柏年（原名李春蕃）为编辑兼撰述；沈端先（夏衍）为特约撰述。1929年2月24日，农历己巳年的元宵节，冯铿（原名冯岭梅）偕爱人许美勋（又名许峨）一同抵沪。联系上“革命老大哥”杜国庠后，经其介绍，冯、许二人便在南强书局任校对。这即是南强书局的全班人马。

此时的杜国庠除了在南强书局任编辑兼撰述外，还积极从事左翼文化的研究和宣传工作，并担任中共中央宣传部所属的文化工作委员，参加左联的筹组活动，组织“社联”并担任党团书记等。正因为如此，他网罗了诸多进步学者和作家，绝大部分左翼进步刊物都是经过他的手而由南强书局出版的。夏衍在回忆中说“出书主要由林伯修负责”，这是极为中肯的。1935年2月19日，中共中央上海局第三次遭到敌人破坏时，杜国庠与黄文本、田汉等三十六人同时被捕，从此脱离了南强书局。

冯铿、许美勋初到上海时，先是寄宿在南强书局二楼的亭子间。不久，冯铿曾先后在持志大学和复旦大学学习英语，后来因经济拮据和组织斗争的需要，不得不中辍学业。南强书局的编辑、出版生活切实提高了冯铿自身的创作水平，长篇小说《最后的出路》、革命剪影式的《红的日记》都是这一时期发表的。有过想靠卖文为生却一度贫困潦倒的经历，冯铿对与自己一样笃定创作的文学青年不吝给予理解和鼓励。当马宁还是初出茅庐的文学青年时，尚浅的资历和稚嫩的文笔使其投稿无门，一度濒临断炊、无力就医的窘境。正是在冯铿的鼓励和推荐下，马宁稍显稚拙的《铁恋》才得以在南强书局出版；而书局预支的120元高额稿费也是帮助马宁度过窘困生活的“及时雨”。由于此番因缘，冯铿、许美勋和马宁、李伟森等文学青年也经常在南强书局交流和分享创作经验[①]。

关于王鼎新，许美勋还特别指出："新兄未参加左联，但实际上对左联从间接上尽了好多力量。"[②]夏衍晚年也同样回忆道："他（指王鼎新，笔者注）虽系经理，不但管营业，还兼编辑，联系作家，有时还跑印刷所，是个什么都做的当家人。实际上董事长陈卓凡将这家书局都委托给他经营了。"[③]王鼎新虽不是左联成员，也未参加太阳社，但是十分同情革命，对左翼进步人士也都竭诚照顾。

1929年5月，经杜国庠、柯柏年介绍，冯铿、许美勋正式加入中国共产党。在党组织领导下，以南强书局做掩护，冯铿积极投身上海的地下斗争，直到1931年1月18日在上海东方饭店开会时被捕[④]。其间，王鼎新对参加革命工作的冯铿、许美勋等革命青年"百般支持、帮助，亲如兄弟，他常鼓励我俩尽力为革命文艺工作，在书局工作只作掩护"[⑤]。王鼎新主持南强书局长达八年之久，直到"八一三"事变，日寇占领华界，北四川路处于炮火之中，书局财产无法搬出，他才被迫迁往法租界避难，南强书局也就宣告结束。

与晓山书店、春野书店一样，国民党当局对南强书局的出版物亦是极为注意。1930年，《出版法》和《出版法施行细则》颁布后，就查禁了南强书局二十种文学和社会科学的进步书籍，其中包括夏衍的《新兴文学论》、钱杏邨的《新文艺描写辞典》等。1932年，上海出版业为反对国民党当局《出版法》的实施，在《中国新书月报》第二卷第一号发表了《请愿书》，商务、中华、世界、开明、北新、南强等五十家书局名列其间，众多新书业的出版人一齐摇旗呐喊以保障出版自由的神圣权益。南强书局也一直敢为天下先，直面反动当局的各种"文化围剿"。遗憾的是，

① 卓如：《马宁选集》，海峡文学出版社，1991，第629-932页。

② 同上。

③ 同上。

④ 同上书，第632-644页。

⑤ 陈梦熊：《夏衍追忆南强书局的一封信》，载《中国出版史料（现代部分）第一卷下册》，宋原放主编，山东教育出版社，2001，第182页。

“八一三”事变后，日寇占领华界，北四川路位列日军攻占要害，南强书局也和其他进步书店一样，毁于熊熊炮火之中。

大革命失败后，陈卓凡、王鼎新、杜国庠、柯柏年等潮汕进步人士倾资开设、经营的南强书局，在洪灵菲、戴平万、冯铿、许美勋等青年潮汕作家共同的心血灌注下，不仅成为当时一家出色的进步书局、共产党在虹口区活动的一个据点，更是一方实现反文化“围剿”、继续宣传马克思主义的红色阵地。在南强书局存续的八年间，所有的“潮人”“潮影”“潮声”“潮迹”都是难以被岁月风尘所湮灭的。

六

潮汕作家执着“革命文学”的初衷，无疑是企盼通过投身左翼文学运动对国民党查禁、取缔、迫害左翼文化进行合法斗争。然而，除了坚守初心的缘由外，潮汕作家亲自创办书店、出版刊物等行为却和当时上海出版界的文化生态及新书业兴起的契机不无关系。

1925年，周全平曾用笔名“霆声”在《洪水》杂志上接连发表《一团漆黑的出版界》《怎样去清理出版界》两篇文章，言辞犀利地痛斥上海出版界的“一团漆黑”，并为清理出版界提出相关建议。周文囊括了上海出版界存在的几点失范：

首先，是出版商“不专力于正式的出版物”。一家出版社每次“招揽几家大公司的广告生意的利益要比出版十数部正经书大得多”，出于高经济利益的驱动，出版商更倾向于登载容易获利的公司广告；而大部头的专门书籍却只能沦为装点门面的边角料，真正付梓的作品寥寥无几。

其次，是出版商缺乏价值衡量，唯利是图地“利用时机，投合社会上的卑劣心理”。为节省校对开销，书店对出版物的质量关极为松懈，信手一翻，句读不通的地方随处可见；为了迎合读者猎奇的心理，书店还将出版重心放在风靡一时的性学书籍上，将原本开风气之先的“性科学”宣传愈演愈烈，大有声色靡靡、庸俗泛滥之势。

再次，是书店为了在政治上“明哲保身”，“拒绝有革新精神的佳作”，但凡带有反抗和革命色彩的稿子一律只能吃闭门羹……出版界的诸多乱象使得读者进书店如“入鲍鱼之肆”，对其乌烟瘴气久而不闻其臭；品位稍高的读者则会误以为现今文坛所谓的新文学创作亦不过尔尔，实属金玉其外败絮其中[①]。

出版界的失范除了上述“欺骗读者”的一面，另一面则是“刻薄作家”。“看情面收稿”是当时出版界心照不宣的墨守之规——出版商为点缀门面，有时也不得不收几部比较正式的稿子，可是“他们收稿子的标准不是作品的好坏而是送作品者的情面的大小”。许多无名作家常常愤怒地说：“你的著作，只要经过名流博士介绍吹嘘，哪怕是糟粕臭屎，定会帮你出版；否则，管你是鲜花丽草，总只求得一个不睬。”[②]这愤懑的话语未免过于绝对，却也极为中肯地指出了出版界的荒唐与不公。“不肯出相当的报酬”是出版商唯利是图、刻薄作家的另一面：由于出版物不良，资本的利润和销路不大，为节省成本、多获利润，出版商“除了使印刷粗劣或定价增高外，就只有在稿费方面盘算了”。周全平将出版商这种葛朗台式的苛刻与吝啬形容为“无所不用其极”，并在《漆黑一团的出版界》中做出极为详细的剖析：

> 尤是可恶的便是他们对于著作家底刻薄。我们一向以为劳工被资本家剥削是太不人道的事，可是出版家对于著作家底刻薄也并不亚于此。一部书底印刷成本，照我所知，只是书价底三成；印得多，还要便宜；装订和纸张粗劣些，更要便宜；著作家只拿了一成五（商务中华底版税例）；余下底五成多，便都被出版者取去。固然，还有发行费，但我知发行费多不过二成许，而直接卖出时所费更轻。这样，呕尽心血的著作家底利益大都被资本家掠夺了。

这还仅仅是“抽版税”，多数情况下，出版商采取的是“卖稿”，

① 周全平：《怎样去清理出版界》，载《洪水》1925年第1卷第5期，第132-133页。

② 同上书，第133页。

"五元千字几乎是最高的价值"。至于刚刚出道、寂寂无闻的作家，稿子是否能"卖"还是一个悬念——"假若你只是一位未成名的著作家，假若你又没有名人给你吹嘘介绍，那么你的作品便只能在书局底编辑所中旅行，而决不能在书局底发行所里占得一席，于是你底著作家生活便只好宣告终结了"①。

旅沪初期，潮汕作家所遭遇的出版界文化生态正是周全平笔下的"漆黑一团"、乱象丛生。其时，潮汕作家除了怀揣着满腔热情外，大都面临盘缠告罄、捉襟见肘的困境。多数情况下，青年作家都是靠着同乡之间仅有的一点余资帮衬度日：

> 当时大家在上海生活困难，住地分散。只有父亲（指李春铸，笔者注）一人有固定工作，有工资收入，其他兄弟和同志都没有工作，没有经济收入来源，必须先设法解决生活问题，才能安心写文章，做工作。经过讨论，决定除父亲之外，各人在饭馆去包饭，连同零用钱，每月10元就可以维持下去。在稿费尚未得到之时，可以互相帮助。杜国庠首先说，第一月各人的伙食费他全包了，由他付出。柯柏年说他可以包第二个月的所有伙食费。父亲（李春铸）说："从第三个月起，都由我包，因为我的工资不低，一直到大家取得稿费为止。"洪伦修（即洪灵菲，笔者注）说，他和戴均（指戴平万，笔者注）在朋友商行吃饭不成问题，主要问题是必须赶快另租房子居住。当时上海的亭子间，最低的租金也是每月五六元，这个数目对于工作尚无着落的潮汕作家而言，着实是一笔不小的开资。②

在郁达夫的推荐下，洪灵菲的长篇小说《流亡》交由上海现代书局出

① 周全平：《漆黑一团的出版界》，载《洪水》1925年第1卷第5期，第71页。

② 李魁庆：《我所知道的我们社》，载《中国左翼文学国际学术研讨会论文集》，汕头大学出版社，2006，第550页。

版，预支版税八十元；李春锌（笔名李一它）写的长篇小说《海鸥》也由郁达夫卖给红叶书店，预支稿费六十元。这两笔不菲的收入算是解了潮汕作家群的燃眉之急。然而，关于书店应承的这笔稿费，洪灵菲却回忆道：

> 最可恨的是书店的老板，好像专门和我们作对。我写了一本书送到他们那里，已经接近两个月了。究竟要不要，也不答复我。好在我的老师郁达夫先生，还是了解和爱护我，给我写了一篇序文，并介绍我送到现代书店。现代书店答应给我出版；但他们也不是傻子，看到有名作家写序，又看到《流亡》一书所写的内容也是新情况，销路一定不错。书店答应每千字给我四块钱，版权就归他们所有。但贪得无厌的老板们还是不知足，他们不愿痛痛快快地付款，一而再、再而三地拖延付款日期。①

关于书店老板扣压稿件，克扣、拖欠稿费的现象，也时常出现在冯铿的文章里：

> “对于创作卖稿这条路径完全不通了吧？……”
>
> “就使你有多大的毅力来强忍着给三次五次退回稿子来时的失望和所受的侮辱，你也没有那样余剩的邮票费和精力呢！……文学界的黑暗正像其他各界的有加无减，这一条是绝了心罢，还提它！……”
>
> ……眼光偶尔射向案上那本 × 书局出版的在现文坛上几乎没有人注意到的本月刊上去，她又兴奋的心里闪上创作的念头了。她曾经得到了朋友某君的介绍，发表了一篇小说在这半月刊上，拿到了几块钱的稿费的。但只有那一次编辑先生算是敷衍了 × 君的情面。以后……他不但不给她发表，还理也不理地等她索了三五次才把报纸包了堆积着一大卷原稿退回来给她。她那几次挂号寄上的邮票费的损失

① 秦静：《忆洪灵菲烈士（序文）》，载《洪灵菲选集》，人民文学出版社，1982，第8页。

足足占了第一次所得到的稿费的五六分之一了（那时她还在岭南未到S埠来的），还受了许多期待与失望的苦恼！现在她到这里来了，可以直接把原稿再送到书局去了，厚着脸皮再作最后的尝试吧。倘若编辑先生怜而不致拒绝它那每千字一元的稿费，总有几块钱可以维持一个月的房租吧……[①]

欺骗读者、刻薄作家，这种不良出版生态造成的后果便是“摧折真正的著作家底成长”和“引起真正的读者底反动”。因为真正的作家“一定是忠实于著作而不会阿奉名人与资本家的，也一定不肯为了易于卖稿而把作品随波逐流的，也一定不忍为了要增加作品的量而把作品的质减低的，于是真正的著作家不是饿死便只能改行”。

姜馥森曾用“蛰居亭子间同时站在十字街头作诗弄文学的文乞”[②]来形容现代文坛上出现的“亭子间作家”，如果从作家经济生活层面来丈量的话，“文乞”确实是极为贴切的形容。稿件被扣压、低微的稿酬甚至于托人情才得以出版的窘境，使很多作家的作品要么遭遇石沉大海、杳无音信的厄运，要么寂寂无闻地躺在藤箧内，一卷卷地挤占着本就拥堵的亭子间。面对如此失范的出版界文化生态，作家非但无法凭借正常的创作与读者进行良性互动，甚至连通过稿费保证基本生活的最低要求都难以企及。

杜绝出版乱象，解决作家创作后无处可投或是劳力被出版商巧取豪夺的现状，自办书店、自售杂志无疑是最好的选择：“杜老倡议成立一个出版社，租一间临街的小商店，开设一个门市部，作为书店。一方面自己出版书籍，自己卖书。因为当年一些书店老板，出版书籍的目的是为赚钱，对于进步的文章，老板认为不能赚钱，就不要。因此，最好是自己出书，

① 冯铿：《无着落的心》，载《晨光/柔石冯铿遗稿》，书目文献出版社，1986，第308–309页。

② 姜馥森：《鲁迅与白莽》，载《回忆鲁迅在上海》，上海鲁迅纪念馆著，上海书店出版社，2017，第565页。

同时也有一个大家随时见面的地方。”①

群体结社、创办书店，开设出版部、门市部，自写自销，通过节省下被大书店扣除的印刷和发行成本，可以更为有效地提供作家维持基本生活的经济保障；更重要的一点，是使作家获得一种著作权、版权乃至对“作家”身份的尊重。换言之，杂芜的出版界文化生态催生了潮汕作家自发结社、自办书店、自出刊物的想法。但空有雄图大志还远远不够，真正实现自办书店的想法还有赖于上海新书业兴起的这股东风。

九

周全平在《怎样去清理出版界》一文中开门见山地点明：“出版界应负培养著作界底成长之责，同时又应担任解除读书人底困难之职。出版家在著作家和读者底中间像是两岸间的一条渡船。著作家必须有出版家的帮助才能把自己底工资普遍宣示大众，读者也要得出版家的帮助才能很利便地获得著作家底工作”，但当时的上海出版界却都是些“只知发财主义和苟安主义的大小资本家”，于是“这条渡船一变而成为关卡，反成为两者间的阻碍了”。为了“清理”出版界存在的这些乱象，周全平接着提出两点建议：一是，“应由智识阶级起来把目下的出版物严格地审定一下，痛快地指出它们的荒谬，同时也把有价值的东西提出来，让出版界晓得一些畏惧，让读书人有个选择的标准”；二是，“对于以后，应当有读者和著作家合作出版事业，同时再由真正有学问的学者在旁作建设的批评，求出版物的进步”②。

继周全平1925年登文呼吁智识阶级参与出版事业后，1928年10月15日，陈望道主办的《大江月刊》创刊号上登载了谢宏徒的《大小书店》，谢文对“上海出版业的垄断格局，以及以商务印书馆为首的几个垄断书局的弊病”进行了针砭：

① 李魁庆：《李春�的生平和创作》，载《我们社研究及精品选读》，花城出版社，2008，第98页。

② 周全平：《漆黑一团的出版界》，载《洪水》1925年第1卷第5期，第71页。

> 视为文化事业之一的书店经营，并不是“托辣斯式”“百货店式”的一家大书店可以包办得了的。不幸十余年来，国内大资本的书店只有一家，于是从幼稚园的生徒以至未戴“角帽”以前的少年青年的精神的食粮，一齐都被他们把持着；所有著作翻译的人都不得不仰他们的鼻息。主持“编辑生杀大权”的人物，正如日本镰仓长谷的大佛一样，巍巍然端坐着，一般“善男信女”都顶礼膜拜于下，这个比喻并不算过分。
>
> 现在的情形又有不同，就是小资本的书店的增加。别的书籍我不知道，单就文艺方面的书说，大书店的销售往往不及小书店。[①]

事实确如谢宏徒所指，尽管大书店在传统书籍的出版上独占鳌头，但在文艺书刊的发行、售卖方面，中小型书店却显后来居上之势。因为新兴的中小型书店“没有太多因袭的包袱，往往可以得风气之先，以相对激进的文化姿态和冒险的出版策略迅速抢占出版业的新兴阵地，确立自己在某类新出版物上的先锋地位”[②]。与中小型书店激流勇进、迎头而上的干劲相比，商务、中华、世界和大东书局等“老爷书店”谨小慎微的作风不免相形见绌。处于垄断地位的大书店在新书业浪潮面前保守、却步的姿态，无非是“明哲保身”，希冀得“政治”大伞的荫庇而保全其经济上的收益。从另一个角度看，正是大书局的缺席在客观上给中小书店的崛起、发展腾出了空间——中小书店不仅可以在文艺书刊出版的市场上分得一杯羹，更能乘着“革命文学”论争这股造势的东风扶摇直上。创造社出版部、光华书局、现代书局，以及潮汕作家参与创办的春野书店、南强书局、晓山书店，均是在上海新书业兴起的契机下，“时势造英雄”般地应运而生。

---

① 刘震：《左翼文学运动的兴起与上海新书业（1928—1930）》，人民文学出版社，第39页。

② 同上书，第40页。

杨邨人与蒋光慈等创办春野书店之初，曾邀请洪灵菲、戴平万加入，“对于我们办杂志他们是赞成，开书店他们却是以为难以成功”[①]。依据前文对潮汕作家旅沪初期的经济状况概述，当时洪、戴二人的手头并不宽裕，不仅支付不起入股资金，更承担不了自负盈亏的风险。经济拮据是洪灵菲、戴平万婉拒杨邨人的直接原因。

春野书店创办后，《太阳月刊》的发行受到文学青年的热捧，销路一直看涨。1928—1930年间，上海新书业兴起的时期更是杨邨人创作及发表的高峰期：除了春野书店出版的短篇小说集《战线上》，中篇《失踪》1928年5月由亚东图书馆出版；短篇小说集《狂澜》[②]1929年3月由泰东书局出版；第三本短篇小说集《苦闷》[③]1929年7月由启智书局出版……大量作品付梓给杨邨人带来的具体经济收益已无从考证，但太阳社另一位作家蒋光慈的出版情况和经济生活却可作为旁证略见一斑。

1928—1930年间，蒋光慈创作的诸多“革命＋恋爱”的小说风靡一时，其洛阳纸贵的盛况甚至一度引发了千里之外平津地区猖狂的“盗版”风潮[④]。另据蒋光慈当时的爱人吴似鸿回忆，蒋光慈曾不无得意地告诉她自己的版税标准：“鲁迅作品是抽百分之二十的，我也和鲁迅的一样。因为销路大，书店赚得多，给我们也多些”，这样算来，“亚东、现代、北新、泰东四个书局，合并起来，平均每月所得版税二百元左右”[⑤]……蒋光慈此种丰硕的收益自然属于极个别的例子，但新书业的兴起（包括自办书店及将作品投往其他中小型书店出版）使蒋光慈、杨邨人等作家在获得

① 杨邨人：《太阳社与蒋光慈》，载《蒋光慈研究资料》，方铭编著，知识产权出版社，2010，第73页。

② 杨邨人短篇小说集《狂澜》内收《藤鞭下》《剿匪》《三妹》《狱囚》和《董老太》，并有附集《母亲》《红灯》《政变的一幕》以及《到民间去》等杂记五篇。

③ 杨邨人短篇小说集《苦闷》内收《残忍》《博爱》《卖稿》《人生的阴影》《惊喜》《等待》六个短篇。

④ 刘震：《左翼文学运动的兴起与上海新书业（1928—1930）》，人民文学出版社，第102–103页。

⑤ 吴似鸿：《我与蒋光慈》，广西教育出版社，1992，第29页。

“文名”的同时享有“实利”却是不争的事实。

在杨邨人的推荐下，杜国庠、洪灵菲、戴平万等曾一度加入太阳社，并成为《太阳月刊》上的常见作者。当时，杜国庠的老友陈望道也正踌躇满志地筹划着大江书铺，准备以积极的姿态投身上海新书业。杨邨人、陈望道等成功的范例，触发了杜国庠创办晓山书店，组成“我们社”的想法。

朱联保曾按照资本书目、员工人数及是否自备编辑、印刷、出版机构等要素对旧上海图书出版业进行划分：大书店是指具有“资本数百万元，财产数千万元自设编辑所，自办印刷厂，自设发行机构，分支点遍布全国各省市和海外”的出版机构，它们往往有上千职工，“初创时是合伙或独资，稍后就改成股份有限公司”，商务、中华、世界、大东以及后来的开明都在其列。中型书店“有职工数十人至百余人”“有的是股份公司，有的是合伙或独资”，比如文明书局、广益书局以及后来的北新书局。小书店“大都是合伙或独资，资金数百数千元”“只有职工一二十人或十人以内的”[①]。

参照朱联保的这一标准，杨邨人与钱杏邨、蒋光慈、孟超等合办的春野书店（四人合资，资本共计四百元）和“我们社”成员创办的晓山书店当属小型出版机构。南强书局最大的股东陈卓凡及经理王鼎新均与杜国庠私交甚笃，大革命失败后，陈卓凡接受杜国庠建议，决定在上海开设一家书店。1928年3月，陈卓凡在离任龙溪县长后，随即赶赴印尼，撤回其父留在印尼的全部股份，并向华侨亲友招股，筹集资金四万余元，作为创办这间书店的资金[②]。“我们社”的全体成员则成为南强书局原班人马中的一部分，此外，南强书局还聘请了夏衍为特约撰述。从资本、员工人数及自印自销的角度考察，潮汕作家参与创办的南强书局理应属于中型书店。

---

① 刘震：《左翼文学运动的兴起与上海新书业（1928—1930）》，人民文学出版社，第39-40页。

② 陈梦熊：《夏衍追忆南强书局的一封信》，载《中国出版史料（现代部分）第一卷下册》，宋原放主编，山东教育出版社，2001，第178-179页。

春野、晓山、南强，这三家中小型书店在上海新书业兴起的浪潮里迎头上赶，为左翼文学运动的蓬勃发展做出了不可磨灭的贡献，这是潮汕作家坚守文学志业的“革命”性体现。除了“革命文学”高扬的历史语境外，乱象丛生的出版界文化生态以及“小说”日渐商品化的市场消费语境，都是潮汕作家集体投身新书业浪潮的时代背景和现实原因——这些是潮汕作家（也包括所有从事左翼文学创作的作家）身上所体现的略带“商业”性的一面，同时也是极其容易被“革命”之声掩盖的事实。

第八章　地下工作与南京路上的革命风潮

一

北四川路上的生活、文化街区显示了旅居其中的潮汕作家与上海城市空间和谐的一面：广东饭馆、潮人商铺、公啡咖啡馆、荷兰餐室、虹口公园，晓山、春野、大江、南强、内山书店等，以及作家们蛰居的亭子间都成为潮汕作家旅沪文化地图上的重要地标。但从另一个侧面看，洪灵菲等潮汕作家与旅居其间的上海城市空间也存在着一定程度的“危险性”和“暧昧性”，包括“脂粉”南京路上出现的革命风潮以及“革命”对诸多私人空间的挪用等。捋顺这些杂芜的细枝末节，将有助于更为清晰地勾勒潮汕作家旅沪文化地图的整体概貌。

秦曼芳初到上海的第一天，洪灵菲便在工作任务结束后偕同爱人前往南京路一带，凭吊“五卅运动”遗迹。秦曼芳徘徊在老闸捕房、三大公司周边街区，回忆起当年在学校演剧筹款支援上海工人的情形。眼前的高耸突兀的洋房，阴惨惨的灰黑色的光线，车马如织，行人如蚁……怪刺目的包着红头巾的巡捕，满脸胡须，手挥短棍，四年前上海工人、学生群众在此抗争流血的情形仿佛再现在她眼前，轰鸣着的电车声好似帝国主义的枪炮……洪灵菲第一次参加“五卅”纪念示威游行，地点也是在租界最繁华的南京路。南京路两旁挤满着人，帝国主义者如临大敌，出动了马队、摩托车队、水军、陆军，日本的、英国的、法国的、美国的……都有，这些帝国主义的军队，服装算是十分整齐，金碧辉煌像神庙里的偶像似的，又好似一个国际帝国主义军队展览会，或是一个军队化装游行似的。他们分列两旁，踏着训练过的脚步。马蹄声、车声、枪刀相击声，给示威群众的雄伟的国际歌声压住了。南京路的中心一支几千人的队伍，四人一列臂交着臂，整齐的步伐和歌声相应和……高呼口号声和鼓噪声，好像爆发的春雷，虽然间歇着，但始终在继续着……

冯铿也曾参加过反对军阀混战大会示威游行，地点在“南京路三大公司附近一条横街内面的某会馆”。面对革命者多次举行的示威、游行，普通民众也习以为常，“有经验的人，一看见许多穿着半新不旧的蹩脚新装或布长衫，头发不修，胡子不刮，手中拿着一张小报或夹着一本书的青年男女们，尽在徘徊着的人们，便知道他们是来参加大会的”。每到这种敏感、冲突的关键时刻，“帝国主义者的警察机关——租界工部局事前亦大事准备，一早便调派来各种武装——步、骑兵、摩托车队带同各种武器——长枪、短枪、棍子、水龙带以及红色汽车等等，排兵布阵，把某会馆周围街道要扣都把守着，但不动手”[①]。冯铿、许美勋和诸多的革命青年闯入会馆，里面挂着写满宣传标语的红色布条，演说者站在高台上斗志昂扬地鼓动着，街上突然响起的爆竹声和许多神出鬼没的彩色小传单忽地从各处街角、楼房的屋宇四处飘下，漫天飞舞。所有的声响、色彩和群众高涨的热情一齐涌动着向街上排山倒海地冲去。面对街上遍布的帝国主义军警，闪光耀眼的铜帽、刺刀、肩章不停地晃动着……混乱中，“抢占”南京路的运动开始了，革命群众的哨子声、口号声、鼓噪声混合着帝国主义者的抢、打、踢，拳头、棍棒如雨点般落下……

人与空间之间“对峙”的张力不时出现在潮汕作家的生活和笔下。1930年夏，酷热的暑天里，冯铿从靶子场坐上一路电车到沪西参加一个重要的会议。下车还要沿着大西路跑两三里，一望无尽的柏油路，两旁店屋很少，田园很多。这些路都属租界的“越界筑路”。帝国主义用炮火、不平等条约巧取豪夺地将中国部分领土划为“租界”，却仍旧欲壑难填，还以租界为起点建筑马路一直伸到上海以外，不断扩充其势力。“冯铿一面跑着，尽在回忆当年收回租界、废除不平等条约等运动。炎热的汗滴像从热锅上滴下的水滴，立刻化为蒸汽，当她横过马路时，脚下好像踏着刚收

① 许美勋：《冯铿烈士》，广东人民出版社，1957，第77页。

割过的六月水田一样软软地黏黏的几乎把她的双脚胶住。她仿佛看见不少的人力车夫被粘住、中了暑，倒在火热的路上，无人救护……”[①]每年夏天总有这现象，柏油路被火热的阳光晒得软软的，常常胶住载重跑远、筋疲力尽的人力车夫，以致其丧命。

年轻的冯铿经常和战友们分散街头，用粉笔在电杆上写革命标语。戴着深度近视眼镜的她写得分外吃力，鼻梁几乎都触到电线杆上了。每天的工作，几乎就是将宣传单从百货大楼上向下扔，漫天飘落；或是将宣传单放在停靠路边的汽车后面，待汽车一启动，宣传单就随之到处飞。这时，平日熟悉的城市空间对于潮汕作家而言，却变得充满危险与不确定性：有时，冯铿带着左翼美术家为苏区小学课本画的插画原稿，机智地闯过印度巡捕和英包探的“抄靶子”，安全送到印刷厂去制版；有时，在灼热的阳光下，穿街过巷，匆匆赶到玉佛寺附近弄堂的德馨小学出席讨论中央苏区领导捐款的秘密会议。一次，为甩掉盯梢的探子，冯铿、许美勋决意分开走，并约定在南强书局的亭子间相会。二人在路上错过了对方，许美勋回到书局门口时不见冯铿，心上一急，只好把草帽放在台阶的显眼处，再折回去找她。冯铿回到住所时，不见许美勋，心头一阵狂跳，慌乱中瞥见爱人的草帽，才松了一口气。疲乏不堪的冯铿颓然坐在石阶上，近乎神经衰弱[②]。

发动群众性的示威、游行、散发传单、草写、粘贴革命标语……潮汕作家参与其间的这些“抢占”南京路的行为，不啻一种“革命”力量向城市公共空间发起“挑衅”“征用”和“占领”的寓言。除了“征用”“抢占”城市公共空间外，“革命”及参与其间的“革命者”还对私人空间进行了巧妙的改造与挪用，为散布“革命”信息的文化版图开疆拓土。

唐瑜曾回忆过左联的一处秘密机关，地址在南京路先施公司附近的贵州路：“左联的机关找到这个地点真是一件杰作：上海市最热闹的市

① 许美勋：《冯铿烈士》，广东人民出版社，1957，第74–75页。

② 同上书，第76页。

中心，一座唱京戏锣鼓喧天的更新舞台后楼，周围是喧嚣的人群，交通四通八达。”就是在这样富有传统意味的场所，一群象征“现代性”的革命者却在进行激烈的研讨，其鲜明的对比使得人与空间之间的拉锯颇具戏剧张力：“左联的会议，真可算是南腔北调的大合唱。我虽然听懂不多，但兴趣还是非常浓厚，静静地、专心地听着每个人的发言，大多数都说着家乡官话，……郑伯奇像一个慈爱的婆婆在谈家常，冯乃超缓慢细声说着带广东调的话，阳翰笙则带浓重的四川音，冯铿激昂的潮州音，这些人的话我计较多懂几句，冯雪峰、孟超的话我简直无法分清，特别是周起应（周扬）急促而有力，后来我才知道是湖南话……夏衍、潘汉年和阿英（钱杏邨）的杭州、江苏官话不久我也能听懂一些。只有杨邨人，他一见到我就要和我说潮州话。”[①]与前台生旦净末丑正粉墨登场的京戏唱段相比，后楼来自五湖四海的革命者正在激烈酝酿的“革命”风暴更为扣人心弦。掩盖在喧嚣戏曲唱段之下的又一场“革命”风暴，往往带给民众一种于无声处听春雷的惊诧，而这种惊诧又恰恰脱胎于“传统”（戏台的空间）与“现代”（革命的话语）暧昧的胶着之中。人（革命者）对空间的借位与挪用、隐匿在两件看似各自独立却又藕断丝连的事情上，其中所包蕴的权力关系在空间维度上的延伸显得极其幽微暧昧。

1930年5月20日，中国苏维埃区域代表大会在上海法租界爱文义路和卡德路口交界的一座红色三层洋楼（今北京西路690—696号）秘密举行。城市空间中富有吊诡意味的画面再一次出现：在这栋高大、洋气、红砖碧瓦的西式建筑里，充斥的却是东方赤色革命的氛围，“高大的洋房里面布置得庄严伟大，斧头镰刀的红旗，马克思、恩格斯、列宁的巨像，触目尽是血红色的装饰。自全国各地的代表们：党的代表、红军的代表、工人的代表、农民的代表、妇女的代表、青年学生的代表……”[②]对上海城市空间这一内外迥然有别的解读，不妨借鉴一下闽南地区独有的“陈嘉庚建筑”——南洋华侨陈嘉庚先生在创办厦门大学时曾亲自设计校园建筑，在

① 唐瑜：《在左联——上海杂忆》，载《新民晚报》，1998年7月1日。

② 许美勋：《冯铿烈士》，广东人民出版社，1957，第69页。

追求现代风格的基础上，都给建筑群的楼顶加上具有东方特色的尖尖屋宇；建筑群这一“穿西装戴斗笠”的现象寓意着国人“东风终将压倒西风”的美好愿景。同样地，在西式洋楼里举行东方赤色革命的会议，从工具性角度上看，是一种策略性的空间挪用（在租界地寻求庇护）；但从城市文化学的角度看，却内蕴着某种“西为外、中为内”“西为体、中为用”的复杂文化意图。正是在这座西式洋楼里，党组织审议通过了《目前政治形势及任务》的政治决议案，提出苏维埃政府的十大政纲，并通过《苏维埃组织法》《土地法》《劳动保护法》《红军组织法》等。会议期间，冯铿还与苏区的红军代表、妇女代表、少先队代表等进行了交谈，并以他们的事迹为素材，进行了小说《小阿强》《红的日记》的创作。

1930年10月，法租界金神父路一座小楼房里面挤满了人。主人是结实精壮的青年作家胡也频，他殷勤地招呼着“来宾”，从楼下客厅到灶披间，从三楼到二楼，马不停蹄地忙着：

“你们这一些年轻、衣服齐整的到二楼去，你是舅子，你呢？当然是表兄、姨甥之类，总之，都是‘封建姻亲’吧。”

李同志分配“来宾”，在进行“汤饼会”。

于是嘻嘻哈哈，年轻的更其高兴，热烈的打扑克、“谈话”。

当主人捧着包在彩色小斗篷里的婴儿出现在客厅里时，大家哄的一声围上来，她对一同志说：“真是名副其实的汤饼会。”婴儿后面跟着青年母亲丁玲，穿着旗袍，笑笑地招呼“来宾”。忽然发现若英把她的《一九三〇年春在上海》的原稿从抽屉里拖出来，便急急回头来抢……

一番寒暄、嬉闹后。

大家立刻安定下来，立刻停止“客套”，认真研究、讨论起文艺运动问题来了。——这是左联的一次会议，利用主人的女孩子出生满月，布置下来的一个“汤饼会”，这些“来宾”当然都是左联的同志①。

类似“革命”对私人空间挪用的例子不胜枚举。1931年1月，左联在南京路跑马厅西边另建了一处秘密机关。旧址是在一家很有名的木器店王兴记的楼上，为了掩护，还挂了一块洛阳书店的招牌②。左联成立后的第一次小组会是在北四川路永安里旁边的一条弄堂里——杨邨人的家中举行的。此地属于“越界筑路”地带，即原本不属租界，帝国主义者到这里来筑路，便成为租界管辖的范围内。与会的主要小组成员有郑伯奇、华汉（阳翰笙）、杨邨人、夏衍、白薇和林焕平。为了提防时常在“越界筑路”地带出没的国民党或巡捕房的特务，与会的左联成员凑成一桌，佯装赴牌友之约聚在一起打麻将。除了白薇和林焕平观战兼放哨外，郑伯奇、阳翰笙、夏衍和杨邨人凑成一桌，边打牌边开会，“西风”“三条”“一筒”“自摸”“坐庄”“碰”“胡”……各种麻将用语充斥着巷弄的狭窄空间，而革命者则在牌桌上“暗送秋波”、窃窃私语地传递着最新的组织消息……③

二

1930年2月16日，洪灵菲与鲁迅、冯雪峰、柔石、郑伯奇、冯乃超等十二人出席“上海新文学运动者底讨论会”。会议决定成立中国左翼作家联盟筹备委员会，洪灵菲和戴平万都是左联筹备小组的成员，经常到中华艺术大学视察左联大会现场工作。

1930年3月2日，洪灵菲、戴平万出席了中国左翼作家联盟成立大会，

① 许美勋：《冯铿烈士》，广东人民出版社，1957，第78-79页。

② 夏衍：《“左联”成立前后》，载《左联回忆录》，中国社会科学院文学研究所编，中国社会科学出版社，1982，第49页。

③ 林焕平：《从上海到东京/中国左翼作家联盟活动杂忆》，载《左联回忆录》，中国社会科学院文学研究所编，中国社会科学出版社，1982，第670-671页。

洪灵菲被选为第一届执行委员，是七个常务委员之一。负责左联隶属机构工农兵文化委员会。左联成立后，曾有过一阵过激的左倾风潮。闸北地下党组织经常举行“飞行集会”，杜国庠、洪灵菲、戴平万、杨邨人、冯铿、许美勋以及夏衍、蒋光慈、黄药眠等都名列其中。这些“飞行集会”多数在南京路三大公司门前的闹市举行。1930年下半年，洪灵菲转入地下担任江苏省委宣传部工作。不久他又被调到中央，参加纪念广州暴动筹备会的工作。事情结束后，他又回到江苏省委组织部。日本帝国主义继1931年“九一八”侵占东北三省之后，更进一步向中国进攻，引起全国人民的愤慨和反抗。在地下党的领导下，上海成立了中国反帝大同盟，洪灵菲同志又被调到全国反帝大同盟担任党的领导工作。他更忙了，白天工作，夜晚办工人夜校，亲自授课，组织工人，发动群众，加强抗日阵营。遇到各种集会或节日，党发动群众在南京路上示威或游行，洪灵菲都亲自参加。有一次，外出公干的洪灵菲差点被敌人逮捕。为了避开敌人的追捕，他跌得膝盖上皮破血流，但仍然出生入死地干革命工作，置自己安危于不顾。这时白色恐怖更严重，工作之艰难，实无以复加。由于革命工作的保密性和不确定性，洪灵菲等人还会间断地收到“即刻搬家”“连夜离开，勿在屋内”的字条或口头通知，因此，不得不经常变换住所。“风声紧的时候，出门都要在门口或窗口顶做暗号，回来时，远远细看暗号没有异常，才敢进屋。”①

左联成立不久后，文艺界展开了关于文艺大众化问题的讨论。洪灵菲曾于1930年2月和3月29日，先后出席了两次文艺大众化座谈会。《大众文艺》1930年二卷四期以“我希望于大众文艺的”为题，刊登郭沫若等二十六位作家的短文，讨论如何才能真正做到大众化。戴平万在文中说：“我所希望于《大众文艺》的是它能够实践大众化的任务。”1930年5月，戴平万的短篇小说集《陆阿六》由上海现代书局出版，为《拓荒丛书》之一。8月以后，国民党反动派加紧文化“围剿”，白色恐怖日益严

① 夏衍：《“左联”成立前后》，载《左联回忆录》，中国社会科学院文学研究所编，中国社会科学出版社，1982，第672页。

重。戴平万按党组织的指示，集中精力开展党的地下工作，做码头工人和青年学生的宣传发动工作，基本上停止写作。在新的创作理论和观念的影响下，洪灵菲的短篇小说集《气力的出卖者》由上海乐华图书公司初版，收录作品《金章老姆》《气力的出卖者》《考试》《柿园》《爱情》《里巷》。左联成立后，原由蒋光慈主编的《拓荒者》转为左联的机关刊物，戴平万是主要撰稿人之一。他在《拓荒者》上发表了三篇小说：《陆阿六》《村中的早晨》和《新生》。这几篇作品都取材于大革命时期的农村生活，表现了组织起来的农民自觉地斗争，充满着革命的激情和反抗的精神，在艺术上也比早期的作品成熟。其中《陆阿六》是左联时期影响较大的作品，当时的评论界认为这篇作品反映了"农民运动的另一时代，即农民因觉醒而组织起来了"。认为"作品已经脱离了抽象的革命描写，而以朴素的农家生活构成了土地革命的形象，这样我们才可以从艺术中理解革命，更可理解革命之必然"。（冯乃超语）

4月10日，洪灵菲在《文艺讲座》第一册刊出论文《普罗列塔利亚小说论》的"总论"内容，这篇理论文章代表了洪灵菲创作方向和思想的转变，具有十分重要的指导意义：

中国现代文学肇始于五四时期，现代文坛上各种文学思潮的嬗变更迭、各种文艺论争的风起云涌都绕不开"五四"这一文学传统。新文化运动后，胡适、鲁迅等文化先驱将进化论从社会学层面移植到文学界，提出了铿锵有力的反帝反封建口号，进而建立起高扬个性解放、实现人格独立的五四文学传统。整个五四时期，现代文苑出现了诸多优秀的文学家，鲁迅、郁达夫、冰心、许地山……其丰硕的创作成果共同构筑了五四文学革命的启蒙话语。直至20世纪20年代末，五四文学的启蒙话语才逐渐遭到普罗派作家的质疑与挑战。普罗派作家宣称要超越"一时代有一时代之文学"的进化论观点，将马克思主义关于"经济基础决定上层建筑"的基本原理作为论证无产阶级文学运动发生、发展的必然性及合法性的理论依据。为进一步解构五四文学话语的主流地位，赋予革命文学话语以合法性、权威性，普罗派作家还竭力通过“文学的阶级意识”“宣传功能”等观点向五四启蒙话语发起进攻，其中包括对文学的定义、社会功能、内容形式、文学批评标准以及作家世界观与作品的关系等一系列问题做出新的阐释、界定。

《普罗列塔利亚小说论》一共分为五个部分：普罗列塔利亚艺术的发生、普罗列塔利亚艺术否定者的谬误、普罗列塔利亚艺术的特性、普罗列塔利亚文学及普罗列塔利亚小说。洪灵菲援引卢那查尔斯基《艺术与社会生活》中的观点匡正了托洛斯基关于“普罗列塔利亚艺术否定论”的谬误，并且明确指出：“托洛斯基先生在憧憬着未来的没了的社会主义文化，但他却忘记这样的没了的社会主义文化史不能够从空掉下，只有从伟大的普罗列塔利亚文化的怀里才能够产生出来。”[①]从“普罗列塔利亚文化”氛围里孕育出的小说，“是普罗列塔利亚文学里面的一部分，和普罗列塔利亚的任何艺术一样，它的特性是唯物的、集团的、战斗的、大众的。其次，它是观念形态的艺术，在普罗列塔利亚的解放运动中，它有很重大的战斗和教养的作用”。而关于普罗列塔利亚小说创作的形式却可以是多样的，它可以像“格莱特可夫所写作的，关于从破坏到建设的普罗列塔利亚的坚强的精神的‘水门汀’，或者像发特耶夫所写作的关于集团里面的个性的‘坏灭’”[②]。洪灵菲的论文是对当时潮籍作家群创作理论总体倾向的总结，沿袭的仍旧是“革命文学”“普罗文学”的创作理念，和《我们月刊》上登载的诸多理论文章是一致的。

1932年“一二八”事变以后，上海反帝大同盟和中国左翼文化总同盟相继成立，洪灵菲都是主要领导人之一。因为沉重的党的工作压在他的肩上，这一时期他只翻译了《我的童年》（高尔基）、《赌徒》（陀斯妥夫斯基）、《不可屈伏的》（巴比塞）等小说，以及写了长篇《家信》《大

① 洪灵菲：《普罗列塔利亚小说论》，载《文艺讲座》，冯乃超等著，神州国光社，1930，第204页。

② 同上书，第217-218页。

海》、短篇《路上》《在洪流中》等几篇小说。但这少数几部（篇）作品，却是他创作新的阶段的标志。戴平万也积极地投身反帝大同盟的工作，经常外出参加集会，发动和组织工人、青年学生抗日。这一时期，戴平万翻译的长篇小说《求真者》（辛克莱著）和他编著的《俄罗斯的文学》一书，先后由上海东亚图书馆出版。不久，戴平万被党派往东北满洲省委工作。据林淡秋生前对王元化说："戴平万在满洲期间，曾一度在刘少奇同志身边工作。"后来，戴平万在哈尔滨遭日本人驱逐，返回上海，处境十分困难，先隐匿在柯柏年的家里，后寄住在法大马路的广泰纸庄，因一时未能接上组织关系，不能外出活动，把主要精力放在文学创作上。他以自己在满洲时的生活经历，写了一些散文和短篇小说：《霜花》《在海上》《万泉河》《"亲爱的先生"》《沈阳旅》《满洲琐记》《裕兴馆》等，反映东北同胞在敌人铁蹄蹂躏下的痛苦生活，表现广大人民群众发自内心深处的爱国主义精神。不久，和组织关系接上了，戴平万紧张地投入左翼文艺运动和学生救亡运动的工作。

1930年5月1日，洪灵菲在《五一特刊》上发表政论文《拥护苏维埃区域代表大会》，随后的5月20日，中国苏维埃区域代表大会在上海法租界爱文义路和卡德路口交界的一座红色三层洋楼（今北京西路690—696号）秘密举行。同一年底，洪灵菲与爱人秦曼芳所育次子洪曙曦出生。

尾声

伴随着左翼作家联盟成立，文化界进步势力一天天蓬勃发展起来，进步作家逐渐围绕到左翼作家联盟的旗帜下。国民党当局不能容忍左翼文化的发展壮大，便对左联及进步文化界进行了封锁和扫荡。

1930年下半年，为了转移敌人的目标，洪灵菲接受了党组织的工作调动，暂时放弃写作，转入地下从事江苏省委宣传部工作。不久洪灵菲又被党组织调到中央，参加纪念广州暴动筹备会的工作。事情结束后，他又回到江苏省委组织部，直至1932年上海“一·二八”事变发生。

日本帝国主义继1931年“九一八”侵占东北三省之后，更进一步向中国发起进攻，引起全国人民的愤慨和反抗。在地下党组织的领导下，上海成立了中国反帝大同盟，党组织不久又把洪灵菲调到全国反帝大同盟担任党的领导工作。

1930年底，洪灵菲和爱人秦曼芳再次搬回海宁路省委机关。随着洪灵菲频繁地工作调动，秦曼芳也越来越忙碌，革命同志经常性地在洪灵菲家开会、碰头的次数更多了。由于此时的秦曼芳已是两个孩子的母亲了，母亲的身份对日常开展革命工作起到很大的掩护作用。除带着灵儿放哨外，秦曼芳还经常帮忙邮寄宣传品，到工矿区散发传单，替发生问题的同志搬家，协助洪灵菲抄写内部文件、汇报等工作。

洪灵菲的父母亲听说他和曼芳已于1928年生下灵儿，非常高兴。此时洪灵菲的大哥、二哥都早已去世，老两口在家中倍感冷清孤独，对于洪灵菲愈发想念。老人家原打算于1929年春天来沪看望孙子，谁知天不遂人愿，在动身前，洪灵菲的父亲忽然因病离世。从此，不管洪灵菲和父亲以前的关系如何，都是天人永隔了。为了安慰老母亲，洪灵菲和妻子决定把刚生下来的第二个孩子洪曙曦送回老家去。不料因家里人太迷信，孩子种痘也要问神卜卦，一直拖到3岁还未种痘，以致得了天花，不幸夭折。老母亲为了怕儿子媳妇难过，找了一个男孩过继给她们，起名洪瑞宁。

1932年，洪灵菲和秦曼芳又添了一个女儿，名叫小菲。洪灵菲对这三个孩子，一向抱着放任的态度，任由他们自由发展，他常说："父亲对我太严厉， 使我不敢亲近他，因此我对待孩子要和父亲不同，使孩子们不要怕我。"他虽然非常宝贝孩子们，但对孩子们可花可不花的钱，他坚决不花。例如大儿子小灵小时候非常喜欢小三轮车，每次不管小灵央求还是哭闹，洪灵菲始终不肯给小灵买。他宁可把钱用来帮助有困难的同志。有时妻子实在忙不过来，看孩子淘气，打骂他们两下，洪灵菲总是背着孩子恳求妻子不要对孩子过于严苛，希望妻子能更多包容小孩子天真烂漫和顽皮的本性。

洪灵菲家没有保姆，一切家务事、带孩子、工作等都由秦曼芳一个人负担。由于洪灵菲暂停了写作，现在每月只从党内领到一笔生活津贴费。洪灵菲每月享受十八元的待遇，妻子秦曼芳十二元，孩子每人每月八至十元，这就是洪灵菲一家人全部的生活费用。

在上海这样繁华的地方，虽然洪灵菲的生活很艰苦，但是住的却是省委机关，摆设却十分考究，甚至可以说是富丽堂皇。双人钢丝床、大衣柜、梳妆台，大沙发、小沙发……应有尽有，显得非常阔气。为了工作方便，洪灵菲和妻子也只好这样。

洪灵菲在全国反帝大同盟工作了好几个月之后，党又把他调回左翼文化总同盟。反帝大同盟的工作由徐冰接手。1933年2月的一天，上级忽然决定要外调洪灵菲。

究竟调到哪里？爱人秦曼芳一点也不知道，只听洪灵菲吩咐着："曼妹，明天一早，我们就要走，你把所有的东西收拾收拾，越简单越好，不带走的家具和其他的东西，都交给省委。以后我们到新的工作岗位，重新布置。"

秦曼芳问他到什么地方去，洪灵菲谨慎地说："你不要问吧，到那里你就明白了。”

第二天，洪灵菲和秦曼芳在闸北火车站会合，由一位不相识的同志带着坐上京沪列车，秦曼芳和他及孩子们坐在一个车厢里，洪灵菲和另外一个同志在别的车厢里，互相都装作不认识。这样一直等到火车抵达北平，秦曼芳才晓得洪灵菲是党秘密调到北平来。

北平地下党组织早租妥了东城干面胡同五号内院三间东屋。屋里早已放了一套新家具，有红木双人床一张、书桌一张、转椅一把、书架一个。中间一间为会客室，摆了张红木方桌、四把椅子，桌上放着一个花瓶和一套茶具。靠正屋那间，做厨房并放杂物。这就是中共中央驻平全权代表秘书处。一切文件都存放在这里，因此跟其他同志只有单线联系，除田夫外，并没有其他人来往。到这里以后，秦曼芳才知道洪灵菲是由省调到中央来了，护送她和孩子的那位同志，是专跑京沪的交通员。

到北平以后，田夫对外，洪灵菲对内，当时华北六省的文件和汇报都往这里送，他们负责领导这六个省的工作。在这里的生活，秦曼芳和任何人也不来往，在家除带好孩子之外，有空就协助洪灵菲抄写来往文件和汇报。

初来时，洪灵菲还出去接了几次头，这些同志都不认识他，经常在问：

“你认识灵菲同志吗？听说你刚从上海来的。”

“是的，我有点知道他，可不常来往。”洪灵菲故作冷静地回答。

“那么你知道他最近有没有写文章？”另一位同志问。

“不太清楚。”洪灵菲推托地说着。

“我们都很喜欢读他的书，可是最近见不到他有什么书出版。我们很担心他的安全！”同志们十分关切地说。

“那没有什么，也许他太忙吧。”洪灵菲随便地答。

“这作家年纪很轻，写文章的速度可真罕见，我们真佩服他哩！”同志们说。

“你们怎么知道？”洪灵菲假装漫不经心地问。

“从1927年至1929年，这短短的一两年时间，出了这么多的书，还不惊人吗？”同志们说话的语气里充满敬佩，这让洪灵菲心里感觉到作品被认可的喜悦与自豪。

为了避免同志们对他的注意，他接完头，马上回来。

以后还碰上两三处的同志在问洪灵菲的情况，他索性说：“我不认识他。”

但是他心里感到很抱歉。现在由于工作比过去集中，他正想抽出时间，继续写他的《童年》，谁知《童年》刚刚写了三章，他就不幸为叛徒阮锦云出卖了。

1933年7月26日一早，天刚刚亮，田夫就来到洪灵菲家，秦曼芳和孩子们正酣睡着，只有洪灵菲早已起来工作。田夫一进门，就说他今天有事，不能到宣武门外去，要洪灵菲替他去。究竟到谁的家，秦曼芳一点也不知道。直到新中国成立后，秦曼芳在海关总署见到了田夫，她才知道，那次是到李大钊烈士的侄女家。洪灵菲匆匆吃过早饭，临走时告诉妻子：“十二点就回来。”洪灵菲一向说话很守信用，他每次宁可告诉秦曼芳晚点回来，结果提早回来，绝不愿意告诉她早回来，而到时不来，令爱人着急，这是他的习惯。

十二点过去，一点过去，两点也过去了……洪灵菲始终没有回来。这可把他最心爱的儿子小灵急坏了，他走进走出，到门口去等爸爸二三十次，结果爸爸终于没有回来。灵儿说：

“爸爸不回来，我就不吃饭！”听到孩子的誓言，秦曼芳的心更加碎了！但是在当时的处境，有苦也只好往肚里咽，哪敢吭一声呢?

秦曼芳只好强笑着说：“爸爸就快回来了，你乖乖先吃一点饭吧，我的好孩子，听话的孩子才是妈妈的好宝贝呢。”哄了好一会儿，孩子才吃了几口饭。

田夫又来了，这是下午三点钟的时候，他一进门就叫秦曼芳：

“小秦，灵菲回来了没有？”“没有。”秦曼芳满面愁容地说道。

“那糟糕得很！一定出事了！”田夫自言自语地说。

“一早是你叫他出去的，究竟上哪儿？”秦曼芳立刻追问了这句。

田夫没有回答秦曼芳的话，而是急忙吩咐她，叫她把家里所有的文件都烧毁，并约好第二天早上八点钟在协和医院见面，说完他就走了。

秦曼芳知道，田夫是中共中央驻北平全权代表，为了他的安全，只好让他快走。但是她也知道，洪灵菲如果真的遇险，他也绝对不会说出自己住在什么地方。田夫走后，她把一切文件都销毁了。

次日，秦曼芳依照田夫的嘱咐，瞒过街坊邻居，假说带孩子去看病。到了协和医院，见到田夫的爱人张月霞，她给秦曼芳四十元，要秦曼芳马上回上海。因为不知道爱人的情况，秦曼芳有点不舍得离开北平，总想洪灵菲是左翼作家里有点名望的人物，报纸上一定会泄露点关于他的消息，想等知道情况后，再把孩子送回上海或老家，然后设法营救他。

秦曼芳希望田夫能设法帮忙隐蔽一下，晚点再走，但是为了她的安全起见，田夫不同意。

回到家，又过两天，对面西屋的傅大妈来看秦曼芳。她丈夫是店员，两口子和洪家关系不错。平时洪灵菲很少出门，这两天不在家，她表示关心地问：

“林太太，林先生上了哪儿？”

“上西山。”秦曼芳答。

“干吗去？”

“看房子。”

“你们要搬家吗？”

“不，这里天气太热，赶上林先生最近得闲，我们想到那里避暑去。”秦曼芳答。

“他平时不大出门，这回出去了两天，莫怪孩子那么想念他。”傅大妈表示同情孩子地说。

“明天一早我就走，免得孩子老想爸。”秦曼芳装作若无其事地回答。

其实她的心就像刀在割一样难受，家里实在是再也待不下去了。四壁好像有无数狰狞的脸孔对着她，连一个帮手都没有。大儿子想爸爸老是哭，小女儿出疹子还没有完全好。这怎么办呢?

再住下去，很容易被人看透，不如早点走为妙。

7月30日一早，租了一辆人力车，秦曼芳到距离前门车站较远的一家偏僻的旅馆住下来，让茶房给她买了车票。听说下午两三点钟，有一趟特别快车开到上海。吃过午饭后，茶房给秦曼芳雇了一辆人力车，拉着她和孩子直奔车站。谁知刚到车站，她正要下车，迎面来了两个便衣侦探，装作很有礼貌、很客气地说：

“太太，三团团长请你。”

“什么事？”秦曼芳假装镇定地回答。

“到那里，你就知道。”侦探很果决地说道。

“不，我不认识他，我不去。火车就要开，去了回来赶不上车了。”秦曼芳说。

“不要紧，我们送你上车。”便衣侦探依旧不依不饶。

那两个便衣侦探看秦曼芳坚决不去，便恼羞成怒，收了笑脸，蛮横地拉着车夫跟他们一起走。这时秦曼芳心里早已明白过来，一定跟爱人洪灵菲的失踪有关系，她暗暗地嘱咐灵儿见到爸爸，不要叫他。

到国民党宪兵第三团，即时提来一个人，还没有走到跟前，说是提错了。再提来一个，是洪灵菲。这时洪灵菲满身血迹，走路都很艰难，秦曼芳见了他，低头无语，犹如利刃锥心！灵儿很懂事，也不叫爸，脸孔藏在妈妈的怀里，只有一岁多的小女儿，笑眯眯地叫了一声爸，她在妈妈怀里挣着，老想要爸爸。洪灵菲走过来，抱着孩子亲了又亲，同时用家乡话对着灵儿（其实是在对妻子）说：“我被叛徒阮锦云出卖了，现在只有准备一死，死前别无他言，希望你不要难过，带好孩子，我就满意了。”接着他又说，“我是对得起党，对得起任何人，只有对不起你，从结婚到现在，累得你好苦！”

秦曼芳深情地望着丈夫的眼眸，安慰着他说：“别为这些小事不安吧。”

不知怎么，当时的秦曼芳并没有哭，也哭不出眼泪来。也许是为母则刚，自己身边还有幼小的孩子需要照顾，也许是终于见到了心心念念的丈夫。此时的秦曼芳只想着能知道丈夫的下落，就是拿自己去枪毙了也是痛快的。

这次会面也成了洪灵菲和爱人秦曼芳最后的诀别。

在宪兵三团关了将近两个星期，秦曼芳和当时为李大钊烈士送殡而被捕的学生以及国民党两个军事犯，一共二十二人，一道被押往南京警备司令部判刑。

秦曼芳在南京模范监狱坐了三几个月牢之后，等到第二批又从北平押解往南京判刑的政治犯到来，才从他们嘴里听到洪灵菲在北平壮烈牺牲的消息。

当时有两种说法，一说当洪灵菲被提走不久之后，听到皇城根大公主府（三团当时就驻扎在这里）后花园的枪声响。另一说，是敌人用绞死李大钊烈士的绞架绞死洪灵菲的。这绞架又经过七八年的雨淋日晒，已锈钝不堪，用刑达半个多小时之久始断气……究竟哪一种说法是真，至今无人证实。

秦曼芳听后，难过得昏了过去。当她醒来时，便暗地里立下心愿，坚决为爱人洪灵菲未竟的事业奋斗到底。随后又写下这首纪念他的诗，题为《失掉了他》，现记录如下：

失掉了他，失掉了他，
好像失掉了我的心！
使我没有力量支撑我的四肢。
啊！
他是沙漠里的甘泉，
他是生命上的露珠。

我将因为没有它的滋润而枯萎！
唉！
人生是这样冷酷！
社会又是那么无情！
到今天，我才深深地尝到它们的滋味。
可是，我并不因此而伤心，
我并不因此而痛哭流涕，
这只是弱者的表现，
我应该、更加坚决地
踏着他的血迹
前进！前进！

不管秦曼芳受尽多少折磨、处在什么环境，她从没有忘记洪灵菲的心愿。遵照他的嘱咐，1936年，秦曼芳出狱不久，便通过夏衍的帮助，与八路军办事处取得联系。1938年，秦曼芳将大儿子洪小灵送往延安，以继父志。1946年，又托董必武将小女儿洪小菲带往延安学习。

1939年，在第五战区集训，秦曼芳为掩护一同志逃出虎口，被汪精卫派去潜入第五战区的汉奸特务刘治汉拘留，再次入狱。那时正逢7月26日，是洪灵菲被捕六周年的日子。在狱中，秦曼芳又写了这首忆洪灵菲的诗：

忆灵菲

年年此日心中苦，
今年今日苦更添。
壮志未达身先丧！
遗下孤骸留帝都，
本欲前往亲运返，
凭吊英魂解心愁，

怎奈身居囫囵地！（第一次在南京坐牢）
一片真诚化为乌，
及后敌骑入平地，
半壁山河任他攻，
千万生灵当炮火，
千万荒琛变泥涂。
君兮，君兮埋骨处，
恐与风尘同飞空！

洪灵菲被捕后，日本反帝大同盟和其他国家进步人士以及孙中山先生的夫人宋庆龄，都先后发出电报向国民党当局提出抗议，并声援洪灵菲。洪灵菲的岳父、潮州知识界知名人士秦昌伟，还特地筹集巨款，希望能释放洪灵菲出狱。但是，从监狱里得到的回答却是："此人死不悔悟，毫无回头之意，赎不得。"

面对各方要求释放洪灵菲的声音，敌人都置之不理，又害怕当时的读者和群众知道后会在舆论上对其造成不利，疯狂的敌人终于向手无寸铁的洪灵菲施以了暴行——1933年，在中秋节前后的日子里，洪灵菲被反动派秘密处死于南京雨花台。同时，中国现代文坛上一颗耀眼的红色彗星，陨落了，年仅32岁……

洪灵菲，是现代中国历史转型期诸多革命浪潮的亲历者，从"五四"落潮到大革命中的沙基惨案、省港大罢工、国民革命的东征与北伐，及至"四一五"大屠杀、革命者苦难的流亡生涯等一幕幕腥风血雨、悲哉壮哉的历史景深，都真切地融入了洪灵菲的血液里，镌刻进其不灭的历史记忆中。同时，在坚定的马克思主义信仰者、国际无产阶级革命战士和中国共产党员等身份之外，洪灵菲还是以笔为戈的浪漫主义诗人——拜伦·阿洪，他通过手中的妙笔，情真意切、生动形象地为世人展现了一代知识青年是如何在时代洪流的裹挟下挣脱出封建家庭、传统世俗等精神羁绊而积极投身社会革命实践的宏大历史画卷，淋漓尽致地描摹了一代知识青年如何从囿于强大的传统寸步难行到成长为为人民谋幸福，为民族求解放的革命志士的心路历程。

时下再读作家洪灵菲的作品，重温洪灵菲烈士的革命生涯，依然可以清晰地触摸到洪灵菲扬弃国粹及舶来思想的枷锁而服膺革命真理的精神轨迹，依然可以感受到其为国家为民族寻求解放的拳拳初心和矢志不渝的决心。作为中国现代文坛上一颗耀眼的红色彗星，洪灵菲陨落了，但是，其“风雨连天杂涕泪，干戈满地独吟诗”的胸怀和气节却熔铸进历史的丰碑中，成为留给世人的一笔宝贵的精神财富。从这个维度上看，洪灵菲烈士又是不朽的……